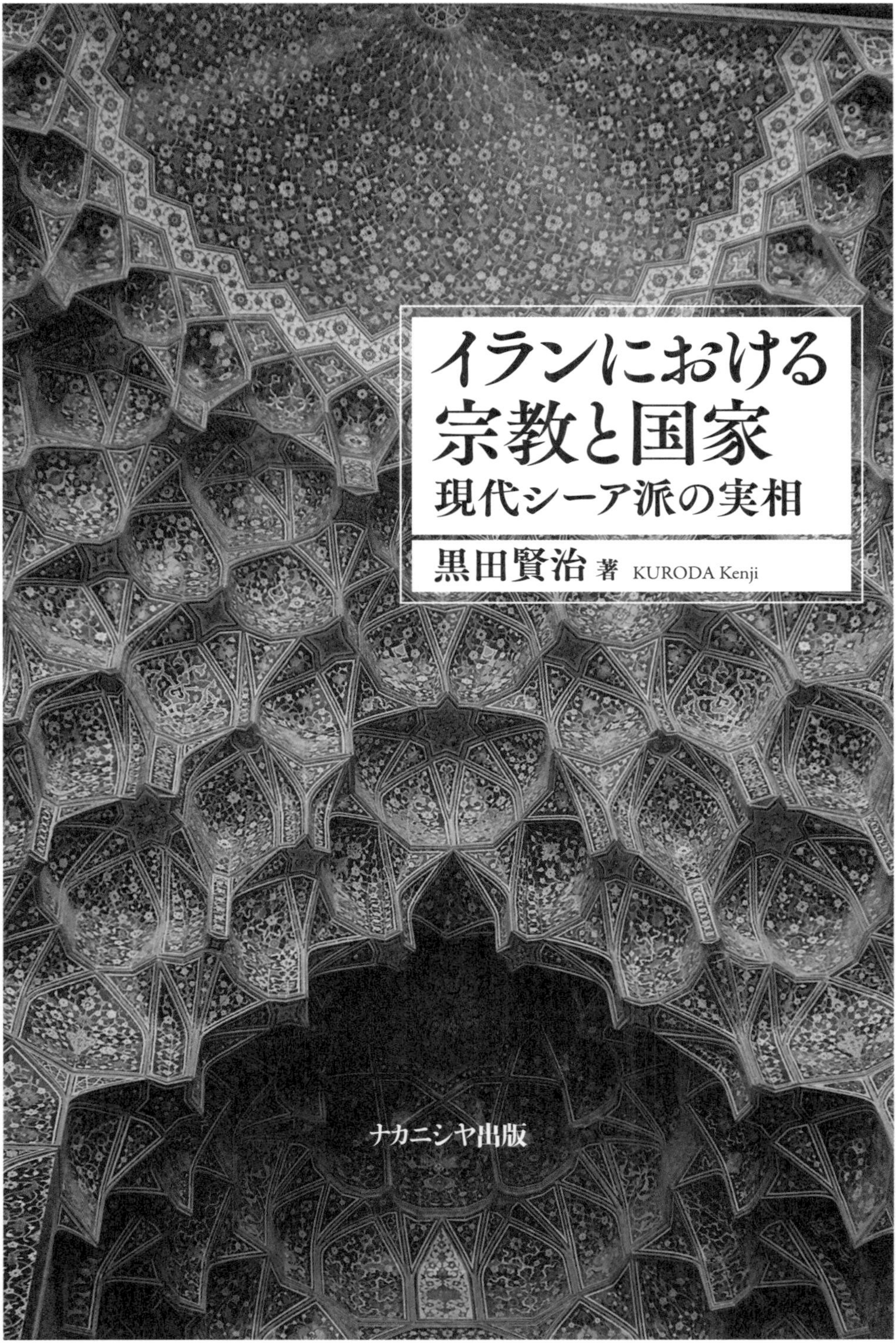

イランにおける宗教と国家
現代シーア派の実相

黒田賢治 著 KURODA Kenji

ナカニシヤ出版

凡　例

(1) アラビア語およびペルシア語表記について

本書では，必要と思われる箇所に，『岩波イスラーム辞典』に準拠し［大塚ほか 編 2002: 10－15］，アラビア語ならびにペルシア語のローマ字転写表記を付記した。また転写の際には，アラビア語にはAr.，ペルシア語にはPrs.として転写した原語を示した。なお本書では，イスラームに関連した用語のうち，アラビア語起源であり，かつ現代のイランでも他地域と同様の使われ方をする用語については，アラビア語の転写と音写を使用した。また人物に関しては，主な活動地域の言語に基づいて表記した。ただしこの原則に従えば第8代イマーム，リダーの妹についても無謬のファーティマとアラビア語で表記せねばならないものの，訳文との兼ね合いからファーテメ・マアスーメとペルシア語で表記した。

アラビア語，ペルシア語の表記一覧

	アラビア語		ペルシア語			アラビア語		ペルシア語	
文字	転写	音写	転写	音写	文字	転写	音写	転写	音写
آ ا	a, i, u, ā	ア行	a, e, o, ā	ア行*1	ص	ṣ	サ行	ṣ	サ行
ب	b	バ行	b	バ行	ض	ḍ	ダ行	ẕ	ザ行
پ	——	——	p	パ行	ط	ṭ	タ行	ṭ	タ行
ت	t	タ行*2	t	タ行	ظ	ẓ	ザ行	ẓ	ザ行
ث	th	サ行*3	s̱	サ行	ع	‘	ア行*1	‘	ア行*5
ج	j	ジャ行*4	j	ジャ行	غ	gh	ガ行	gh	ガ行
چ	——	——	ch	チャ行	ف	f	ファ行	f	ファ行
ح	ḥ	ハ行	ḥ	ハ行	ق	q	カ行	q	カ行
خ	kh	ハ行	kh	ハ行	ک	k	カ行	k	キャ行*6
د	d	ダ行	d	ダ行	گ	——	——	g	ギャ行*7
ذ	dh	ザ行	ẕ	ザ行	ل	l	ラ行	l	ラ行
ر	r	ラ行	r	ラ行	م	m	マ行	m	マ行
ز	z	ザ行	z	ザ行	ن	n	ナ行	n	ナ行
ژ	——	——	zh	ジャ行	و	w	ワ行	v	ヴァ行*8
س	s	サ行	s	サ行	ه	h	ハ行	h	ハ行
ش	sh	シャ行	sh	シャ行	ی	y	ヤ行	y	ヤ行*9
					ء	’	ア行*1	’	ア行*5

*1　カージャール朝（18世紀末）以前に関しては，アラビア語と同じくa, i, u, āとして音写した。

＊2　タ行とは，タ，ティ，トゥ，テ，トを指し，ダ行はこれに準ずる。
＊3　サ行とはサ，スィ，ス，セ，ソを指し，ザ行もこれに準ずる。
＊4　ジャ行とは，ジャ，ジ，ジュ，ジェ，ジョを指し，シャ行，チャ行もこれに準ずる。
＊5　母音を伴わない場合や語末の場合，長音で音写した。
＊6　カージャール朝（18 世紀末）以前に関しては，カ行として音写した。なおキャ行とは，キャ・キュ・キョのことであり，ギャ行もこれに準ずる。
＊7　カージャール朝（18 世紀末）以前に関しては，ガ行として音写した。
＊8　カージャール朝（18 世紀末）以前に関しては，ワ行として音写した。なおワ行と　はワ・ウィ・ウ・ウェ・ウォ，ヴァ行とはヴァ・ヴィ・ヴ・ヴェ・ヴォを指す。
＊9　ヤ行とは，ヤ，イ，ユ，イェ，ヨを指す。

(2) 暦について

本書では，暦として西暦に加え，ヒジュラ暦，ヒジュラ太陽暦（イラン太陽暦）での年月日の記述を行なっている。ヒジュラ暦は，歴史的に，また現代的にもムスリムのあいだで広く用いられてきた暦であり，預言者ムハンマドが聖遷（ヒジュラ）を行なった西暦 622 年を元年とした太陰暦である。ヒジュラ暦から西暦への変換には，チューリッヒ大学東洋学研究所のヒジュラ暦／西暦相互変換ツール（http : //www.oriold.uzh.ch/static/hegira.html）を使用した。またヒジュラ太陽暦は，ヒジュラ暦と同じく預言者ムハンマドが聖遷(ヒジュラ）を行なった西暦 622 年を元年とした太陽暦であり，太陽が黄道の春分点（黄径 0 度）を通過する瞬間を一年の始まりとする，つまり春分の日を一年の初日とする太陽暦である。なおヒジュラ暦，ヒジュラ太陽暦ともに，文献に年のみ，年と月のみ記されていた場合の西暦への変換に際して年や月をまたぐ場合には，/ によって西暦では年・月がまたいでいる期間であることを示した。またヒジュラ太陰暦，ヒジュラ太陽暦に対応した出版物については，出版月まで明らかな場合は西暦で表記し，ヒジュラ太陰暦で出版月までは不明な場合には，巻末の参考文献において西暦の該当年を表記し，ヒジュラ太陽暦で不明な場合にはヒジュラ太陽暦に 621 年を加えた年を括弧で併記した。

(3) クルアーン（コーラン）の引用について

クルアーンを引用する場合には，章と節を明示するために［Q 章: 節］として表わし，章・節番号は標準エジプト版によった。

目　　次

凡　例

序章　イランの国家研究としての宗教界研究 ………………………… 3

1　本書の狙い　3

2　イスラーム共和制下における権力構造　4

3　民選機関から非民選機関への転回　13

4　国家研究としての宗教界　14

5　本書の構成　20

第Ⅰ部　宗教界と社会

第1章　宗教界の史的展開とイラン革命 ………………………… 26

はじめに　26

1　ウスール学派の台頭と法学権威制度の開始　26

2　現代イランの幕開けと政教関係の再編　33

3　イラン宗教界の再編　37

小　結　43

第2章　一般信徒の実践とイスラーム法学者の存在 …………… 45
——感性の規律化と「楽しさ」の位相——

はじめに　45

1　宗教界の位置づけをめぐるイスラームの多様性論の再検討　46

2　法学権威事務所の所在　51

3　「占い」と服喪集会　56
4　イスラーム法学者派遣の窓口　59
小　結　63
第3章　聖者としての法学権威 ……………… 66
――現世利益と奇蹟――
はじめに　66
1　イスラーム研究における「聖者」概念と法学権威の「聖者」的側面をめぐって　67
2　フィールドのなかの「奇蹟」　68
3　テクストのなかの「奇蹟」　71
――奇蹟譚とマルアシー・ナジャフィーの来歴――
4　マルアシー・ナジャフィー師の「奇蹟」　77
小　結　85
第4章　「学知」の再生産と法学権威事務所運営 ……… 87
はじめに　87
1　問題の所在　87
2　イスラーム法の相談所　89
3　『諸問題の解説集』とイスラーム教育との相関性　94
4　2つの講義　103
小　結　109

第Ⅱ部　宗教界と国家

第5章　ホメイニー指導体制下における国家と宗教界の関係 ……………… 112
はじめに　112
1　ホメイニー指導体制の確立と宗教界をめぐる問題　113

2　イラン革命以前の宗教界　115
3　革命によるホウゼの変容　119
小　結　125

第6章　法学権威制度への国家介入と宗教界における「学知」の行方 …… 127

はじめに　127
1　国家による法学権威の選定過程への介入　128
2　ハーメネイー最高指導者を法学権威として推奨する　131
3　法学権威としてのハーメネイー師と法学権威制度の行方　135
小　結　139

第7章　権威主義体制化する宗教界 …… 142

はじめに　142
1　ハーメネイー師とその支持集団のあいだにある利害関係をめぐって　142
2　コムのホウゼ運営組織改革と間接的支配構造への編入　144
3　奨学金の制度化を通じた法学権威間の峻別と活動制限　149
小　結　154

第8章　イスラーム共和体制下における生命をめぐる法－倫理関係 …… 157

はじめに　157
1　法－倫理関係から見たイスラーム共和制の再考　157
2　バイオエシックスの形成と生命をめぐる法－倫理関係の展開　160
3　イスラーム・バイオエシックス研究に向けて　163
4　ハーメネイー指導体制期における生命倫理の制度・組織化　166

小　結　169

第9章　イスラーム外交の転換……172
――イデオロギー外交から文化外交へ――

はじめに　172
1　革命後のイラン外交とイスラーム・ファクター　172
2　ハーメネイー指導体制下における宗教界再編と布教機関　175
3　布教活動機関の国家への直接統合　178
4　フィールドにおけるイスラーム外交の反響　183
5　イラン化するシーア派・イスラーム教育　186
――ムンバイの事例から――
小　結　191

終章　宗教界とイスラーム体制の未来……193

はじめに　193
1　2つの大統領選挙と国家の健在性　193
2　イスラーム体制下における社会－宗教界－国家関係　196
3　イスラーム体制と宗教界の未来　200

*

注　205
参考文献　223
イスラーム法学者の来歴　237
あとがき　250
人名索引　258
事項索引　261

イランにおける宗教と国家

——現代シーア派の実相——

序章　イランの国家研究としての宗教界研究

1　本書の狙い

イランは，西アジアの中央に位置し，日本の4倍に相当する大きな国土を有している。筆者はこれまで10年以上にわたり何度もイランを訪れ，調査を行なってきたが，訪れるたびにその広大さに驚かされる。荒涼とした砂漠，集水源でもある高い尾根を連ねる山脈，日本とも変わらない美しい四季の移ろいのあるカスピ海沿岸部など，広大な国土に広がる情景を描写するためには，言葉がいくつあっても足らない。そして，筆舌に尽くし難い情景が広がる国土には，公用語であるペルシア語を母語とするペルシア人が暮らしてきた他，トルコ系諸民族やアラブなど多様な民族が暮らしてきた。

そのイランは，中東の地域大国であり，国際政治にも大きな影響を及ぼしてきた。近年では核（兵器）開発疑惑があり，それに起因する欧米との摩擦も，中東の不安定性を増す要因となっている。しかしイランの現体制と欧米との摩擦は，近年に限ったことではない。1979年にイラン革命が起きて，イスラームの理念に適う政治体制，すなわちイスラーム共和制が敷かれて以来のことであり，摩擦の根は深い。またイランについて，現代の「宗教国家」の代表例として，不可解な国という偏見や誤解も多い。しかしながら，この地域大国を正当に把握することは，現代の中東政治を理解する上で肝要であろう。

イランの現体制が「宗教国家」と理解されているように，宗教としてのイスラームとも関わりが深い。しかしイランの場合，イスラーム世界の多数派を占めるスンナ派ではなく，イスラームの分派シーア派が主流である。そのため革命のイデオロギーや現体制の思想的基盤も，そのシーア派と深く結びついてきた。またその動向に深く関わってきたのが，聖職者にあたるイスラーム法学者である。

詳しくは後述するものの，彼らは独自の同業者社会である宗教界を形成し，現代のイラン政治に深く関わってきた。ところが，イスラーム政治を理解するためのこれまでの研究では，イランについてそれほど注意が払われてきたわけではなかった。現イラン国家が宗教界とどのような結びつきを持っているのか，そのことがどのような意味を持っているのか，という点は，ほとんど無視されてきたといっても過言ではないだろう。本書はその空白を埋めて，イランの政治・社会の実態を，宗教界との関係において明らかにすることをめざす。そのことは，現代におけるシーア派研究にとっても，さらにイスラーム全体の理解のためにも大きな意味を持っている。

本書で明らかにしようとすることは，主に2つある。ひとつは，歴史的に人々の信仰生活に深く関わってきたイスラーム法学者が，政治的に重要な役割を担うようになった結果，人々の信仰の実践にどのような影響が与えられてきたのかということである。2つには，「イスラーム国家」が誕生した結果，政治をめぐって宗教界にどのような影響が及んできたのかということである。

2　イスラーム共和制下における権力構造

2－1　イスラーム共和制下における政治の展開

本書では，主に1979年2月のイラン革命から2013年7月までの約34年間にわたるイラン国家の支配と宗教界との関係について検証する。この約34年間は，2つの時期に分かれる。ひとつは，ホメイニー師が最高指導者を務めた1989年6月までのホメイニー指導体制期である。もうひとつは，彼の後継者として最高指導者となったハーメネイー師によるハーメネイー指導体制期である。

ホメイニー指導体制期

ホメイニー指導体制期は，ホメイニー師を支持する政治勢力の権力確立とその内部分裂という2つの点が重要な点として挙げられる。1979年のイラン革命の達成は，同時に新たな政治体制の樹立をめぐる革命諸勢力の政治権力闘争の幕開けでもあった。ホメイニー師を支持するイスラーム共和党は，新憲法の制定過程で主導権を握ったことを足がかりに勢力を急成長させた(1)。そしてイラン・イラク戦争（1980－1988年）を背景にしながら，他の革命諸勢力を淘汰していった(2)。その結果，1983年頃までには，実質的にイスラーム共和党が国内での唯一の政治勢力となった(3)。だが同時に，新たな国家建設をめぐって，イスラーム共和党の内部分裂という国家内の政治エリートの分裂の始まりでもあった。政治エリートの分裂は，経済問題を軸に展開していった。イスラーム共和党は，後の「保守派」をなす自由経済派と，後にその一部が「改革派」の一翼を担う統制経済派に分裂していった(4)。両者の対立はホメイニー師の仲介をもっても収まらないほどに激化していった(5)。その結果，ホメイニー師が1987年に，イスラーム共和党の解党宣言を行ない，公式には無政党状態になった。

ハーメネイー指導体制期と民主化要因の顕在化

1989年にホメイニー師が没し，ハーメネイー師が最高指導者に就任すると，政治エリートの分裂が恒常化するとともに，複雑化していった。ホメイニー指導体制下からあった党派は，国家側の「保守派」，大統領側の「現実派」，ホメイニー路線の継続を主張する「急進派」の3勢力による対立構造へと変化した(6)。だが，まず「急進派」が第4期議会選挙（会期1992－1996年）で大敗するとともに，政治舞台で周縁化され，「保守派」が主導権を握ることになった(7)。

1989年から1997年の2期にわたるラフサンジャーニー大統領政権の下では，大規模な経済開発計画が進められた。だが，各分野での専門家の人材不足に端を発する政府機関の非効率性や専門技術能力の不足といった要因によって，計画は十分な成果をあげることができなかった。その一方で，失業率，高インフレ率といった経済問題は日増しに深刻化していった。人材不足の解消として，在外イラン人の帰還を促す政策も試みられた他，西欧諸国との関係改善も試みられた。しかしそれらが結果として，「保守派」によるラフサンジャーニー政権および「現実派」への批判へとつながった。たとえば，西欧諸国との関係拡大の結果，イラン社会に多種多様な西欧文化が流入したことである。青年層を中心にそれらへの傾倒と国家のイデオロギーであるイスラーム的価値の軽視という状況が生まれた。かかる状況に対し，「保守派」の非難は1982年以来10年にわたってイスラーム文化指導相を務めたモハンマド・ハータミーに向けられた。結果，彼は辞任に追い込まれるという事態にまで発展した［cf. Schirazi 1997: 135－138］[8]。さらに第5期議会選挙（会期1996－2000年）を通じて，「保守派」優位の議会運営はより確固たるものとなった[9]。そして「保守派」に淘汰されつつあった「現実派」と「急進派」の一部は，反「保守派」の下に協力関係を築いた。これがいわゆる「改革派」である。

「改革派」は都市部の若年層や女性を中心に支持を拡大していった。彼らに対する一般市民の支持は，2つの選挙で顕在することになった。まず第7期大統領選挙（任期1997－2001年）で，先に辞職を余儀なくされたモハンマド・ハータミーの勝利である。加えて，第6期議会選挙（会期2000－2004年）での，「改革派」勢力の勝利である。彼らは政治的自由の拡大を試みた。政治的自由を社会的に促進するために，報道規制の緩和が試みられた。また1999年には，イラン初の地方議会選挙が実施され，地方部にまで政治参加意識の向上が図られた［cf. 鈴木 2007］。

「改革派」の退潮，「原理派」の台頭

しかし「改革派」は，1999年7月に発生した学生暴動を契機に，「保守派」から制限を強化され，議会運営が困難になっていった。また「改革派」自体も反「保守派」連合である呉越同舟的性格によって内部分裂を起こした。さらに経済問題の悪化を背景とした社会的不満が増大し，次第に支持を失っていった[10]。こうして，「改革派」勢力が退潮するなかで，「原理派（Pr. ʻoṣūlgerīyān）」とよばれる勢力が台頭してきた（**図1**参照）。

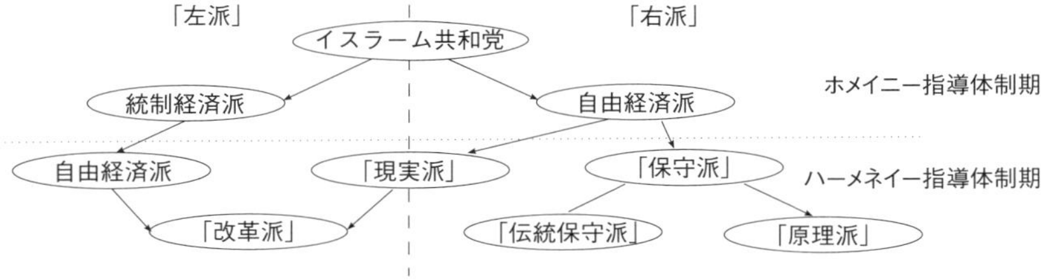

図 1　体制内の政治勢力の概略図

「新保守派」ともよばれる「原理派」は，革命に若年層として参加した人々によって形成された政治勢力である。彼らは，「保守派」とイラン革命のイデオロギーを共有している。しかし彼らは，①貧困層の要求の優先，②国民生活を管理する干渉主義の国家像の共有，③社会的正義，イスラーム的価値に基づく被抑圧者の福祉をイスラーム的行為における正誤の問題よりも優先するという点で，従来の「保守派」から峻別される［Ehteshami and Zweiri 2007: 45－46］。こうした政治的アジェンダは，イスラーム法学者を中心としている伝統的な「保守派」と異なり，彼らがテクノクラートやラフサンジャーニー政権以来，政界に進出してきた革命防衛隊の出身者を中心としていることにも由来している［cf. Ehteshami and Zweiri 2007: 16－26］。彼らは，2003 年に行なわれた第 2 回地方議会選挙を境に台頭し始めた［cf. 佐藤 2004; 鈴木 2007; Ehteshami and Zweiri 2007: 36］(11)。それを足がかりに，第 7 期議会選挙（会期 2004－2008 年）で中央政治の舞台において「原理派」が台頭した。そして第 9 期大統領（任期 2005－2009 年）選挙では，「原理派」の一部の支持を受けたアフマディーネジャード(12)が，ラフサンジャーニー元大統領との決選投票に勝利し，第 6 代大統領に就任した(13)。非イスラーム法学者の大統領の誕生は，ラジャーイー以来約 24 年ぶりのことであった。

大統領となったアフマディーネジャードは，貧困層への援助と富裕層への批判を行なうポピュリズム政治を実施した。しかし「原理派」の主流勢力を出し抜くかたちで行なわれた大統領選挙以来，「原理派」との確執も強め［cf. 佐藤 2005］，政権発足当初から議会運営に支障をきたした。加えて，イラン経済を悩ませる高いインフレ率と失業率を食い止めることはできず，最大の課題である経済問題について十分な成果をあげることはできなかった［吉村

2011: 196]。さらに核問題をはじめとした国際社会との緊張関係のなかで，政権の強硬姿勢が，経済制裁の強化を招き，経済問題をより一層悪化させた。そのため大都市を中心に，「原理派」離れの現象は，2009年6月の第10期イラン大統領選挙における，ミールホセイン・ムーサヴィー候補への支持拡大へとつながった。しかしながら選挙の結果，現職のアフマディーネジャードが第1回投票で過半数を超える得票をし，再選を果たした。

第10期イラン大統領選挙結果の衝撃

第10期大統領選挙の結果に対して，すぐさまミールホセイン・ムーサヴィー候補やメフディー・キャッルービー候補の陣営から「不正選挙」の声が上がった。選挙結果に対し，数十万人規模という革命以来未曾有の大規模な抗議デモや集会の組織化にまで発展した。いわゆる「緑の運動（Pr. jonbesh-e sabz）」である。

大規模な抗議運動の発生に対し，国家も選挙の「不正」を部分的に認めるという譲歩姿勢を示したものの，抗議運動は鎮静化しなかった。そのため国家も大規模な動員によってカウンターデモを組織するとともに，治安部隊や司法制度を通じ，「緑の運動」に対して徹底的な弾圧を加えた。片や「緑の運動」の指導者は運動の戦略に欠け，反政府であるのか，反体制であるのかを明らかにせず，明確な運動の方向性を示すことができなかった。そのため運動そのものは継続していったが，次第に規模は縮小していった。

「緑の運動」に対して国家は弾圧を辞さなかったものの，国家と第2次アフマディーネジャード政権は蜜月を迎えたわけではなかった。むしろ徹底的な弾圧によって「緑の運動」が一定の鎮静化を迎えると，国家と政府は緊張関係に陥った。特に核問題を背景とした石油関連の追加経済制裁によって経済状況が悪化し，市民生活への多大な影響が顕在化すると，国家による政府への風当たりはより一層強くなった。

こうしてアフマディーネジャード大統領が2期満了を迎えるなか，2013年6月14日に第11期イラン大統領選挙（任期2013－2017年）が行なわれた。立候補を認められた8名によって争われた選挙戦の結果[14]，「保守派」でありながらも改革志向のあるハサン・ロウハーニーが第1回投票で過半数を超える票を得て，当選を果たした。

2－2　政治制度と不均衡な権力構造

革命後の約 34 年間の政治展開からも明らかなように，イランでは民選政治機関である大統領や議会[(15)]が一定の役割を果たしてきた。そのため革命以来，それら民選機関の動向に対して，研究者の関心が注がれてきた。特に 1990 年代後半に「改革派」勢力が顕著な存在になると，政治体制の民主制への移行の期待から，より高い関心が注がれるようになった。

1991 年の湾岸戦争を契機として，中東各国では民主化の波が押し寄せた。いわゆる民主化の「第 3 の波」とよばれるものである。中東各国では既存の政治勢力の支配をめぐる寡占状態から，市民による一定の政治参加が顕著となった。そして民主化要因の顕在化を背景に，他の中東諸国同様，イラン政治においても民主化研究が顕著に行なわれるようになった。

イランにおける民主化研究は，大別すれば 3 つに分類することができる。第一に，政治制度面に着目し，イランにおける民主政治の展開を議会や大統領の動向をもとに明らかにした研究である。たとえば，ハーメネイー指導体制下における議会の党派政治の展開について考察し，政治勢力の競合システムの展開について明らかにしてきた研究などがある［e.g. Baktiari 1993; 1996; 2002; Moslem 2002a; 2002b］。またイランにおける政党政治の展開についての研究もある［e.g. Fairbanks 1998; 松永 2002a; 2002b］。さらにモハンマド・ハータミー政権誕生をイランの民主化の重要な転機のひとつと捉え，その背景にあるイラン社会内の各アクターの展開を明らかにした研究もある［e.g. Bakhash 1998; Wells 1999; Ansari 2000［(16)］］。第二に，市民社会空間の展開を扱った研究である。市民社会は，民主化を促進する要因のひとつであると考えられてきた。そこで市民社会の史的形成過程や，イランの市民社会と民主化の関係が明らかにされてきた[(17)]。第三に，民主化を促進してきた政治思想の研究である。市民社会空間において討議されてきたイランの政治体制をめぐるイスラーム知識人の思想が明らかにされてきた。特に，国家内部で党派政治が激化していった 1980 年代末期から登場するモフセン・キャディーヴァル（Moḥsen Kadīvar 1959－），アブドゥル・キャリーム・ソルーシュ（‘Abd al-Karīm Sorūsh 1945－），モハンマド・モジュタヘド・シャベスタリー（Moḥammad Mojtahed Shabestarī 1936－）らの政治思想への関心が高まった。そしてイスラーム体制における政治的多元性をめぐる彼らの思想について，研究が蓄積された。[(18)]

これらの民主化研究は，革命後のイラン社会の自立性や政治の自由化について，その背景にある思想を含めた様々なアクターに着目した細かな議論を提供してきた。だが，社会とよぶものは「改革派」を支えるリベラルな側面に限られてきた。反対に，国家を支える社会の側面について，関心が払われてきたとは言い難い。実際にはイランの政治体制は民主制へ移行してこなかった。リベラルな勢力が民選機関で伸長してきたものの，結果として国家にそれほど大きな政治路線の修正を図るには至らなかった。むしろリベラルな勢力を暴力的な手段をもって封じ込められるほどに，国家は強権的な存在としてあり続けてきた。そして封じ込めは，憲法に則ったイランの政治制度の不均衡な権力構造を背景として，制度的に行なわれてきた。

政治制度と強権的国家

憲法にある政治機関には，選挙を通じてメンバーが選ばれる民選機関とそうではない非民選機関がある（以下の各政治機関については**図 2** を参照）。ここでは政治機関の全体像を理解しやすいように，民選機関を政府，非民選機関を国家としておこう。政府には，大統領，議会，専門家会議（Prs. Shūrā-ye Khobregān）の 3 つがある。片や国家には，最高指導者（Prs. Rahbar あるいは Prs. Valī-ye Faqīh），護憲評議会ともよばれる監督者評議会（Prs. Shūrā-ye Negāhbān），司法権長（Prs. Ra’īs-e Qovve Qaẕā’ī）などがある。

まず大統領と議会について見てみよう。大統領は，4 年を任期として選挙によって選出される。連続した任期は 2 期までであるが，1 期以上を空ければ再度立候補することが可能である。その大統領は行政執行の最高責任者としての役割を担う。各省（Prs. vezārat）の長である大臣（Prs. vazīr）を指名し，内閣を組閣する権限を持つ。しかし外交方針について最高指導者の承認を得る必要があるように，行政機関としての役割について制限がある。[(19)] そのため実質的には，「大統領について体制指導部が設定した目標を達成する政治機関」［佐藤 2005: 54］である。

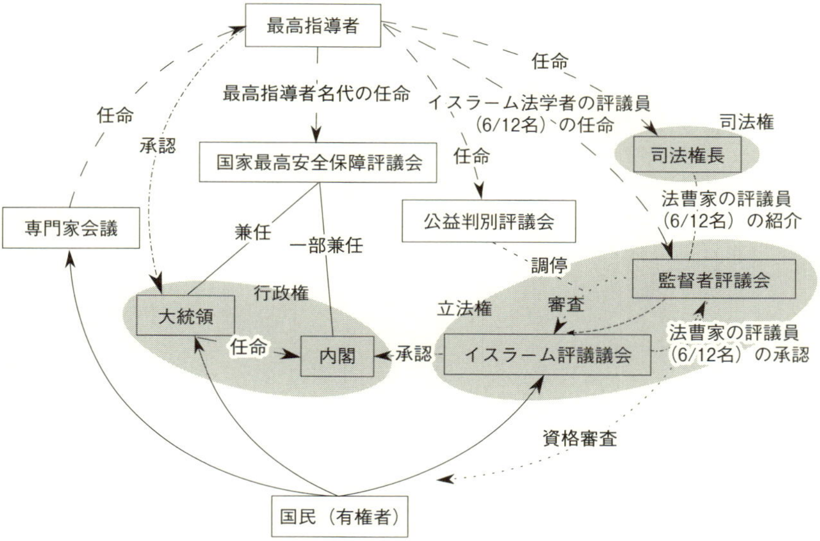

図 2　1989 年以降のイランの政治制度

同じく民選機関である議会も任期は 4 年である。しかし，こちらは再選に関する規定は定められていない。議会は，定数を 290 としている。そのうち 5 議席は，ムスリム以外の宗教的マイノリティ[20]に与えられた議席である。議会の役割は，言うまでもなく立法の役割を担う。しかし議会の議決がすぐさま法制化されるわけではない。議決は，イスラーム的理念に適っているか審査を受ける必要がある。その審査を担う政治機関が監督者評議会である。

監督者評議会の役割は，議決の審査だけではない。各種選挙の実施責任を担っており，内務省とともに候補者の資格審査権も持つ。この評議会は 12 名の「法」の専門家からなる。6 名は一般の法曹家で，6 名はイスラーム法学者である。一般の法曹家の評議員は，司法権長によって議会に紹介され，議会はその承認権を持つ。一方，イスラーム法学者の評議員は，すべて最高指導者によって直接任命される。

各政治機関のなかで，最高指導者に政治的な権限が集中している。最高指導者は，先に述べた権限に加え，司法府の長にあたる司法権長[21]の任命権，議会と監督者評議会の対立が長期化した場合に両者の調整を行なう公益判別評議会（Prs. Majma‘-e Tashkhīṣ-e Maṣlaḥat-e Neẓām）の評議員を任命する権限，国防省監督下の国軍および革命防衛隊（Prs. Sepāh-e Pasdāran-e Enqelāb-e Eslāmī）[(22)]を含めた軍事の最高司令官としての権限を有する[(23)]。また大統領，関係各省庁の大臣，各軍司令官によって構成される核開発問題を含めた国家安全保障の意思決定機関にあたる国家最高安全保障評議会（Prs. Shūrā-ye ‘Ālī-ye Amanīyat-e Mellī）[(24)]の決定に対する承認および拒否権を持つ。実際に権限が行使されたことはないが，大統領も最高指導者の承認なしには就任することができない。

最高指導者に対しては，専門家会議が任命と罷免の権限を持つ。専門家会議は8年を任期とする民選機関であり，理念的には専門家会議も政府の一部である。しかし専門家会議はイスラーム法学者からなることができず，被有権者資格が制度的にも限定されている。加えて，大統領選挙や議会選挙と同様に，監督者評議会が立候補者の資格を審査する権限を持つ。最高指導者の罷免権を有するために，専門家会議選挙における資格審査は厳格に行なわれてきた。たとえば，1992年に行なわれた第2回専門家会議選挙である。同時期には，「急進派」によるハーメネイー最高指導者の罷免をも辞さない体制指導部への批判があった。そのため「急進派」の多くの立候補表明者が，資格審査によって立候補を認められなかった。第2回専門家会議選挙に示されるように，最高指導者の急所とも言える専門家会議は，監督者評議会によって致命傷を回避するようにできている。つまり民選機関であるものの，実質的には国家の一部となっている。監督者評議会によって，選挙に介入が加えられてきたことは専門家会議選挙に限ったことではない。議会選挙や大統領選挙も同じである。議会で言えば，2004年に行なわれた第7期議会選挙においては，現役議員も含めた「改革派」の立候補者に対して，立候補資格が認められなかった。

このように最高指導者をはじめとする国家には，政治制度上，政治権力が集中しており，政府は限定的な権力を有するにとどまっている。つまり政治制度から考えた場合に，イランの政治構造を理解する上で，国家に対する理解は必要不可欠ということになる。また政府に対して関心が注がれてきたなかで着目されてきた選挙についても，それを実施してきた国家についての重要性を理解する必要がある。

3　民選機関から非民選機関への転回

国家の支配構造について明らかにしようとする研究は，これまでにも蓄積されてきた。その背景には，「改革派」が2000年頃から行き詰まりを見せたことが一因としてあった。そこで国家の支配が，どのように存続してきたのかを明らかにしようとする権威主義体制論が提示されてきた(25)。

権威主義体制論では，ハーメネイー体制指導下のイランの政治体制を，比較政治学の観点から，権威主義体制と捉えてきた。権威主義体制とは，全体主義体制と民主主義体制の中間に位置づけられる政治体制である。限定的な政治的多元主義がある一方，指導者あるいは小規模な指導集団の権力が予想しうる範囲内で行使される。また精緻された指導的イデオロギーを持たず，政治的動員は発展時を除けば，広範でも集約的でもない［cf. リンス・ステパン 2005: 93］。イランの権威主義体制論では，政治機構内に焦点を当てて，権威主義体制の持続要因が明らかにされてきた［e.g. Chehabi 2001; Keshvarzian 2005; Hen-Tov 2007; Rakel 2009］。

たとえばケシャーバルズィヤーンの研究である［Keshavarzian 2005: 73－87］。彼は，政治エリートを再生産する仕組みが分裂した政治機構内で生まれたことで，政治勢力の競合が支配体制内で構造化されてきたことを明らかにした。同時に，支配体制側の政治制度を通じた制限や改革派内の分裂などが，権威主義体制の持続要因であることを指摘した。またラケルは，政治機構内の党派政治に影響を与え，支配体制国家を維持させる要因として，国際関係の変化に重きを置いた議論を提起した［Rakel 2009: 147－257］。

権威主義体制論は，国家体制の持続要因を検証しようという試みから，支配構造について非常に有益な議論を提供してきた。しかし精緻な政治アクター間の関係については，それほど十分に注意が払われてきたとは言い難い。たとえば，権威主義体制を持続させてきた「保守派」の存在である。彼らは，ハーメネイー師とその国家の支持集団のあいだにどのような利害関係が存在することで，「保守派」という集団を構成しているのだろうか。

このような精緻なアクターの関係に注意を払うことは，支配構造を捉える上でも非常に重要であろう。というのも，精緻なアクターの関係が支配構造の変動に関わる場合も少なからずあるためである。権威主義体制論は，2010年末以降中東アラブ諸国で起こった政治変動，いわゆる「アラブの春」以来，廃棄されつつある。混迷を極めるシリア，そしてエジプトをはじめとしたアラブ諸国の支配構造についても，2000年代以降権威主義体制論は非民主的な国家の頑強性を指摘するもっとも有効な議論であった。そのため権威主義体制論者の予想に反する現実を前に，もはや有効な議論ではなくなったとも考えられてきた。

しかし筆者はあえて，権威主義体制論廃棄の方向に対して一石を投じたい。その理由は，エジプトをはじめアラブ諸国の権威主義的国家体制が崩壊した一方で，イランでは2009年の「緑の運動」以降も国家は存続してきたことにある。また「緑の運動」の結果，イランの国家に決定的な構造変動がもたらされたわけでもない。つまりイランでは権威主義体制論が廃棄されるに値する構造的な変動は指摘できないということである。それゆえイランについて言えば，権威主義体制論は有効であると言えるだろう。しかしすでに指摘したように，国家内の利害関係を解明するという，実証的なアプローチも必要である。というのも，ミクロな利害関係の解明なしには，構造変動を十分に捉えきれないためである。そこで着目したいのが，宗教界という存在である。

4　国家研究としての宗教界

4−1　宗教界とは

宗教界とは，シーア派のイスラーム法学者同士の同業者社会のことを指す。イスラーム法学者とは，原語に限定すればファキーフ（Ar. Pns. faqīh）である。しかし本書では，イスラーム法学（Ar. figh, Pns. fegh）の専門家，つまりはイスラーム法の専門的教育を受けた職能集団全般を指す言葉として用いる。原語に基づけば，アラビア語起源の精神指導者（Prs. rowḥānī），同じくアラビア語起源のイスラーム知識人（Ar. ‘ulamā’ Prs. ‘olamā’），そしてこれらイスラーム知識人に対する侮蔑的意味も込められた「坊さん（Prs. mollā）」や「坊主（Prs.

ākhond)」である。そしてイスラーム法の専門的教育を受けた職能集団の同業者社会が，宗教界である。

しかし宗教界と直接的に翻訳できる原語が，ペルシア語にもアラビア語にもあるわけではない。宗教界という言い方は，分析概念である。もっとも本書が言わんとする宗教界の概念に相当する原語はある。ペルシア語のホウゼイェ・エルミーイェ（Prs. ḥowze-ye ʻelmīye），アラビア語のハウザ・イルミーヤ（Ar. ḥawza ʻilmīya）である。馴染みのない長い用語に読者が混乱しないように，本書ではそれぞれホウゼないし，ハウザとよぶことにする。

ホウゼ／ハウザは11世紀のブワイフ朝下で行なわれていたシーア派のインフォーマルな学術サークルを起源とした「学問空間」を意味する用語である［cf. Sankari 2005］。現代的な用法では，ホウゼ／ハウザには，アラビア語でマドラサ（Ar. madrasa）とよばれる「宗教学院」と代替可能な用法もある［Akhavi 1980: x; Shanahan 2005: 140］。ペルシア語で言えば，マドラセ（Prs. madrase）である。だが通常は「宗教学院」が複数集まってできる学術連合組織を意味する［Fischer 1980: 290; Abdul-Jabar（ed.）2002: 8; 森本 2007: 291］。双方の用法からわかるように，ホウゼ／ハウザはイスラーム法学者の再生産に関わる学問空間である。

本書のホウゼ／ハウザは後者の用法である。そのため前者の用法である場合は，ホウゼ／ハウザとは言わず，マドラサと記載する。ホウゼ／ハウザはシーア派が居住している地域に見受けられる。本書では，超地域的に見られるイスラームをめぐる同一起源の用語については，その起源となった原語の表記に従う。したがって本来ならば起源となったアラビア語の表記に従いハウザと表記することが適当である。しかし本書の主たる対象である革命以降のその展開は，明らかにイラン独自の展開とよべるだろう。それゆえ現代イランの文脈で用いる際には，あえてペルシア語の表記であるホウゼと表記する。またイラン以外，特に現代イラクの文脈においてはハウザと表記し，現代以前についてはホウゼ／ハウザと表記する。

本書で用いる宗教界という用語も，空間としてはホウゼ／ハウザを指している。しかし宗教界という用語には，ホウゼ／ハウザにおけるイスラーム法学者の社会関係も包摂した概念が含まれる。たとえば，イラン革命以降に明

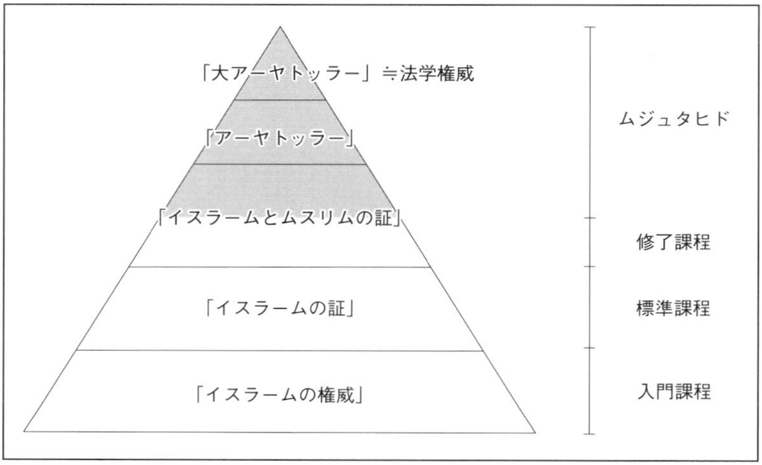

図3　イスラーム法学者の尊称と階梯

確化されてきた，イスラーム法学者同士の関係を規定するヒエラルキー的な尊称システムである（**図3**参照）。

近年のイランやイラクでは，シーア派のイスラーム法学者は尊称によってよばれる。それらの尊称は，近年のイランでは，概ね「宗教学院」での修学課程ごとに変化していく。まず「宗教学院」に入学した法学生（Prs. ṭalabe）は，「イスラームの権威」を意味するセカト・アル＝エスラーム（Prs. S̱eqat al-Eslām）という尊称でよばれる(26)。しかしこの段階では，イスラーム法学者特有の法衣もターバンも身に着けていない。「イスラーム法学と魂の浄化の道への知の集い（Prs. Jashn-e Ma‘refat-e Rah-e Pūyān-e Foqāhat va Tazkīye）」という通過儀礼を経て，ターバンの着用が許される。「宗教学院」で最低6年かかる入門課程（Pr. jāme‘-e moqaddamāt）を経ると，「イスラームの証」を意味するホッジャト・アル＝エスラーム（Prs. Ḥojjat al-Eslām）という尊称でよばれるようになる。そして最低4年かかる標準課程（Prs. dars-e soṭūḥ）を終える頃になると，「イスラームとムスリムの証」を意味するホッジャト・アル＝エスラーム・ヴァ・アル＝モスレミーン（Prs. Ḥojjat al-Eslām va al-Moslemīn）という尊称でよばれるようになる。そして修了課程（Prs. dars-e khārej）で学ぶようになる。

詳しくは，第4章で述べるが，修了課程を終える年限は特に定められていない。そのためわずか数年で修了するものもいれば，一生をかけても修了できないものもいる。修了課程を終えることは，ムジュタヒド（Ar. mujtahid, ペルシア語ではモジュタヘド Prs. mojtahed）とよばれる，自身の知的営為によって法解釈を導くことができる法学者の段階に達したということを意味する。さらに修了課程を終え，数十年にわたる教育活動や執筆活動を通じて同業者から認められると「神の徴」を意味するアーヤトッラー（Prs. Āyat Allāh）という尊称でよばれるようになる。さらにそこから数十年にわたる教育活動や執筆活動を経て同業者に認められるようになると，「神の最大の徴」を意味する大アーヤトッラー（Pr. Āyat Allāh 'Oẓmā）という尊称でよばれるようになる(27)。

近年導入されようとしている保険制度の統計に基づくと，「宗教学院」で学ぶものも含めて，現役のイスラーム法学者は2013年7月時点で，イラン全土で約8万5千人いると言われている［*Rīsk Niyūz,* 25 Jul. 2013］。そのうち，大アーヤトッラーであるイスラーム法学者は30名程度である。歴史的に見て大アーヤトッラーの数がインフレであるものの，それでも全体の0.1％にも満たない。

4-2　国家研究としての宗教界の射程

宗教界は，ホウゼを基礎としながらイスラーム法学者によって発展させられてきた同業者社会である。詳しくは第1章で述べるが，宗教界は19世紀以降のシーア派やイランの歴史において，政治的に重要な役割を担ってきた。そのためイラン革命と宗教界との関連について指摘する研究も少なくない。たとえば，パフラヴィー朝期から革命直後にかけた宗教界の展開について明らかにしたアハヴィーの研究や，反王政運動期のコムでのフィールド調査をもとに，革命以前の宗教界について民族誌を著わしたフィッシャーの研究は，その代表的な研究である［cf. Akhavi 1980; Fischer 1980］。また革命運動においてシーア派文化や宗教界が果たした役割について明らかにしたアブラハミアーンやモアッデル，また1960年代からのイスラーム法学者の政治化のプロセスと宗教界と社会との関係について検討したダバシの研究も代表的である［cf. Abrahamian 1982; Moaddel 1993; Dabashi 1993］(28)。

イラン革命以降も，宗教界についての関心は高かった。というのも，イスラーム法学者が政治的に重要な役割を担うようになったからである。だが，高い関心の一方で，中央政治や経済について一定の研究が蓄積されてきたことに比して，それほど宗教界について実証的な研究が蓄積されてきたわけではなかった。革命以前に比して実証的な研究の蓄積が相対的に希薄であるのは，宗教界に限ったことではく，イランにおけるシーア派の宗教実践全般についても言える。その理由はいくつかあるものの，ひとつには，イラン革命以降30年以上にわたって欧米の研究者によるフィールド調査の実施が困難な状況になったことが挙げられる。

革命以前には，イランは中東諸国のなかでもっとも欧米の人類学者が調査を行ないやすい国のひとつであった。そのため革命以前のイランでフィールド調査を実施する人類学者も少なくなかった。しかし革命後，欧米諸国との国家間での関係悪化を背景に，欧米の人類学者によるフィールド調査の実施が困難となった。そのため革命以前にイランを調査地とした欧米の研究者は，国外のイラン系コミュニティを調査地に変更するか，ディシプリンベースでイランとは無関係な調査対象へと変更していった。またイラン国内でも，民俗学的な色彩の強い「人類学」が強い一方で，欧米流の人類学的研究は発展してこなかった［cf. Najmabadi（ed.,）2009］。

しかしながら，「停滞」状況は，2000年以降変わりつつある。ひとつの要因としては，農村の女性教育を扱ったヘグランドのように，欧米の人類学者によるイランでのフィールド調査も再開されつつあることである［cf. Hegland 2009］。また欧米を拠点にするイラン・ネイティブやイラン系移民の第2世代の研究者の存在もひとつの要因である。なかでもアーデルハーによる研究は，イスラームをめぐる言説空間の変容として宗教界にもふれた，1990年代の都市のシーア派の信仰実践を知る上で重要な研究である［Adelkhah 2000］。

もちろん，こうした研究が現われるようになったのは比較的近年のことである。そのため革命前にフィッシャーがコムで行なったようなフィールド調査に基づいた宗教界の研究があるわけではない(29)。それゆえ，日本の桜井啓子［2001; 2006 ; 2014］によるホウゼ教育の研究は，革命後の宗教界を理解する上で貴重な研究であると言えるだろう。また当事者であるイスラーム法学者自身によるホウゼについての研究書も同じく貴重な研究である［e.g. Shīrkhānī and Zāre‘ 1384; Pasandīde 1385］(30)。

しかしホウゼについて明らかにされてきたとはいえ，これまでの革命後のホウゼをめぐる研究が，宗教界とイラン政治との関わりを明らかにすることを目的としてきたわけでもない。また革命後のホウゼについての貴重な研究が，欧米の研究者のあいだで，それほど利用されてきたとも言い難い。つまり革命後の宗教界をめぐって，イラン政治という観点からアプローチする研究がそれほどあるわけではないというのが実情である。そのため宗教界の政治的重要性についても，論者によって見解が分かれている。

まず否定的な立場をとる論者として，アルジョマンドが挙げられる［e.g. Arjomand 2003; 2009］。彼はハーメネイー指導体制下の支配構造の分析に際しては，監督者評議会などイスラーム法学者の国家内の政治機関に着目する必要があることを指摘する［Arjomand 2003; 2009: 36－55］。つまりイスラーム法学者とイラン政治について理解するには，宗教界よりも，国家内のイスラーム法学者の政治機関に着目することが有効であるという議論である。不均衡な権力構造にある政治制度に則って国家が支配を進めてきたという彼の主張は，結論としては権威主義体制論とそれほど変わらない。そのため国家とそれを支える集団との利害関係について十分に明らかにされてきたわけではない。加えて，宗教界が国家による支配の構造に影響を与えてきたわけではないと言いつつも，宗教界についてそれほど実証的なアプローチを試みているわけではない。宗教界が政治エリートを輩出することを考えれば，安定的な支配を行なう上で国家が支配構造に組み込んできたことは想像に難くない。それゆえ彼の議論は，やや性急であると言える。

一方，肯定的な論者としては，ブフタが挙げられる［Buchta 2000］。彼はアルジョマンドも指摘した国家内の政治機関や革命防衛隊など複数の領域における支配構造についてふれつつ，国家による宗教支配についても検討している［Buchta 2000: 78－120］。彼は「シーア派法学権威の諸権利擁護委員会（Ar. Lajna al-Difā‘ an Ḥuqūq al-Marja‘īya al-Shī‘īya）」のロンドン支部でのインタヴューとニュース・ソースを活用した高位のイスラーム法学者の動向に基づいて宗教界の政治構造について明らかにした。彼の議論に従えば，宗教界は国家の支配構造に組み込まれてきたと言える。しかし実際には，「改革派」の政治エリートもまた宗教界から現われてきたように，完全に国家の支配が及んできたとは言い難い。それゆえ国家による宗教界の支配の方法について慎重に検証し，どのような側面で国家の支配が進められてきたのかを明らかにする必要があると言える。

2つの立場について批判的に検証することは，イランにおける宗教界の政治的重要性を明らかにするだけではない。イランの政治構造をより深く理解することも可能となる。というのも，政治構造の全体像において，宗教界は曖昧なポジションにあったからだ。たとえば，政治構造理解の上で宗教界も含めようとするアラムダーリーの議論においても，宗教界を国家とは別の次元の存在として想定されるにとどまっている［Alamdari 2005］。

そこで本書では実証的なアプローチから革命後の宗教界の展開について検証し，イスラーム共和制下のイランの支配構造について，シーア派宗教界という視座から捉え直したい。

5　本書の構成

本書は，2部からなる。第I部では，イスラーム共和制下の宗教界と社会との関係について検討する。それは宗教界の存立基盤を明らかにすることを目的としている。そのためには，まずイラン宗教界の史的展開の概要を理解しておく必要がある。

第1章では，18世紀以降のシーア派宗教界の史的展開を押さえながら，イラン革命以前の現代のイラン宗教界の発展を明らかにする。18世紀以降，イラクを中心にシーア派宗教界は発展してきた。そのなかでイランのホウゼは，シーア派宗教界を構成する地方のホウゼにすぎなかった。しかし20世紀初頭に中東で国民国家建設が進むなか，コムが学問都市として再興を果たしていった。そこで従来のイラクを中心として形成されてきたシーア派宗教界のなかで，コムのホウゼを中心に独自のイラン宗教界が形成されていく史的展開について明らかにする。

続く第2章から第4章では，宗教界と社会との関係について，イスラーム法学者と国民でもある信徒との関係から検討していく。第2章では，一般信徒の日々の信仰実践とイスラーム法学者との関係について焦点を当てる。長らくイスラーム研究においては，イスラームという統一性と実践の多様性をめぐって「知識人のイスラーム」と「民衆のイスラーム」というような二元論的理解が行なわれてきた。この二元論的理解に従えば，一般信徒の実践とイスラーム法学者の実践とは別の次元にあると考えられる。言い換えれば，イスラーム法学者の同業者社会である宗教界は，一般信徒の信仰の実践とはそれほど関わりなく展開していることを示唆し，宗教界が社会とは日常的に無関係に展開してきたことを意味している。しかし実際には，イラン革命に見られるように，宗教界は社会と深く関係する場合もあった。それゆえ日常的にもイスラーム法学者は一般信徒の信仰実践に関係してきたと考えられる。そこで第2章では，イランの一般信徒の雑多な信仰実践とイスラーム法学者の関係を，高位のイスラーム法学者が開く事務所で行なってきた調査に基づいて検証する。

ではなぜイスラームの多様性として2つの実践の形態があるかのように思われてきたのであろうか。二元的な実践として表出する差異と共有する理念について考える必要がある。そこで第3章では，イスラーム法学者の「奇蹟譚」を事例に，高位のイスラーム法学者の「聖者」的側面に焦点を当てて検証する。シーア派の高位のイスラーム法学者については，彼らが「奇蹟」をなす存在であることは指摘されてきたものの，彼らの「聖者」性について十分に検証されてこなかった。ここではフィールドにおける言説とテクストにおける「奇蹟」の語りを手掛かりに，彼らの「聖者」性の特色を検討する。

さらに第4章では，イスラーム法の相談所の運営と相談者であるイスラーム法学者の再生産について検討する。高位のイスラーム法学者が開く事務所の主要な目的のひとつは，イスラーム法の相談所としての役割であり，宗教界と社会との窓口のひとつとなってきた。第4章ではイスラーム法の相談に焦点を当て，スタッフの返答の質的保障がどのようになされているのかということをホウゼの教育にまで広げて検討し，宗教界と社会関係の再生産の構造について検討する。

第Ⅱ部では，イスラーム共和制下の宗教界と国家との関係について検討する。繰り返しになるが，1979年のイラン革命後に樹立されたイスラーム共和制下では，イスラーム法学者が政治的に重要な役割を担うようになった。しかしイスラーム法学者が政治的に重要な役割を担うようになったからといって，すべてのイスラーム法学者が国家を支持してきたわけではない。反対に，国家を批判するイスラーム法学者も現われてきた。つまり宗教界は国家にとって諸刃の剣となった。当然，国家が支配を安定化させていくならば，宗教界を支配の構造に組み込んできたと推測される。その実際の展開を明らかにすることが，第Ⅱ部の目的である。

第5章では，ホメイニー指導体制下における国家による宗教界政策について検討する。革命後に最高指導者を務めたホメイニー師は，イスラーム法学者としても一定の高い評価を受けてきた。しかし国外追放を受けた彼は，1960年代以降，イランのホウゼで直接的教育活動を実施してきたわけではなかった。一般に高位のイスラーム法学者は，ホウゼ教育で法学生の指導を通じて，イスラーム的知識の見識を広め，学閥を形成することで，宗教界での影響力を高めていく。そのためホメイニー最高指導者が個人的な影響力を背景に，宗教界の批判を牽制して支配を図ってきたとは考えにくい。そのためホメイニー最高指導者を頂点とする新生イラン国家が支配の安定化を図る上で，宗教界を国家の支配に組み込むプロセスについて検討する必要がある。そこで，宗教界を国家の支配に組み込むプロセスを，ホメイニー指導体制期におけるホウゼの運営組織化を事例に検証する。

続く第6章と第7章では，ハーメネイー指導体制期における国家と宗教界の関係について検討する。ハーメネイー師は，ホメイニー師の後任として1989年に最高指導者に就任したものの，明らかにイスラーム法学者としてホメイニー師に及ばなかった。最高指導者の地位を政治指導者の地位とし，宗教指導者の地位は宗教界の上層部の高位のイスラーム法学者に委ねられることになった。しかし政教関係をめぐる指導者の二元論は，国家内でも反発を招き，国家は分裂の危機に直面することになった。そこで国家による二元論の解決が図られてきたものの，宗教的制度に国家の介入が図られるなど，宗教界と国家との対立が顕在化した。そこで第6章では，宗教界内の秩序と一般信徒の志向に委ねられてきた法学権威制度に対する国家介入が宗教界に与えた影響について検討する。また第7章では，ハーメネイー最高指導者就任以降に行なわれるようになったホウゼ内の制度的な変容に焦点を当て，国家による宗教界支配のプロセスについて検討する。

第8章と第9章では，宗教界と結びついて国家が進めてきた社会のイスラーム化が一般信徒の信仰生活に及ぼしてきた影響について検証する。イスラーム共和制を敷くなかで，国家はイスラーム的価値に基づいて社会を運営しようとしてきた。その実際の展開には，制度作成のプロセスなどでイスラーム法学者が巻き込まれてきた。だが，そうした上からのイスラーム化は，国民でもある一般信徒にどのような影響を与えてきたのかを検証する必要がある。そこで第8章では，生命倫理制度を事例に，革命後のイスラームという宗教をめぐる人々の認識の変化について，法と倫理との関係に着目して論じ，イスラーム化という現象の近代性について検討する。

第9章では，イラン外交とイスラームとの関係について検証する。革命直後からイスラーム体制は，周辺のムスリム・マイノリティの解放をうたい，シーア派ネットワークを通じた「革命の輸出」を図ってきた。その結果，イランの国際的な孤立を招くことになった。しかしその後はイラン・イラク戦争を背景に，「革命の輸出」からの脱却とリアリストの外交へとシフトさせてきた。そしてハーメネイー指導体制になると，イデオロギー外交からリアリスト外交へのシフトはより顕著なものとなってきた。第9章では，リアリスト外交へのシフトが図られるなか，イラン外交とイスラームとの関係の質的変容について論じる。同時に，リアリスト外交のなかで展開するイスラームをソフトパワーとした文化外交が国外のシーア派コミュニティに与えてきた影響について検討したい。

第Ⅰ部で宗教界と社会の関係，第Ⅱ部で宗教界と国家の関係を論じた後，終章では，本書の議論を振り返りつつ，イスラーム体制の未来について検討したい。体制指導部の面々が高齢化するなか，次第に後継者問題が現実味を帯びてきた。そこで本書での議論をもとに，後継者問題について検討し，イスラーム体制の未来について検討していきたい。

第Ⅰ部

宗教界と社会

第1章　宗教界の史的展開とイラン革命

はじめに

本章では，革命後のイランにおいて政治的な重要性を担うようになった宗教界の，近現代の動きを明らかにしていく。

革命後のイランでは，イスラーム法学者が政治運営を担うイスラーム体制が形成されていった。それゆえ彼らは，新たな政治体制における政治エリートと言えるだろう。彼らは，どのような宗教界の変化や社会的背景のなかで，政治運動に参加し，政治エリートとなっていったのだろうか。それを理解するには，宗教界の史的展開を紐解く必要があろう。そこで本章では，サファヴィー朝が崩壊した18世紀初頭からイラン革命前夜の1970年代までの宗教界の展開を，背景となるイラン史とともに描きたい。

1　ウスール学派の台頭と法学権威制度の開始

1－1　サファヴィー朝の崩壊とアタバートの再興

今日のイランに相当する地域でシーア派が多数派を形成するようになったのは，17世紀頃である。それは1501年に誕生したサファヴィー朝によって行なわれた住民のシーア派への改悛政策を背景としていた。改悛政策では，歴史的にシーア派教学の重要な拠点であった今日のレバノン南部から，イスラーム法学者が招聘された[(1)]。その結果，サファヴィー朝の都であり，現在のイラン中央部に位置するエスファハーンは，17世紀－18世紀初頭にかけてシーア派教学の学問的中心となった。しかし18世紀初頭になると，サファヴィー朝が弱体化し，イラン高原は群雄割拠の時代に突入した。同時に，シーア派教学の学問的中心地は，アタバートとよばれるイラクの廟都市に移った。

18世紀以降，教学の中心となったアタバートは，3つある。まず初代イマーム，アリーの廟があるイラク中南部のナジャフ。次に第3代イマーム，フサインの廟があるイラク中南部のカルバラー。最後に，第11代イマーム，ハサン・アスカリーの廟があるイラク中部のサーマッラーである。イマームとは，歴代のシーア派の超人的指導者であり，シーア派の世界関係の形成という観点から言うと，初代イマームと第3代イマームの重要性は抜きん出ている。それゆえナジャフやカルバラーは，シーア派の参詣地のなかでも特に重要な参詣地であった。しかし，それらはシーア派教学の大規模な拠点にまでは発展しなかった。また16世紀末になると，参詣地としての役割を十分に果たせなくなっていた。というのも，それらが重大な水不足の問題を抱えていたからであった。さらにナジャフについて言えば，遊牧部族の強い支配下に置かれたということもあった。一方，サーマッラーは16世紀以来，スンナ派の盟主であったオスマン朝の支配下にあった。

ナジャフやカルバラーの水不足問題は，政治に起因する問題であった。16世紀初頭以来，イラク南部はオスマン朝とサファヴィー朝の係争地となっていた。そのため水資源を水路に頼っていた両地では，水路の整備を行なう中央権力の不在が生じた。結果，ナジャフは16世紀後半に，カルバラーは16世紀末には，参詣者が激減していった。

しかし18世紀になり，状況は少しずつ変化していった。まずオスマン朝によるイラク南部への支配が一時的に強まったことである。1723年にはオスマン朝によって建設されたダムが完成し，カルバラーの水不足問題は，サファヴィー朝崩壊当時には解消されていた。そこで，エスファハーンを逃れたイスラーム法学者たちは，カルバラーを目指した。当時のカルバラーは，バグダードから派遣されたオスマン朝の行政官がいたものの，軍事的な脆弱性から，シーア派の儀礼を行なうことができた［Nakash 1994: 22］。

また19世紀になり，ナジャフの水不足問題も解消された。シーア派を奉じた北インドのアワド朝の支援により，1803年に水路が完成したためである。またナジャフを支配下に置いていたアラブ系遊牧部族にも大きな転機が訪れた。定住化する部族が増加していったのである。その結果，定住化した部族と従来のままの生活を続ける部族との社会的関係，つまり部族同士のつながりが弱まりつつあった。また定住化した部族のあいだでは，伝統的な部族内の紐帯も弱まりつつあり，一種のアイデンティティ・クライシスに陥っていた。

一方，イスラーム法学者たちも新たな問題を抱えていた。それはワッハーブ派によるアタバートへの襲撃である。彼らは急進的イスラーム改革思想集団であり，クルアーン，スンナの字義通りの解釈を主張し，後世に追加されたビドア（新奇な慣行）を激しく糾弾した［cf. 大塚ほか編 2002: 1080］。彼らにとって，シーア派で広く行なわれていた廟参詣もビドアであり，糾弾の対象であった。19世紀初頭には，カルバラーが攻略される事態にまで発展した。

そこでイスラーム法学者たちは，伝統的紐帯が崩壊しつつあった部族の軍事力に目をつけ，部族の取り込みを図った。イスラーム法学者たちは，従来の部族の規範を保つため，部族の美徳に則るようなシーア派儀礼を模索した。その結果，部族が重視する血統主義が損なわれることはなかった。一方，部族側にとってシーア派への改悛は，より良きムスリムというアイデンティティの付与，またシーア派儀礼の遵守による都市住人との社会経済的関係を構築する転機となった［Momen 1985: 315; Nakash 1994: 25－48］。

1－2　ウスール学派の再興と法学権威制度

ところで，カルバラーに移住したイスラーム法学者たちに新たな転機が訪れた。それはシーア派法学におけるウスール学派（Ar. al-Uṣūlīya）の再興である。

シーア派法学内には，法の手続き論をめぐって2つの勢力があった。ひとつは，先に述べた理性を重視するウスール学派であり，もうひとつは伝承を重視するアフバール学派（Ar. al-Akhbārīya）である。ウスール学派はブワイフ朝下のバグダードで形成されていった。アフバール学派は10世紀末のコムを中心に形成されていった。つまり，9世紀後半から10世紀初頭にかけて，両派とも形成されていった。歴史的には，ウスール学派が優位であった［Momen 1985: 220－232］。サファヴィー朝期においても，初期にはウスール学派が優勢であった。しかし16世紀後半になるとアフバール学派が優勢となった。

サファヴィー朝期までの，両派の違いは40点あるが［cf. Newman 1992: 24－51］，それらのうち主要な差異は5点に集約される［大塚ほか編 2002: 197－198］。第一にイスラーム法の社会に際して遵守すべき手続きの根拠の差異，つまり法源の相違である。ウスール学派がクルアーン，スンナ（慣行），イジュマー（合意），アクル（理性）を法源とするのに対し，アフバール学派はスンナのみを法源とする。つまりアフバール学派は，ハディース(2)のみを法源とした。第二にクルアーンの明文規定をめぐる違いである。ウスール学派はそれのみで法的根拠とする一方，アフバール学派はイマームの説明で明確な規定となる時のみ根拠とした。第三に伝承と知的証拠が対立する場合，ウスール学派は知的証拠を優先し，アフバール学派は伝承を優先させる。第四に明確な規定のない法学的問題をめぐる差異である。ウスール学派はすべてのものは合法的であるとする原則の一方，アフバール学派は疑問の余地のあるものは，用心を必要とし，用心がより良きムスリムであるとする。最後に信徒をめぐる認識の差異である。詳しくは後述するが，ウスール学派は信徒内に区別を設けることを主張した。しかしアフバール学派は，すべての信徒はイマームに従うものであり，信徒に区別はないとした。

このようにウスール学派とアフバール学派を見た場合，ウスール学派は論理的な柔軟性がある一方で，伝承を重視するアフバール学派はやや柔軟性に欠けるように思われる。だが，政治的に安定していると，あえて独自の法解釈を生み出す必要もなくなる。むしろ独自の法解釈を生み出すことは，安定を揺るがしかねない。実際，16世紀後半からアフバール学派が優位に立った背景には，サファヴィー朝が政治・社会的に安定したことがあった［cf. Momen 1985: 117－118］。しかしサファヴィー朝の崩壊によって事態は急変した。政治・社会的混乱状況から，独自の法解釈の必要が生まれてきたのだ。

サファヴィー朝崩壊後，群雄割拠を迎えるイラン高原をよそに徐々にシーア派法学の拠点として成熟していくカラバラーに，一人の男が現われた。ビフバハーニー（Ar. Muḥammad Bāqir ibn Muḥammad Akmal al-Bihbahānī, 1792没）である。

彼はサファヴィー朝下のエスファハーンに産声を上げ，アフガン族のエスファハーン攻略により一族とともにアタバート(3)に逃れた。アフバール学派の学者に師事し，彼もアフバール学派に属していた。彼はアフシャール朝下のイランのベフバハーンに移住し，同地の名士にして富豪の娘と結婚した。ここで彼に大きな転機が訪れた。同地で彼は商人から経済的な支援を受けるとともに，ウスール学派の法解釈を学んだことである。そして1746年にはアフバール学派の拠点であったカルバラーに乗り込んだ［Momen 1985: 127－128; Litvak 1998: 14］。

彼はベフバハーンなどの商人からの経済的支援を受け独自の経済基盤を獲得し［Litvak 1998: 15］，密かにウスール学派の解釈方法を普及させていった。と同時に，時にタクフィール（異端）宣言をもってアフバール学派を非難するという激しい手段にも打って出た。さらに，彼に続いてバフルル・ウルーム（Ar. Muḥammad Mahdī ibn Murtaḍā Ṭabāṭabā'ī ibn Shawwāl Baḥr al-'Ulūm 1622/3没）やカーシフル・ギター（Ar. Ja'far ibn Khiḍr al-Najāfī Kāshif al-Ghiṭā 1812没）といった優れたイスラーム法学者を再生産することにも成功した。こうしてウスール学派は徐々にシーア派法学派内での優位性を確立していった。しかしウスール学派が優位となるなかで，別の必要が生じた。イスラーム法学者を統括していく必要である。

ウスール学派は，アクル（理性）に基づいてイジュティハードとよばれる演繹的法解釈を行なうことを主張した。イジュティハードを行なう能力を持ったイスラーム法学者はムジュタヒドとよばれる。ムジュタヒドとなったイスラーム法学者は，自身で独自に法解釈をすることが許される。そのため，ウスール学派の立場では，信徒はムジュタヒドであるか，あるいはムジュタヒドに従うムカッリドに分かれる(4)。そしてムジュタヒドはそれぞれに従う信徒を獲得していくのである。しかしムジュタヒドには「独立の原則」があり，ムジュタヒドは他のムジュタヒドの見解に従うことはできない。そのためどの見解がより優れているのかが判別できないだけでなく，法解釈が過度に多様化する可能性があった。さらには，権力が分散していく可能性もあった。アフバール学派との論争を行なっていたウスール学派には致命的であった。

かくしてウスール学派内部では，徐々に集権的な組織化が行なわれ，イスラーム法学者内の緩やかなヒエラルキーが形成されていった［Cole 1983: 33－46; Mousavvi 1996: 279; Walbridge 2001a: 4］。19 世紀半ばには，当代を代表するイスラーム法学者が一般信徒の信仰生活上の問題を解決する役割を担うことが慣行化されていった。彼らはマルジウ・アッ＝タクリード（Ar. marji‘ al-taqlīd）あるいはペルシア語でマルジャエ・タクリード（Prs. marja‘-e taqlīd）とよばれ，現世における最高の法解釈の権威となった。本書では，彼らのことを法学権威とよび，その慣行を法学権威制度とよぶことにする。

1－3　法学権威と近代イラン社会

19 世紀半ばに法学権威制度が成立する頃から，半世紀ほど遡ろう。サファヴィー朝崩壊後群雄割拠に見舞われていたイランでは，カージャール朝が成立した。カージャール朝もシーア派を奉じ，領内の廟をはじめとした宗教施設を庇護した。また領内のイスラーム法学者たちも，王朝の庇護を受けた。たとえば，イスラーム法学者の家系にあるものは，代々王朝が建設したモスクの金曜礼拝指導者の職に任じられることもあった［cf. 黒田 2008: 186－189］。しかしシーア派宗教界の中心は，アタバートのままであった。というのも，独自の資金源を背景に，アタバートのイスラーム法学者たちが政治権力から独立しながら学問空間を形成していたためである。

独自の資金源は，主に 3 つに分かれる。ひとつはムジュタヒド個人への献金である。ビフバハーニーのように有名なムジュタヒドは，イスラームの庇護者としてバーザール商人らからの献金を受けた。また聖地ならではの資金源もあった。アタバートは歴代のイマームの埋葬地としてシーア派にとって聖地となっていた。そこで聖廟の管理や周辺にある共同墓地の維持管理のための献金，参詣者からの収入など独自の資金源があった(5)。さらにシーア派独自の宗教税となっていたフムス（Ar. khums，ペルシア語ではホムス Prs. khoms）も独自の資金源であった。

フムスはクルアーン［Q8: 41］に起源のあるイスラーム特有の税であり，初期イスラーム時代には戦利品を対象とした5分の1税のことを指す。しかしシーア派では戦利品だけでなく，広く収入一般を指す[(6)]。フムスにはそれぞれ半分からなる「サイイドの取り分（Ar. sahm al-sādā）」と「イマームの取り分（Ar. sahm al-imām）」があり，徴収と分配については，元来はイマームの役割であった。しかし12代目の超人的指導者であるイマームが，9世紀半ばから一般信徒とは交信ができない不可視（「お隠れ（Ar. ghayba）」）状態になると，その徴収と分配が行なわれなくなった。「お隠れ」当初から，イスラーム法学者が「イマームの取り分」について代行する議論もあったが，優勢ではなかった。しかし11世紀になると，トリポリのイスラーム法学者イブン・バッラージュ（Ibn al-Barrāj 1088没）の登場によって，「イマームの取り分」の徴収と分配をイスラーム法学者の役割とする議論が盛んになった。

「イマームの取り分」は，フムスの半分であるとはいえ，その資金規模は莫大であった。だが，王朝の許可なしに徴収することもできなかった。というのも，王朝にとって国家への歳入が減ることになるからだ。しかしカージャール朝下のイランでは，状況が異なった。カージャール朝がイランを平定したとはいえ，常備軍や整備された官僚機構を欠く同朝の支配権力が直接行使される範囲は，テヘランとその周辺に限られていた。その他の支配地域は，中央から派遣された地方総督や知事による間接的支配が行なわれていた。しかし現実的に彼らが秩序を維持するために，地方の有力者の協力が必要不可欠とされた。さらに帝政ロシアの南下政策によって，カージャール朝の領内が徐々に浸食されていた。帝政ロシアに対抗するためには，対外戦争に人々を動員する必要があった。そこでビフバハーニーの孫弟子にあたり，ナジャフの指導者であったカーシフル・ギターが同朝との協力関係を結んだ。彼は南下政策をとるロシアに対する戦闘を，聖戦（ジハード）と位置づける法解釈を示す見返りに，「イマームの取り分」の徴収を同朝に認めさせたのである［富田 2003: 316］。そして一般信徒が自身の従うイスラーム法学者を法学権威として選ぶことが半ば慣行として制度化されていくと，「イマームの取り分」の徴収は法学権威であるイスラーム法学者の役割になった。

「イマームの取り分」や他の資金源による莫大な資金源をもとに，アタバートはカージャール朝，オスマン朝の支配力の及ばない学問的中心となった。同時にイスラーム法学者を媒介とした学術ネットワークが環インド洋海域世界に形成されていった［cf. 黒田 2008: 190－193］。ネットワークは，アタバートを中心に，地方の中核となる地域的学問拠点，地方のマドラサを人的ネットワークに基づいて相互に結びつけていた。そして19世紀後半から20世紀初頭にかけては，ネットワークを通じアタバートの法学権威は大きな政治的影響力も持った。

だが，こうしたアタバートを中心に形成された近代のシーア派宗教界の構造が政治的背景により20世紀初頭から変化を迎えていった。と同時に，地域的学問拠点のなかには，アタバートに並ぶとも劣らない学問拠点へと発展していくものまで現われた。イランだけでなく，世界的な学問拠点へと発展していったイランのコム市である。

2　現代イランの幕開けと政教関係の再編

イランのコム市が世界的学問拠点へと発展していく過程にふれる前に，その過程の背景にあったイランの政治・社会的背景について見てみたい。

2－1　レザー・シャー期（1925－1941）

イランの現代は，1925年にパフラヴィー朝の成立に始まる。パフラヴィー朝は，以前カージャール朝に続き，イランの近代化を推し進めていった。近代的諸制度の導入によって，イランの伝統社会は解体され，近代的社会として再編されていった。

まず司法の領域に影響は大きかった。イランのみならず，前近代のイスラーム社会においては，司法はイスラーム法学者が担っていた。しかし1931年に，イスラーム法廷の閉鎖案が議会で可決され，刑事の領域からイスラーム法学者が排除される。翌年には登記法が成立し，婚姻や離婚の登録，また財産に関する法的資料や所有権処理の記録が，司法省管轄下の法廷に属することが定められた。それは民事の領域においてもイスラーム法学者が排除されたということである。さらに1936年には，司法制度再編・判事任用に関する法が制定され，司法の非イスラーム化・西洋化が完成した［新井・八尾師 2002: 425］。

また土地制度の改革によって，イスラーム法学者たちの経済基盤も少なからず打撃を受けた。たとえば1934年12月24日に実施された土地所有法の改革によって，ワクフ地の一部が国家に編入された。ワクフとは，アラビア語で「停止」を意味し，伝統的イスラーム社会で行なわれてきた財産の寄進制度であり，「相続税逃れ」の方法であった。土地を含む私財の所有権を放棄し，そこから得られる収益を慈善もしくはその他の目的に永久に充てることで相続税の対象から逃れることができた。そして子孫がワクフの管財職（モタッワリー）となることで，管理料を得ることができた。イランの土地制度の古典的研究を行なったラムトン［1976: 256］によれば，イスラーム法学者家系の財産は，管財職を保持することで得られた場合も多々あったこととされる。しかし土地所有法の改正で，管財人のいないすべてのワクフと管財人が置かれている慈善ワクフが，教育・ワクフ省の管理下に置かれることになった［ラムトン 1976: 239］(7)。もっとも北西部アゼルバイジャン地方や中央部のエスファハーン近郊などを中心に，有力なイスラーム法学者の家系は大地主であったため，経済基盤が大きく打撃を受けたわけではなかった。彼らの経済基盤に大きな打撃が与えられるのは，1960年代になってからであった。

さらに近代化政策によってイスラームの実践面にまで影響が及ぼされた。たとえば，女性の「ヴェール」の着用禁止である。1936年初頭に，「女性の解放」宣言とともに，ヴェールの着用が非合法化された。またシーア派特有の服喪儀礼に関しても，短剣などで頭部を切りつける哀悼行為であるガメ・ザニー（Prs. game zanī）を屋外で行なうことを禁止したことや王朝による服喪儀礼自体への援助打ち切りがなされた［cf. Nakash 1993］。

しかしながら，より重要な点は，国家による宗教界の統制が試みられたことである。たとえば，1928年に国民議会において可決された男子服装改革令にともなった宗教界の統制の試みである。男子服装改革令は男性国民に対して，洋装の義務化を促した法令である。例外的にイスラーム法学者は伝統的な法衣の着用を許可された［Momen 1985: 250］。しかし，誰がイスラーム法学者にあたるのかという問題もあった。そこで国家は宗教界の教育に介入し，教育省の管轄下で設定したカリキュラムを遂行させようと試みた［cf. Akhavi 1980: 42－55］。

宗教界にも影響力を及ぼそうとしたレザー・シャーであったが，致命的な失敗を犯した。ナチス・ドイツとの関係強化である。世界恐慌による経済的打撃の回避と，英ソの影響力低下を図るために，貿易相手国の多角化が試みられた。その結果，ナチス・ドイツとの経済的な関係強化が進んでいった［吉村 2011: 112］。第2次世界大戦が勃発した際には，レザー・シャー政権は中立を宣言した。英ソはイラン側に在留ドイツ人の国外追放などを要請したものの，イラン側は消極的な姿勢を示した。そのため1941年8月25日に英ソが南北からイラン領に侵攻し，イランは両国の占領下におかれ，レザー・シャーも退位を迫られた。そして翌月16日に息子のモハンマド・レザーに譲位し，翌日にはインドのムンバイを経由し，モーリシャスに国外追放になった。

2－2　モハンマド・レザー・シャー期（1941－1979）

父レザー・シャーの退位によって即位した幼少のモハンマド・レザー・シャーの権力は脆弱であった。そのため1940年代には，議会の決定が大きな意味を持っただけでなく，様々な政治勢力が政治決定に関わることができた。しかしシャーは49年頃から議会を通じて合法的に権力の強化に乗り出した。議会を軽視し始めたモサッデク政権をCIAとの協力によって瓦解させ，アメリカとの関係を強化していった。シャーの権力は60年代になり絶頂に達した。そして宗教界にも大きな影響を及ぼした，農地改革と白色革命とよばれる大改革が行なわれた(8)。

まず農地改革から見てみよう。1962年に農地改革法が議会の採決なしにシャーの許可のもと成立した。それに基づき，大地主を念頭に置いた地主の所有上限の決定と収用価格が決定された。翌年初めには，さらに中小地主までを念頭に置いた農地改革追加条項が公布された。これにより，1966年の段階では124万人の農民が受益者となり，そのうち8万5千人が定期借地農民となった［新井・八尾師 2002: 440］。また1963年3月に賃貸された土地をそのまま農民に譲渡する法律が成立し，1971年にはワクフ地をそのまま借地農民に譲渡するための法律が施行された。これらの過程で，農地改革は自作農創出を始めることとなる一方，同土地改革が余剰農村人口を都市へと流入させる条件を作り出し，人口で圧倒的な農村に市場を発展させた。結果，イランにおける国民経済の浸透を促す重要な契機となった［新井・八尾師 2002: 441］。農地改革は，大地主であった政治的エリートの経済基盤を喪失させるとともに，宗教界上層部の経済基盤をも揺るがせた。

次に，白色革命について見てみよう。白色革命は1963年に実施された，複数の改革の総称である。その目的は，1963年3月19日の国王（シャー）による発言に基づくと，6つあった。まず農地改革と結びついた3つの目的である。第一に地主・小作関係の廃止，第二に全国の森林資源の国有化，第三に土地収用代金の代替えとして官立工場株式の地主への供与である。残る3つも同じく近代化と強く関係していた。第四に労働者に対する生産・工業施設の利益配分の調整，第五に婦人参政権の付与を含む選挙法改正，第六に公教育・義務教育にたずさわる教育部隊の創設である。

これらのうち，第六の目的を実行するために，村落の識字率向上と教育普及を目的とした学問部隊（Prs. sepāh-e dānesh）とよばれる教育部隊が設立された。しかし同時に彼らは，クルアーンや宗教的知識の教育も担おうとしていた。それは従来村落の教育活動にあたっていた下級のイスラーム法学者に取って代わろうとする試みでもあった。そして1970年になると，学問部隊から，宗教部隊（Prs. sepāh-e dīnī）と宗教奨励部隊（Prs. moravvejīn-e dīn）が組織される。シャーによる新たな宗教活動は，国家宗教（Prs. dīn-e dowlat）とよばれ，伝統的にイスラーム法学者によって担われていた宗教活動は共同体の宗教（Prs. dīn-e mellat）とよばれた。このようなシャーによる宗教政策においては，国家が担う領域内，つまりシャーが担う領域内での政治との一元化の試みがなされた［cf. Voll 1982］。

これらの政策の結果，急激な産業化が進んだ。しかし同時に，新たな社会問題が創出された。農村部から都市への人口移動による都市人口の急激な膨張，インフレの激化，都市貧困層の拡大，都市部と農村部の格差増大である。加えてシャーの政権の強力なバックボーンであった米国の姿勢も変化した。米国では1977年にジミー・カーターが米国大統領に就任し，同盟国における人権問題に着手する必要に迫られたのである。こうした社会問題の紛糾，米国の政治状況の変化が，大きなうねりとなって押し寄せることなる。

1978 年 1 月 7 日に，コムでペルシア語新聞『エッテラーアート』紙に掲載されたホメイニー師を中傷する記事への抗議デモが行なわれた。あろうことかデモ隊へ警官隊が発砲したことで，多数の死傷者を出す事件へと発展した。そして事件に抗議するデモがイランの主要都市に広まり大規模な運動へと広がりを見せた。そしてイラン各地に広まった抗議デモは，その鎮圧を試みる警官隊との衝突によってさらなる連鎖を招いた。国王に対抗する諸勢力は，国王打倒を共通目的に次第にホメイニー師を指導者とすることで求心力を得た。

シャーは暴動を鎮圧するために，公正な選挙の実施を訴えただけでなく，首相を交代させ腐敗政治を改める姿勢を示した。また宗教的な帰依を表明するなど様々な対策を講じた。しかし結果は裏目に出た。腐敗政治を改める姿勢は，翻って見れば王政の不正と反体制運動の正当性を認めることであった。また宗教的な帰依は，イスラーム法学者であったホメイニー師の指導者としての権威と正当性を高めることになった。結局，窮地に追い込まれたシャーは，一摑みの土を握りしめ，1979 年 1 月 19 日にエジプトに国外退去した。

シャーの国外退去から約 2 週間後の 2 月 1 日，1964 年に国外追放され，イラク，フランスで亡命生活を送ったホメイニー師はエール・フランスの特別機に乗り 15 年ぶりにイランの土を踏んだ。10 日後の 2 月 11 日，シャーによって首相に任命されていたバフティヤールは正式に辞任し，革命暫定政府が国内の唯一の政府となった。イラン革命の達成である。

3　イラン宗教界の再編

パフラヴィー朝になり，イラン社会は国家が推し進めるさらなる近代化に直面した。それは時に強権的に進められた。しかしパフラヴィー朝による支配は，国王（シャー）の権力掌握具合に反比例しながら，常に専制的支配であったわけではなかった。では，パフラヴィー朝支配下のイラン宗教界はどのような史的変遷をたどってきたのだろうか。現代イランの宗教界について語るには，まずコムの再興について話を始める必要があるだろう。

3－1　国際的参詣－学問都市コムの概要

コム（Qom）市は首都テヘランから南西に約150kmに位置する。そこでは，サウブ（Ar. thawb）(9)とよばれる民族衣装を着るアラブ系男性や，顔をニカーブ（Ar. niqāb）(10)で覆い隠しアバーヤ（‘abāya）(11)を着るアラブ系女性も珍しくない。またシックな色使いのサルワール・カミーズ(12)を着る南アジア系の男性や，色鮮やかなサルワール・カミーズに頭からドゥーパッター(13)をまとう南アジア系の女性もコムの風景を飾る。コムのイラン女性も独特である。テヘランでは，ルーサリーとよばれるスカーフで頭部を隠す女性が一般的であり，色鮮やかに染めた前髪を出す若い女性も珍しくない。しかしコムでは事情が異なる。街行く女性は，大抵全身を黒いチャードルで覆い，しっかりと髪を隠す。また道行く男性も，白あるいは黒いターバンを頭に被る老若の法学者が目立つ。つまり，コム市はイランのなかでもとりわけイスラーム色豊かな町なのである。それというのも，シーア派の参詣地(14)のひとつであるだけでなく，シーア派教学の総本山のひとつであるからである。

シーア派では，参詣地が，教学の中心地となることはコムに限ったことではない。イラクのカルバラーやナジャフ，またイランのマシュハドといった，シーア派の学問都市も，それぞれ歴代のイマームが埋葬された墓所を中心に発展してきた。コム市も廟参詣地ではあるが，それらの都市よりは廟参詣地としての重要性は劣る。というのも，イマームの墓所ではなく，イマームの近親者の墓所であるからだ。

マシュハドに埋葬されている第8代イマーム，アリー・リダーには，妹がいた。彼女の名前は，ファーティマと言う。一般には，「無謬のファーティマ（Fātima ma‘sūma，ペルシア語ではファーテメ・マアスーメ）」とよばれる。彼女は，816年に現在のトルクメニスタンの都市マルヴに逗留していた兄アリー・リダーを訪ねた後，バグダードへの帰路で急死した。そして，彼女が埋葬された地こそコムであった［cf. Newman 2000: 41］。

廟参詣地となったコムでは，9世紀末になると，シーア派のハディース収集において中心的な役割を担った［Momen 1985; Newman 2000: 42］。またコムはシーア派法学内の伝承学派の重要拠点のひとつとなった。しかし徐々に政治的な背景から，学問都市としての重要性は相対的に減少していった。またサファヴィー朝期には，領内の参詣廟のひとつとして脚光を浴びるようになった［Fischer 1980: 106－107］。しかし同朝末期のアフガン族の侵攻によって，コムも荒廃した。

廟都市としてのコムは，カージャール朝による財政面での支援を受けながら再建が図られた［Fischer 1980: 108; 嶋本 1987: 74－86］。しかし学問都市としての再建はカージャール朝になっても進まなかった。19 世紀初頭に高名なイスラーム法学者であったファーゼル・コンミー師がコムで教鞭を執ったことで，学問都市として再建しつつはあった。しかしサファヴィー朝の崩壊後，学問文化の中心となっていたイラクの廟都市がその地位を確立していたため，コムはイランの地域的学問拠点のひとつにすぎなかった。また地域的学問拠点としても，アフガニスタン，トルクメニスタンにまたがる歴史的な「ホラーサーン地方」のシーア派の地域的学問拠点であったマシュハドには遠く及ばなかった。コムがシーア派教学の総本山のひとつにまで上り詰める学問都市としての復興は，1921年に始まる。コムの復活劇で主演を演じたのは，ハーエリー・ヤズディー師という高名なイスラーム法学者であり，法学権威であった。

3－2　コムの再興と宗教界の再編

ハーエリー・ヤズディー師は，コムにもともとは縁があったわけではなかった。コムから南西に約 120km ほど離れたアラークに彼は居を構え，教鞭を執っていた。当時アラークで学んでいた法学生は 300 人ほどであったと言われる［Shīrkhānī and Zāre‘ 1384: 31］。また法学生各々に月 6 リヤールの奨学金を支払っていたようで，経済的にも潤沢であった［Shīrkhānī and Zāre‘ 1384: 31］。法学生がアラークに集まってきたのは，彼の存在だけではなかった。彼には及ばないものの，他にも高名なイスラーム法学者が教鞭を執っていたからだ。たとえば，1920 年にイラクで起きた反英闘争に参加した結果，イラクを追放されたホーンサーリー師である［Shīrkhānī and Zāre‘ 1384: 31］。

アラークのハーエリー・ヤズディー師の名声は，旧知の仲であったコムのバーフェキー師らの耳にも届いていた。当時のコムは地域学問拠点としての地位を高めていた。1916/7年にはフェイズ・コンミー師が教鞭を執り始め，1919/20年[15]にはバーフェキー師が教鞭を執り始めていた［Shīrkhānī and Zāre‘ 1384: 32］。高まる学問都市としての地位のなか，バーフェキー師はハーエリー・ヤズディー師をコムに招聘しようと試みた。そしてハーエリー・ヤズディー師はこの誘いに応じ，法学生，講師ともどもコムに移住したのである。

彼の到来は，コムの学問都市としての再興の大きな転機となった。イスラームの学問文化においては，どこで学ぶかよりも，誰に学ぶかが重視されたからである。法学生は高名なイスラーム法学者のもとを渡り歩き，修了証書にあたる免状（エジャーゼ・ナーメ）を手に入れようとした。修学意欲のある法学生であれば，高名なイスラーム法学者がいれば，たとえ遠方であろうと旅をするのが常であった。そのため，高名なイスラーム法学者が集まることで，法学生を呼び集めることができた。コムでは，アラークから彼に従って移住したホメイニー師，シャリーアトマダーリー師，モハンマド・レザー・ゴルパーイェガーニー師ら，後に法学権威となるような高名なイスラーム法学者たちが学んだ［Shīrkhānī and Zāre‘ 1384: 33］。加えて，高名なイスラーム法学者には経済的援助の申し出も少なくなかった。たとえば，テヘランの商人ミールザー・マフムードらの経済的援助である。その結果，マドラサをはじめ学問環境の整備が進められた［Karbāschī 1380: 26－27］。またハーエリー・ヤズディー師は，コムで初となる近代的病院の建設や1934年の洪水被害からの都市復興支援などの社会事業に対しても少なからず積極的であった［Karbāschī 1380: 33－34］。

すでに述べたようにレザー・シャーの下で近代化政策が進められ，1930年代になると独裁体制を強化した。そのためレザー・シャー国家の政策に反対するイスラーム法学者による蜂起もあった。またハーエリー・ヤズディー師をコムに招聘したバーフェキー師も「コム事件[16]」によってコムを去らねばならなくなった。しかしコムを牽引したハーエリー・ヤズディー師は政治的に中立の立場を表明し続けた。そのためレザー・シャーがまだパフラヴィー国王として即位する以前の首相を務めていた1924年に暴動が起こったエスファハーン[17]や1935年に暴動が起こったマシュハド[18]では宗教界が大打撃を受けたのに対し，コムの宗教界は相対的に介入を免れていた。だが，コムの宗教界を牽引したハーエリー・ヤズディー師が，1937年に死去した。

彼の没後，コムのホウゼは，ホーンサーリー師，サドルッディーン・サドル師，アーヤトッラー・ホッジャト師(19)の三者によって運営が行なわれた。しかし彼らのイスラーム法学者としての名声は，ハーエリー・ヤズディー師に及ぶものではなかった。それゆえ求心力不足がひとつの問題となっていた。

彼らは問題の解決を図るために，1944年にホセイン・ボルージェルディー師をコムに招聘した［Karbāschī 1380: 96; Shīrkhānī and Zāre‘ 1384: 34］。彼は，ハーエリー・ヤズディー師よりもさらに高名なイスラーム法学者であり，法学権威であった。ハーエリー・ヤズディー師が存命中には，ナジャフを中心に彼に勝るとも劣らない法学権威が他にもいた。しかしホセイン・ボルージェルディーの場合，彼に匹敵するような存命中の法学権威は誰もいなかった。新たな求心力を得たコムはホセイン・ボルージェルディー師のもとで，イラン国内随一の学問都市に成長し，19世紀後半以降シーア派最大の学問として君臨し続けてきたナジャフに迫る勢いであった［cf. Momen 1985: 247］。

もっとも，シーア派の学問都市として順調に成長を遂げた背景には，パフラヴィー朝との協力関係もあった。ホセイン・ボルージェルディー師は政治不介入の立場であった。それでも時にパフラヴィー朝に対する支援を行なった。たとえば，英ソ連合軍による侵攻を受けて，首都テヘランから逃げ延びたレザー・シャーをかくまったのも彼であった。パフラヴィー朝との協力関係は，モハンマド・レザー・シャー就任後も続いた。そのため，ホセイン・ボルージェルディー師は，イスラーム法学生を含む宗教界内の反王政勢力の政治参加を抑えた。1944年頃に専制体制批判とイスラーム擁護について『秘密の暴露』を出版した当時中堅のイスラーム法学者であったホメイニー師も，同師の存命中には大々的な政治活動を控えていた。

しかし例外もあった。たとえば，アボルカーセム・カーシャーニー師やナッヴァーブ・サファヴィーである。前者は裕福なテヘランのバーザール商人の支援を受け，宗教的議員集団「モジャーヘディーン・エスラーム」を率い，モサッデク首相による石油国有化運動に参加した。他方，後者は1945年にフェダーイヤーネ・エスラームを組織し，暗殺も含め過激な政治路線を進んでいた［cf. Kazemi 1984］。またホセイン・ボルージェルディー師自身も例外的に政治に介入することもあった。たとえば，モハンマド・レザー・シャーが米国の圧力を受けて実施しようとしていた封建的な農地制度に対する改革についてである。イスラーム法学者が農地からの小作料を重要な経済基盤としていたことから，大々的に反対の意を唱えた［Walbridge 2001b］。そのためホセイン・ボルージェルディー師は，コムのみならず，宗教界全体の命運を背負っていた。それは彼の死によって，皮肉的に示された。

1961年にホセイン・ボルージェルディー師が死去した。彼が独占していた法学権威の座は，複数のイスラーム法学者に引き継がれた。コムでも，複数の法学権威が現われた。シャリーアトマダーリー師，モハンマド・レザー・ゴルパーイェガーニー師，マルアシー・ナジャフィー師の三者である(20)。しかし新たに台頭した法学権威は，コムに居住するものだけではなかった。マシュハドといったイラン国内に居住するものだけでなく，イラクのナジャフに居住するものもいた。国王モハンマド・レザー・シャーは，イラクのナジャフに居住するムフスィン・ハキーム師に恭順する意志を表明した。自身の権力強化のために，国内の法学権威を牽制する目的があったと考えられる。そして先述したように，1962年に農地改革を，1963年に白色革命を実行に移した。

国王の権力強化については，イスラーム法学者，一般のインテリ層のあいだでも危機感が持たれていた。そこで両者の協力と新たなイスラーム法学者の活動方針をめぐって，1962年にテヘラン会議が開かれた。会議のなかでは宗教界の経済基盤の問題も話し合われた。またバーザール商人を中心に徴収されていたフムスを一般信徒からも徴収しようという試みもなされるようになった［Halm 2004: 115］。こうした宗教界の方針転換は，宗教界と一般信徒の関係を再編していく試みでもあった。そのため，テヘラン会議はイラン宗教界が政治化するひとつの契機とも言われている［cf. Dabashi 1993］。

ところで，コムは台頭した三者の指導下に置かれることになったが，彼らの権威は前任者に及ぶものではなかった。それゆえ中堅のイスラーム法学者による政治活動を抑えきれなくなっていた。先に述べたテヘラン会議へのイスラーム法学者の参加もそれを示す一端である。だが，彼らよりも激しく政治活動に乗り出すものが現われた。ホメイニー師，その人である。

ホメイニー師は1963年にコムで白色革命に反対する「コム暴動」を指揮した。その事件を機に逮捕された彼は，軍事法廷での裁判を受けた[21]。死刑判決は免れたものの，翌年彼は国外追放の判決を受けた。彼はトルコを経て，イラクのナジャフで亡命生活を送ることになった。そしてナジャフからイラン国内に向けて，政治的メッセージを発し続け，国内の反王政運動を指揮した。

小　　結

本章では，革命後に政治的な重要性を持つイランの宗教界の史的展開について理解することを目的に，近現代のシーア派宗教界の史的展開について描いてきた。

サファヴィー朝崩壊後，イラクのアタバートを中心に，理性重視の法解釈を主張するウスール学派が台頭し，シーア派宗教界が再編されていった。ウスール学派の台頭に際しては，イスラーム法学者と一般信徒との峻別がなされるとともに，イスラーム法学者同士の緩やかなヒエラルキーが形成された。ヒエラルキーの頂点は，19世紀半ば以降，法学権威とよばれる高位のイスラーム法学者が務めてきた。彼らを頂点とした緩やかなヒエラルキー構造を持つ近代シーア派宗教界は，独自の財源を持ち，イラクのアタバートのみならず，周辺諸国のシーア派イスラーム法学者コミュニティを横断する宗教界ネットワークを形成していた。そのため近代イランの政治運動とも緊密に関係していた。しかし1920年代以降，イラク宗教界の相対的な権力低下と中東各国で国民国家形成が進んでいった。そのため超国家的な宗教ネットワークも政治的には相対的に脆弱化していった。こうした事態を背景としながら急成長を遂げてきたのが，コムを中心としたイラン宗教界であった。

イランのイスラーム法学者コミュニティは，近代にあっては宗教界ネットワークにおいて，地域的な役割にとどまっていた。エスファハーン，マシュハドといったイランのシーア派学問都市もネットワークにおけるハブ機能を果たす中核都市であった。そのなかでコムは中核都市としても，一段下がる機能を持つにすぎなかった。しかしパフラヴィー朝が成立する頃，ハーエリー・ヤズディー師を指導者に迎えたコムは，中核都市として成長を遂げるだけでなく，イラン宗教界の中心となっていった。

パフラヴィー朝成立後，イスラームがイラン社会から周縁化されていくなか，中核都市エスファハーンやマシュハドでは新国家の脱イスラーム化に対する抵抗が起こった。一方，コムのハーエリー・ヤズディー師は政治的な中立性を保ち，この姿勢はコムのホウゼの指導者に引き継がれていった。そのためコムは政治的な介入を相対的に受けることなく，学問都市として急成長を遂げ，イラン宗教界の中心となっていった。

しかし 1961 年に当代に並ぶものがいないほどに偉大な法学権威であったホセイン・ボルージェルディーが死去すると，複数のイスラーム法学者によって彼の地位が引き継がれることになった。かかる宗教界における権威の分散状況を背景に，国王は近代化政策を実施するため，イラクのナジャフ在住の法学権威への支持を表明し，国内の宗教勢力の牽制を図った。宗教界の側の上層部は，権威の分散と国家の強権化を前に，宗教界の社会的基盤強化を図った。この社会的基盤強化をひとつの要因としながら，宗教界を基盤とするパフラヴィー朝に対する反王政運動も展開されてきた。そして反王政運動の最終段階で，他の反王政勢力がホメイニー師を指導者とした反王政運動に合流し，イラン革命が達成された。

では，革命運動へと展開した宗教界と社会との密接な関係は，革命後のイラン社会においても見出せるのだろうか。そこで次章からは，一般信徒の信仰実践と宗教界との関係について検討していきたい。

第2章　一般信徒の実践とイスラーム法学者の存在
——感性の規律化と「楽しさ」の位相——

はじめに

法学権威がイラクやイランのシーア派を捉える上で非常に重要な存在であることは言うまでもない。また1979年の革命以降，現代のシーア派全体を捉える上でも欠くことのできない存在となりつつある。たとえば，南部レバノンからアメリカ合衆国のミシガン州ディアボーン市への移民を対象とした人類学的研究を行なったウォルブリッジの指摘である［Walbridge 1996: 69］。彼女によれば，イラン革命以前のレバノン系移民は法学権威に従うことがそれほど浸透していなかった一方で，革命以降には一般的な慣例となっていった。法学権威に対する研究者の高まりつつある関心は，ウォルブリッジの編著にも示されている［Walbridge (ed.) 2001］。しかしウォルブリッジによる編著にしても，歴史や政治という観点から法学権威が扱われてきた一方で，彼らの日常生活レベルでの実態についてはそれほど研究が深化してきたわけではない。シーア派の歴史や現代的な政治における彼らの重要性を理解しようとするならば，彼らと一般信徒との関係について目を向ける必要があるだろう。

そこでイスラームの多様性をめぐる議論を手掛かりに，イスラーム法学者の一般信徒の実践への関わりを明らかにし，イラン社会における宗教界の位置づけを考えていきたい。

1　宗教界の位置づけをめぐるイスラームの多様性論の再検討

1－1　イスラームの多様性と二元論的解釈

7世紀にアラビア半島で産声をあげたイスラームが，世界宗教のひとつであることは明白である。しかしイスラームとは何であるのかは，実は明白ではない。というのも，イスラームの実践をめぐって，個人レベルだけでなく，階層や地域によって，あまりにも違いがあるからだ。それゆえイスラームという総体をどのように捉えるのかをめぐって，長いあいだ議論が積み重ねられてきた。

一連の議論の先駆けとなったのは，グリューネバウムである［von Grunebaum 1976: 27－31］。彼は，地域的に多様なイスラームの展開を異種混交な文明として捉えつつ，その構造の整理を試みた。そこで文化人類学者ロバート・レッドフィールの議論に着想を得て，イスラームという文化／文明の総体を，文化的エリート階層により担われる文化的伝統である「大伝統（great tradition）」と非エリート階層により担われる文化的伝統「小伝統（little tradition）」という議論を展開した。

彼の議論は「公式イスラーム（official Islam）」／「民衆イスラーム（popular Islam）」という二元論として「翻訳」され，部分的な否定や修正をされながら，多くの論者に影響を与えてきた[(1)]。たとえば，ゼインは民衆の実践の多様性を強調し，「大文字単数のイスラーム（Islam）」／「小文字複数のイスラーム（islams）」という理解を主張した［el-Zein 1977: 242－243, 246－252］。またアズメは単一の「大文字イスラーム（Islam）」という概念がオリエンタリストによって生み出されたカテゴリーであることに批判を交えながら公式の複数性を主張し，「大文字複数のイスラーム（Islams）」／「小文字複数のイスラーム（islams）」による理解を提示した［al-Azmeh 1993: 8－12, 18－24］。イスラームにおいては統一教義をつくりだすカトリック的な権力構造／機関の不在を指摘し，「公式イスラーム」に代えて「規範的イスラーム（normative Islam）」を主張したヴァールデンブルク［Waardenburg 1979: 357－363］，さらに無文字社会における文字の特権性に着目した大塚［1989: 135－162］による，「知識人イスラーム」／「民衆イスラーム」もこの類型にある。

1－2　二元論的解釈の問題

こうした一連の二元論は，すでに見たようにイスラームという文明の総体を2つの次元に分け，理解しようとする方法である。しかし筆者は二元論に対して批判的である。というのも第一に近現代のイスラームを研究する立場として，「公式」／「民衆」という二元論の有効性に対して大きく疑問が残るためである。近代以降，中東をはじめとしてムスリムの社会では近代教育を通じて識字率が上昇するなかで，かつては民衆とされた人々による聖典へのアクセスが可能となった［e.g. Eickeleman and Piscatori 1996: 22－45］。さらにパーソナルコンピューターの登場以来，聖典が電子化され検索機能が利用可能となることで，聖典へのアクセスのみならず内容の吟味がさらに容易になった。こうした状況で，「公式」／「民衆」，あるいは「知識人」／「民衆」の境界は大きく揺らいできただけでなく，現在進行形で再編されつつあると言ってよいだろう。それゆえ「公式」／「民衆」という二元論の設定の仕方を再検討する必要があると言えよう。

第二に，これまでの二元論に対する批判として提起されてきたように，イスラームの静態的理解の問題である。グリューネバウムは一連の二元論の提唱者として理解されているものの，先述のように彼の目的はあくまで異種混交で，地域的に多様なムスリムの営みをひとつのイスラームという文明動態として理解することにあった。換言すれば，二元論はあくまでイスラームの動態を描くための手段である。ところが彼の議論を引き継いだ研究者は，二元論の精緻化に腐心してしまった。つまりグリューネバウムの議論を継承した論者たちは，彼の手段と目的を倒錯してしまったのである。また倒錯されただけでなく，グリューネバウムの議論に内包される二元論的方向性が静態的理解をはらむものであるということが，彼の議論を継承した論者たちのあいだで十分に意識されてこなかった。グリューネバウムの議論を発展させていくならば，二元論の精緻化ではなく，イスラームの動態を捉えるという目的を継承しつつ，動的に捉える枠組みを提示していくことであろう。

1－3　通時的解釈モデルとしての「振り子」理論

二元論的解釈とは別に，ゲルナーによって提唱された「振り子」論とよばれる議論がある。彼はイスラームを２つの極のあいだで揺れ動く存在として捉えた。彼はイスラームの特徴を２つの特性群として区別し，ウラマーたちによって形成される聖典に依拠した規範が都市の識字層によって支持されるような理性的な「P 的特性群」と，カリスマ的な聖者に対する崇拝のような部族社会の非識字層による実践を感性的な「C 的特性群」とした［大塚 2000: 242－248］。後にゲルナー［1991］は，デヴィッド・ヒュームの振動理論を取り入れ，イスラームの総体を「P 的特性群」からなるピューリタン的イスラームと「C 的特性群」からなるアポロ的イスラームとのあいだを揺れ動く動的存在として捉えることを提起した。彼によれば，都市の識字層による聖典主義的，ピューリタン的，平等主義的性格のイスラームと，同盟と反目を基本とする部族の分節社会の統合原理となる聖者信仰のイスラームはまったく異なる構造を持つ。そして近代化を経て聖者信仰は部族社会の支持を失い，都市のプロテスタンティズムはナショナリズムと結びついて隆盛を極めたと言う［ゲルナー 1991: 279－369］。

ゲルナーの理論は，通時的にイスラームを捉えるという視点を導入したことでは有意義な議論と言えるだろう。しかしゲルナー［1991: 22－23; 109－110］がシーア派を議論の対象から除外しているように，必ずしもイスラームの総体を捉えようとしたわけではない。また北アフリカの事例に基づいて彼が論じているように，それぞれの極を構成する特性群が必ずしも他地域における極として置き換えられるわけでもない。それゆえ議論の構造そのものは興味深い一方で，イスラームの総体を論じる議論としては十分ではないだろう。

1－4　一元論的解釈への転回

こうしたイスラームの総体と多様性をめぐる議論を痛烈に批判したのが，タラル・アサドである［Asad 1986］。彼は，それまでのイスラームに対する西洋近代的キリスト教世界観を中心とした議論の構造を痛烈に批判した。彼は「大伝統」である「公式イスラーム」が，近代の世俗主義者が主張する「世俗」と対になる「宗教」の概念に相当すると考えた。そのため研究者が主張する「小伝統」としての「民衆イスラーム」とは，「公式イスラーム」からの逸脱としてしか捉えられていないという批判を行なった［Asad 1986］。そこで彼はイスラームをひとつの「言説的伝統（discursive tradition）」と捉え直し，実践と規範の一元論的な理解を試みることで実践の動態を捉えようとした。

彼の着想の背景には，中世西洋キリスト教世界で，典礼などの宗教儀礼が，共同的でルーティン化された規律によって，キリスト教的美徳を発展させてきたことがあった。つまり彼は個々の宗教実践が規範体系から導き出され，それが再現・反復されるのではなく，実践を通じて規範が立ち現われ，同時に体得されると考えた。彼にとって，儀礼とはモラル・セルフの発展を企図した身体動作であり，身体とは象徴的な意味の媒体であるのみならず，具現化された資質の集合体なのである［アサド 2004: 69－72］。

フーコーの規律化に影響されたアサドの議論は，サバ・マフムードやチャールズ・ハーシュキンドら気鋭の人類学者によって支持され，ムスリムとしての「敬虔な主体」が日常的な宗教実践を通じていかに形成されるかが明らかにされてきた［Hirschkind 2001; Mahmood 2004］。たとえば，ハーシュキンドは，モラル・セルフが，畏れや罪の意識，嘆きといった感情を儀礼に際して惹起できるよう繰り返し訓練するような，感性の規律化によって形成されることを明らかにした［Hirschkind 2001］。またマフムードは，反復される儀礼を通じて自らを「鋳型」に埋めこむような身体化によってモラル・セルフが形成されることを明らかにした［Mahmood 2004］。

アサドらの議論は，イスラームというひとつの総体に対する通時的な理解を可能にするとともに，実践を「公式」／「民衆」の二元論的理解の境界を解体して捉えることを可能にした点で評価に値する。加えて，モラル・セルフを形成する実践や技術に着目している点についても評価できると言えるだろう。

1－5　一元論的解釈の再検討と宗教界の位置づけ

しかし，こうしたアサドらの一元的解釈に対しても再考する余地がある。たとえば，ジャレット・ジゴンやサミューリ・シルケらの指摘である［Zigon 2008; Schielke 2009］。彼らは，アサドに依拠する研究者たちが，限定的で私的な「敬虔な場」の実践にしか着目しておらず，結果として規律化・身体化の過程を明らかにしたところで，イスラーム主義のように社会変革へと転換される過程を十分に説明できていないと指摘する[(2)]。筆者もジゴンらの指摘は妥当であると考えている。マフムードらの立場に立てば，敬虔な実践者と「原理主義者」の差異を見つけることはできないだろう。

筆者が思うに，それはマフムードらが，常に実践を感性の規律化やモラル・セルフの身体化として扱っているためではないだろうか。つまり，マフムードらは近代合理的な目的と動機によって実践を捉え過ぎているのではないかということである。それはイラン革命とシーア派文化との関係について論じたフィッシャーについても言える［Fischer 1980］。

フィッシャーは，シーア派内で儀礼やナラティヴを通じて，不義に立ち上がる正義の解釈が時代を超えて受け継がれてきたことを明らかにした。彼はそれを時代の思考を決定する大きな枠組みとしてカルバラー・パラダイムとよび，革命に至るイラン社会とシーア派文化との関係を論じた。しかし感性の規律化が儀礼やナラティヴを通じて行なわれたとしても，常に革命運動という社会変革につながってきたわけではなく，実践に対する機能主義的解釈には限界がある。マフムードらに対するジゴンらの疑問の動機と同じである。さらに言えば，筆者としては実践について機能主義的に解釈することで，実践の持つ奥深さや実践する当事者の動機そのものが捨象されることを危惧している。

ヨハン・ホイジンガ［1973］の有名な「ホモ・ルーデンス」は，遊びと仕事をめぐる議論である。彼は法律，政治，戦争，宗教，詩や哲学など「真面目な」人間の文化的営みが，すべて遊びのなかで，遊びとして発生し，展開してきたことを論証しようとした。「ホモ・ルーデンス」に示されるように，筆者は真剣な遊びに現われる「楽しさ」もまた実践において重要な側面であると考える。たとえば，トーラーブ［Torab 2007: 20］が指摘しているように，シーア派の服喪儀礼は，哀悼というより，祝祭としての雰囲気を持つ場合も往々にしてある。しかし参加者が「不真面目」であるからゆえに祝祭の雰囲気となるのではなく，参加者は真剣である。

では，法学権威や宗教界は一般信徒の実践にどのように関わっているのだろうか。それはやはり，マフムードらの言うような近代合理的な目的と動機を持った実践を促す存在なのだろうか。あるいはトーラーブらの言うように真剣でありながらも，「楽しさ」を促す存在なのだろうか。そこで法学権威事務所の活動を明らかにしていきたい。

2　法学権威事務所の所在

法学権威であるような高位のイスラーム法学者たちは，事務所を構えている。彼らの事務所の存在は，これまでも法学権威に関する研究のなかで暗に示唆されてきた。たとえば，ロジニーの研究である［Rosiny 2003］。彼は法学権威の持つウェブサイトに着目し，ヴァーチャル空間におけるイスラームの権威の新たな展開について検討している。このように彼の研究でも，ウェブサイトを管理する何らかの存在があることが暗に示唆されている。しかしこれまで，そうした存在について調査が行なわれてこなかった。そのため一般信徒のイスラームの実践に，法学権威やイスラーム法学者たちがどのように関わってきたのか定かではなかった。

法学権威の事務所といっても，外観から識別できるような特徴的な建物ではない。小さな看板を掲げただけの一般の家屋である。著名な法学権威であれば，看板すら掲げていないことが多い。あまりにも周辺の風景に溶け込み過ぎているのだ。そのため筆者のような，「よそ者」が事務所を見分けるのは難しい。たとえば，ランキャラーニー師のテヘラン南事務所を探していたときの経験である。

コム市の総本部で教えられた住所を手掛かりに，ランキャラーニー師のテヘラン南事務所を探していた。タクシーの運転手が，南事務所近辺の住所に疎かったために，住所近くの広場で降ろされた。仕方がなく，通りかかった中年の男性に，どこに事務所があるのかと尋ねると，彼は一軒の家屋を指さした。その家屋の側には，確かに「法学権威ランキャラーニー事務所」と書かれた小さな看板が掲げられていた。しかしそれは周辺の民家と同様にしか見えない一般的な家屋であり，本当にこれがそうなのかという疑問が頭によぎった。半分開いた門からなかを覗いてみても，やはり一般的な家屋であった。意を決して門を入り，中庭から内部を覗くと，2 人の黒ターバンの法学者と 2 人の白ターバンの法学者が電話で話をしており，一人の中年男性がお茶をお盆に載せて歩いてるのが見えた。ここに違いないと思いながらドアをノックすると，電話をおいた黒ターバンのイスラーム法学者がなかからゆっくりと出てきた。

このように，外観からは法学権威事務所と判別がつきにくいものの，周辺住民にとって，その存在は十分に知られている。それはテヘランなどある支部に限った話ではない。多くの法学権威が総本部を構えるコム市でも事情は同じである。そのためウェブサイトを持たない法学権威の事務所を探し当てるのには，筆者も随分苦労した。もっとも，コム市の場合には，イスラーム法学者の出入りが激しい家屋に目星をつけて飛び込めば，法学権威の事務所であることが多い。

表 1 は，筆者がコム市，テヘラン市，エスファハーン市の 3 市で行なった，法学権威事務所の所在に関する調査の結果である。コムでは 32 名の法学権威が事務所を構えており，そのうち 25 名がコムに本部事務所を構えている（**図 4** 参照）。コムに支部事務所を構えるものの，ハーメネイー師はテヘランに，モハンマド・バーケル・シーラーズィー師はマシュハドに本部事務所を構えており，スィースターニー師，サイード・ハキーム師，ムハンマド・ヤアクービー師はイラクのナジャフに，ファドゥルッラー師はレバノンのベイルートに本部事務所を構えていた。テヘランまたはエスファハーンに調査範囲を広げると，テヘランに本部事務所を構えるテフラーニー師やガラヴィー・アーリヤーリー師，エスファハーンに本部事務所を構えるマザーヘリー師がいた。

また筆者が調査を行なった都市以外にも，法学権威の支部事務所あるいは本部事務所が置かれている。第 8 代イマーム，リダーの廟があり，学問都市としての歴史も長いイラン北東部のマシュハド市に本部や支部事務所を構えるものも少なくない。また地縁に基づいて，支部を構える場合も多い。たとえば，ヌーリー・ハマダーニー師やマラクーティー・サーラービー師，マカーレム・シーラーズィー師らのように出身地に事務所を構えているものもいる。またムーサヴィー・アルダビーリー師のように，トルコ系住民が多く暮らす

表1　イランに事務所を構える法学権威の一覧(3)

法学権威	所在都市	イラン以外の所在地	本部
マカーレム・シーラーズィー	コム，テヘラン(3)，シーラーズ，マシュハド，エスファハーン，タブリーズ，カラジュ，アラーク，バーボル，アフヴァーズ，ニーシャーブール	――	コム
サーネイー	コム，テヘラン，マシュハド，シーラーズ，エスファハーン，アラーク，ケルマーン，ゴルガーン，ホッラムアーバード，タブリーズ	――	コム
ハーメネイー	コム×2，テヘラン，マシュハド＋α	ダマスカス	テヘラン
スィースターニー	コム，テヘラン，マシュハド	ナジャフ，ダマスカス，ベイルート，ロンドン	ナジャフ
ヌーリー・ハマダーニー	コム，テヘラン(2)，ハマダーン，マシュハド(2)	――	コム
ムーサヴィー・アルダビーリー	コム，テヘラン(2)，タブリーズ，マシュハド，エスファハーン[i]	――	コム
サイード・ハキーム	コム，エスファハーン	ナジャフ，ダマスカス，ベイルート	ナジャフ
モハッケク・キャーボリー	コム，マシュハド	ヘラート，カーブル，マザーレシャリーフ	コム
アラヴィー・ゴルガーニー	コム，テヘラン，マシュハド，ゴルガーン	――	コム
マーレキー	コム	カルバラー，ナジャフ，バスラ	コム
マラクーティー・サーラービー	コム，テヘラン，サーラーブ，タブリーズ	――	コム
アラヴィー・ボルージェルディー	コム，テヘラン，ボルージェルド	ナジャフ	コム
ゲラーミー	コム，テヘラン，マシュハド，アラーク	――	コム
ソブハーニー	コム，テヘラン(2)，タブリーズ	――	コム
バフジャト	コム(2)，マシュハド	――	コム

ホセイニー・シャーフルーディー	コム，テヘラン，マシュハド	——	コム
ヴァヒード・ホラーサーニー	コム，テヘラン，マシュハド	——	コム
ファドゥルッラー	コム	ベイルート，ダマスカス	ベイルート
ジャヴァーディー・アーモリー	コム(2)	——	コム
ヤアクービー	コム	ナジャフ	ナジャフ
モハンマド・バーケル・シーラーズィー	コム，マシュハド	——	マシュハド
モンタゼリー	コム	——	コム
モダッレスィー・ヤズディー	コム	——	コム
マダニー・タブリーズィー	コム	——	コム
カーゼム・ハーエリー	コム	——	コム
ショベイリー・ザンジャーニー	コム	——	コム
サーフィー・ゴルパーイェガーニー	コム	——	コム
マザーヘリー	エスファハーン	——	エスファハーン
ドゥーズドゥーザーニー	コム	——	コム
エッゾッディーン・ザンジャーニー	マシュハド	——	マシュハド
モハンマド・サーデク・ロウハーニー	コム	——	コム
サーデク・シーラーズィー	コム	——	コム
テフラーニー	テヘラン	——	テヘラン
ジャンナーティー	コム	——	コム
ミーラーニー	コム	——	コム
ガラヴィー・アーリヤーリー	テヘラン	——	テヘラン

[i] エスファハーン事務所は，筆者のエスファハーンでのフィールド調査後，2008年12月29日に開かれた［*Rasa News* 29 Dec, 2008］(http : //www.rasanews.ir/Nsite/FullStory/?Id=54218)。
（注） 灰色の欄はイラン国外を中心拠点にしている法学者を指す。

北西部のアゼルバイジャン地方出身の法学権威であれば，地方の中心都市タブリーズに事務所を構える傾向がある。これは一般信徒が法学権威を決定する際の要因のひとつとして地縁があることと関係している。法学権威側が地縁のある地域で信徒を獲得するために事務所を開く，あるいはその地域で多数の信徒を獲得した結果，事務所が開かれる場合も多い。

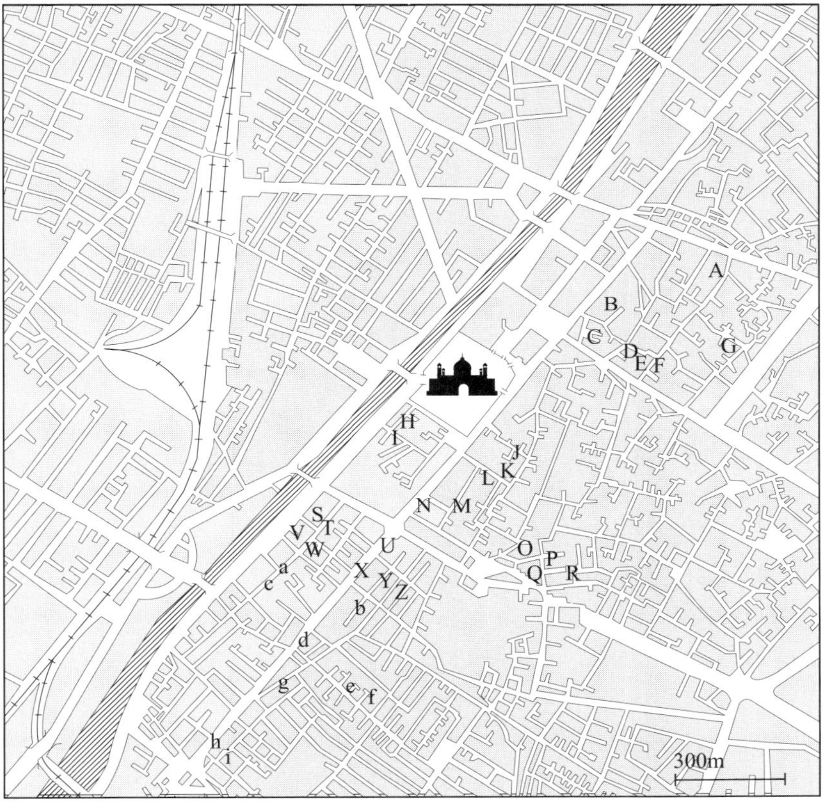

A. サーデク・シーラーズィー本部, B. ジャヴァーディー・アーモリー支部, C. 故モハンマド・バーケル・シーラーズィー支部, D. ヤアクービー支部, E. アラヴィー・ボルージェルディー本部, F. サーフィー・ゴルパーイェガーニー, G. 故ファドゥルッラー支部, H. ナジャフィー・キャーボリー本部, I. ショベイリー・ザンジャーニー本部, J. ホセイニー・シャーフルーディー本部, K. カーゼム・ハーエリー本部, L. 故バフジャト支部→アリー・サーフィー本部→アッバース・マフフーズィー本部, M. モハンマド・サーデク・ロウハーニー本部, N. ファーゼル・マーレキー本部, O. スィースターニー支部, P. ドゥーズドゥーザーニー本部, Q. ハーメネイー支部 2（故ホメイニー宅）, R. バヤート・ザンジャーニー本部, S. サーネイー本部, T. マラクーティー・サーラービー本部, U. ジャアファル・ソブハーニー支部, V. 故モンタゼリー本部, W. 故バフジャト本部（前アラーキー本部）, X. マカーレム・シーラーズィー本部（マドラセイェ・アミーロル・モウメニーン）, Y. サイード・ハキーム支部, Z. ジャンナーティー本部, a. ゲラーミー本部, b. ムーサヴィー・アルダビーリー本部, c. ヴァヒード・ホラーサーニー本部, d. アラヴィー・ゴルガーニー本部, e. ヌーリー・ハマダーニー本部, f. アッバース・モダッレスィー・ヤズディー本部, g. 故マダニー・タブリーズィー本部, h. ハーメネイーコム支部 1, i. ミーラーニー本部

図 4　コム市内における法学権威事務所の一覧

3 「占い」と服喪集会

3－1 未来を「占う」

法学権威事務所の活動のなかでも，「占い（Pr. estekhāre）」は主たる業務のひとつである。印象ではあるが，電話相談のなかでもっとも多いのではないだろうか。「占い」とは，アラビア語の原義は，「最善を求めること（Ar. istikhāra）」である。法学権威事務所では，聖典クルアーンを用いた「クルアーン占い」と，「タスビーフ占い」の2種類が行なわれている[(4)]。

まず「クルアーン占い」から見てみよう。まずイスラーム法学者のスタッフがクルアーンを持ち，「告げよ，「これぞ，アッラー，唯一なる神，もろびとの依りまつるアッラーぞ。子もなく親もなく，並ぶ者なき御神ぞ。」」［純正章 1－4節］を3度詠む。続いて，サラワートとよばれる祈願文「神がムハンマドと彼の一族を嘉（よみ）したまいますように」を3度唱える。最後に「神よ，私はあなたの書を用い，あなたを信頼いたします。そしてあなたの書，つまりあなたの秘密が書かれたものが，あなたの目には見えない内側を示します[(5)]」と一度唱え，クルアーンを無造作に開き，最初に目に付いた章句から占う。

筆者が観察していたところ，多くのイスラーム法学者のスタッフは，まずクルアーンの本の背と腹を抱えて持ち上げ，自分も首を少し下げ，表紙の上方に口づけした後，クルアーンを手に持つか机に置く。続いて他の人には聞き取れない小さな声で早口に純正章を3度，サラワートを3度唱える。そして本の頭を抱えるように右手を添え，本を支えるために本の背の部分を左手の手のひらの上にのせ，目を瞑りながら最後の決り句をまた小さな声かつ早口で詠み進め，それが終わると添えていた右手の中指と薬指の指先を，本の頭の部分から適当なところに入れ，本の背から腹の方に少し指を動かし，ページを開く。目を開いたままページを開くこともある。しかしこの場合，視線はクルアーンから離したところに置かれる。またページを開く時に，「よいしょ（Yā Allah）」と呟く者もいる。

これらの一連の諸動作は，わずか1分程度で行なわれる。また「占う」ことが数点ある場合は，最初に一連の諸動作を行ない，以降は単にページだけが開かれる。「占い」の結果は，非常によい（kheylī khub），よい（khub），悪くない（bad nīst），悪い（bad），大変悪い（kheylī bad）のいずれかである。法学者が回答する際には，基本的に結果だけが伝えられ，悪いことを回避するようなアドバイスは与えられない。「クルアーン占い」は，クルアーン解釈に根ざすものであり専門的な知識が必要とされる。なお，開いたページにある程度の解説が加えられたクルアーンも販売されている。

では「タスビーフ占い」も見てみよう。タスビーフとは，33の倍数の珠からなる数珠である。近年ではプラスチック製も増えているが，ガラスや木製のものもあり，高価なものから安価なものまで幅広い。イランの礼拝を欠かさず行なうようなムスリム男性であれば，ひとつは必ず持っているのではないだろうか。さて，「タスビーフ占い」に話を戻すと，まず右手でタスビーフを持ち，やはりサラワートを3度唱える。続いて，数珠玉のいくつかを無作為に選び，選んだ数珠玉が奇数個であれば吉，偶数個であれば凶というものである。

イスラーム法学者のスタッフは大抵タスビーフの輪の内側に指を入れ，右手で握りながら，サラワートを3度唱える。そして同じく輪の内側に入るように左手で軽く握り，目を瞑りながら両手の親指を少し立て，適当な数珠玉と数珠玉の間に指を食い込ませ，適当な数の数珠玉を選ぶ。そして左手の親指で数珠玉を2つ間隔で取り，右手の方向に移動させる。これらの一連の動作は，およそ25秒で行なわれる。イスラーム法学者のスタッフは，「占い」の結果を伝える際に，吉に相当する良い（khub），あるいは凶に相当する悪い（bad）のいずれかしか述べない。そして「クルアーン占い」と同じく，理由も助言も与えられない。

このように「占い」は，いずれの場合も結果だけが相談者に与えられる。「占い」の相談内容は，縁談や商談，また旅立ちが中心であるようだ。単なる「占い」にすぎないと思うかもしれないが，「占い」を信頼する相談者にとっては一大事である。たとえば，結果に不満を持つ依頼主が別の法学権威事務所に電話し，再度吉凶判断を依頼するという場面に筆者は出くわしたこともある。そういった場合，相談者が同日中に同様の内容の吉凶判断を依頼していることがわかると，スタッフは容赦なく断わっていた。また相談者以外のことに関する依頼も，スタッフは断わっていた。

こうした「占い」のうち，「クルアーン占い」については，革命以前の下級法学者について民族誌的な記述を残したモッタヘデの記述にも見られ，革命以前からも一般的であったようだ［Mottahedeh 1985］。しかし同時にモッタヘデによれば，当時はイスラーム法学者の仕事としては，取るに足らないものであったという。しか近年では状況が少し変わってきている。「クルアーン占い」が，イスラームの解釈主義的伝統に位置づけられている。たとえば，ホメイニー師をはじめとする複数の法学権威は，クルアーンやタスビーフを用いた「占い」を推奨する見解を示している［cf. Haideri 2006: 72－74, 77－78］。

3－2　服喪集会

シーア派の儀礼的伝統のひとつに，服喪儀礼（Az̲ādarī）とよばれるものがある。もっとも盛大に行なわれる服喪儀礼は，毎年イスラーム暦のムハッラム月 10 日前後に行なわれる第 3 代イマーム，フサインの殉教に対する服喪儀礼アーシューラー（ʻĀshūrā）である。世界各地のシーア派コミュニティで行なわれ，筆者もインドのムンバイやアメリカのロサンゼルスで参加したことがある。しかし服喪儀礼は，フサインに限って行なわれるわけではない。革命後イランでは規模の差こそあれ，歴代のイマームやその近親者たちが殉教した日に合わせて服喪儀礼が行なわれてきた。その根底には，イマームたちがイスラームのために殉教を遂げたというシーア派特有の宗教的世界観がある。

殉教，服喪と言ってしまうと何だか陰気な儀礼に思われたかもしれない。しかし実際には儀礼の形態も，参加の形態も様々である。たとえば，服喪儀礼用の集会所にあたるホセイニーイェ[(6)]で行なわれる動的な儀礼である。そこでは，ロウゼハーニーによる殉教語りを聞き，参加者は涙を流す。その後，マッダーヒー（Pr. maddāḥī）とよばれる哀悼詩の朗誦者が，殉教に関連した哀悼詩をリズミカルに謳いあげる。参加者はリズムに合わせて，平手で胸を打つ。2010 年 2 月 5 日に筆者がコムで調査中に参加したホセイニーイェ・アルクの服喪集会では，マッダーヒーが時に場を煽るような独特の節回しで場に雰囲気を持たせ，上半身が裸になった参加者がリズムに合わせて胸を平手で打っていた。そしてマッダーヒーは参加者のボルテージを高めていった。集会場内は熱気と興奮に満ちていた。こうした動的な儀礼の参加者の中心は，およそ10代後半から30代前半までの街の若者であった。イスラーム法学者や年配の者はほとんど参加していなかった。では，イスラーム法学者や年配の者は，どのような場所でどのような服喪儀礼を行なっているのかというと，ひとつは法学権威事務所で開かれる服喪儀礼である。

法学権威事務所で開かれる服喪儀礼でも，ロウゼハーニーとマッダーヒーが服喪儀礼を執り行なう。しかしホセイニーイェに比して，こちらは静的な儀礼であった。コール・アンド・レスポンスのような動的インタラクションがない儀礼であった。ロウゼハーニーの殉教語りには違いがない。違いは，マッダーヒーの節回しであった。マッダーヒーはゆっくりと哀悼詩を朗誦していく。参加者は静かに哀悼詩に耳を傾け，思い思いに静かに涙を流す。誰も立ち上がり，服を脱いで，胸を叩こうとはしなかった。誰もが座して，殉教語りや哀悼詩に耳を傾けていた。

こうした静的な服喪儀礼は，高名な法学権威事務所で開かれるほどに参加者も増える。たとえば，2008年9月23日にサーフィー・ゴルパーイェガーニー師の事務所で行なわれた服喪儀礼では，足の踏み場がないほどの参加者が訪れた。また服喪儀礼が行なわれる際には，生活物資や文房具が配布されることもある。特に生活物資の配布を目的に，集会そのものには参加しない女性が押し寄せることもある。先ほどのサーフィー・ゴルパーイェガーニー師の事務所でも，提供される米5キロと油1キロを求めて100名以上の女性が詰め掛けたため，入口を閉鎖しなければならなくなったほどであった。

こうした「占い」や服喪集会には，実践における遊びとしての側面も多分に見受けられる。さらに法学権威事務所の正式な業務ではないものの，イスラーム法学者の宗教集会への派遣は，より実践における遊びの側面が強い。

4　イスラーム法学者派遣の窓口

4－1　多様な都市の宗教集会と人間関係の再編成

革命以前の首都テヘランでは，イスラーム文化を媒介として人間関係が再編成されていた。ヘイアト・マズハビー（Prs. hey'at-e maẕhabī）とよばれる宗教的寄合，ジャラセ（Prs. jalase）とよばれる「集会」[7]，ドウレ（Prs. dowre）とよばれるサークルである[8]。これらは都市に押し寄せた地方出身者だけでなく，都市の中・上流層のあいだでも，それぞれの階層ごとに行なわれていた。それゆえ階層内部の人間関係を結びつけていた。

まず宗教的寄合から見てみよう。単にヘイアト（寄合）ともよばれた宗教的寄合は，一般的にバーザール商人同士や同業者同士，また都市に流入してきた下層の近隣住民同士で行なわれていた。同業者同士の寄合は，ヘイアテ・センフィー（Prs. heya't-e senfī）とよばれ，近隣住民同士の寄合はヘイアテ・マハッレ（Prs. hey'at-e maḥalle）とよばれていた。宗教的寄合の会場は，バーザール商人であれば特別に会場を持っている場合もあったが，自宅でも行なわれていた。こうした宗教的寄合は，主として木曜の夜に開かれていた。寄合では，まず日没の礼拝が集団で行なわれ，招待されたイスラーム法学者によって説教が行なわれた。続いて殉教語りが行なわれ，参加者はスィーネ・ザンを行なった。一連の宗教的な儀礼の後は，参加者同士がビジネスや居住区の話題で盛り上がるというものであった［Thaiss 1978: 353－354］。ただし参加者には女性はおらず，男性だけであった。そのため，女性たちは女性たちだけで「集会」を開いていた。

女性による「集会」は自宅で行なわれていた。「集会」も礼拝から始まり，祈願（Ar. du'ā）に，説教，殉教語りという具合に行なわれていた。一連の儀礼は，招待されたイスラーム法学者が行なう場合もあったが，代わりに宗教的知識が豊富な女性が行なうことが多かったようである。こうした「集会」は，近隣住民間に宗教的社交性を生み出しただけでなく［Osanloo 2009: 78］，大都市において階層や職業を超えて社会的紐帯を再編成していた［Sreberny-Mohammadi and Mohammadi 1994: 88］。それはサークルも同じであった。

1970年代には，大都市を中心にクルアーン・サークルが隆盛を迎えた。サークルの活動は，固定的なメンバーで行なわれ，持ち回りでメンバーの自宅を会場としていた。メンバーの多くは新興エリート層であり，十分な近代的な教育を受けていた。そのためクルアーン・サークルであっても，イスラーム法学者を介さずに自分たちで読誦し，独自の解釈を行なっていた[9]。

このような大都市で階層別に行なわれていた宗教集会は，今日のイランにおいても見受けられる。だが，それはテヘランやエスファハーン，タブリーズなど従来の大都市に限らない。というのも，1990年代以降の人口増加によって，人口規模が10万人以上の中規模都市が形成されてきたからだ［cf. 鈴木 2011: 43－54］。言い換えれば，人間関係の再編成が必要とされるのは，大都市に限ったことではなく，イラン全土で広がっているということだ。筆者が調査を行なっていたコム市でも，人口が10万人を超えていた。そしてコム市においても先に述べたような，私的な宗教集会が開かれていた。

4－2　コム市の宗教的寄合

筆者もイスラーム法学者の友人ダリール氏に連れられて，宗教集会に赴いたことがある。2010年の2月12日のことだった。その集会は，先ほど述べた革命以前の定義から言えば宗教的寄合にあたる。というのも，参加者は皆同じ学校の教員同士であるからだ。そして実は，友人のダリールも以前は参加者と同じ職場の同僚であった。彼はもともと大学で文学や教育学を学び，高校で国語を教えていた。彼がイスラーム法学者を志すようになったのは，学校の正教員となってからだった。マドラサで学び始めるにあたって，彼は正教員を辞した。しかしマドラサに通う傍ら，非常勤教員を続けており，その時の職場のひとつが宗教的寄合の参加者と同じ職場であった。

宗教的寄合が開かれたのは，参加者の一人の自宅だった。筆者たちがなかに入ると，ちょうど屋外と女性たちが集まる部屋でも聞こえるように，屋内外にスピーカーを設置し終えるところだった。3階建ての家であり，筆者たちは3階の広間に通された。なかの様子はうかがえなかったが，女性の参加者は2階に通されていた。ダリール氏に尋ねたところ，女性の参加者は，参加者の配偶者であった。つまり，男女別々に寄合が行なわれるのだ。

徐々に参加者も集まってきた。筆者たちは出された紅茶を飲みながら談笑していた。しばらくして，主の子供たちがクルアーンを配り始めた。予定していた開始時間になったのだ。相変わらず参加者は壁にもたれたままであったが，ダリール氏は主に促され，その日のホストである主の横に座った。主の長男もダリール氏の隣に座った。少年の手にはマイクが握られており，クルアーンを読み始めた。続いて次男もクルアーンを読誦した。たどたどしい読誦であったが，みな温かい目で見守っていた。クルアーンの読誦が終わると，ダリール氏にマイクが手渡された。ダリールによる説教が始まったのだ。

まずは会の趣旨と主への感謝が述べられた。祈願のひとつである「ズィヤーラト・ナーヒーイェ（Prs. Ziyārat Nāhīye）」と第2代イマーム，ハサンの殉教語りを行なうことが会の趣旨であった。その日はハサンの殉教日であったからだ。そしてダリール氏は，先ほど少年が読誦したクルアーンの解釈を説明し始めた。ダリール氏が口を開いてからも，下の階で女性たちが談笑している声が聞こえ続けていた。そのため主が，少し静かにするように子供を使いに送った。すると一時は静かになったが，またすぐにもとに戻った。こうしたやり取りが2度あったので，主は苦笑いを浮かべていた。しかしダリール氏も含め参加者はそれほど気にしている様子はなかった。帰り道にダリール氏に尋ねたところ，主が女性たちを静かにしなかったのは，ダリール氏を含め仲間内の宗教的寄合であったためであった。女性たちの喧騒とは無関係に，ダリール氏の解説は続いた。そして会の趣旨であった「ズィヤーラト・ナーヒーイェ」を唱えることになった。

主の子供たちが，参加者に葉書ほどの大きさの祈願集を配った。参加者は，ダリール氏の前に集まり，「ズィヤーラト・ナーヒーイェ」の項を開いた。彼は，「ズィヤーラト・ナーヒーイェ」を唱え始めた。さすが宗教の専門家であり，重厚な雰囲気を場に与える唱え方であった。唱え始めてからしばらくして室内の灯りが落とされると，より重厚な雰囲気に拍車がかかった。時折，参加者も一緒に唱えるように促しながら，彼は唱え続けた。そして最後の一句を唱えたかと思うと，休みなく哀悼詩を詠み始めた。参加者は殉教語りにすすり泣き，哀悼詩に合わせて，スィーネ・ザンを行なった。そして殉教語りが終え，ダリール氏が締めくくりの言葉を述べると部屋の明かりが再びつけられた。

明かりがつくと，息を切らしたダリール氏は壁にもたれて休んでいた。参加者も壁にもたれて休み始めた。すると主の子供たちが，養生シートのようなビニールシートのロールを床に敷き始めた。そして主が宅配の発泡スチロール製のランチボックスを持って入ってきた。参加者はビニールシートの周りを囲んで座り，主は一人ひとりにランチボックスを配り始めた。配り終えると，子供たちが人数分のヨーグルトパックをビニールシートの上に置いていった。食事を開始する合図もなく，各自で食事の文句を唱え，食べ始めた。その日の食事は，レンズ豆のイラン風炊き込みご飯であるアダス・ポロウとイラン風トマトシチューであるゲイメであった。参加者はみな談笑しながら食べた。先ほどの重苦しい雰囲気と打って変わって，もはやただの楽しい食事会に変わっていた。休んでいたダリール氏も筆者を参加者に紹介しながら，話の輪のなかに入っていった。話題の中心は，学校の教員らしく，最近の生徒事情であった。食べ終えてしばらくすると，主に感謝を述べて帰る参加者が現われ始めた。ダリール氏も頃合いを見計り，筆者を促すと，2人で主に感謝を述べ後にした。

このような宗教集会にイスラーム法学者をよぶ場合には，基本的には個人的なネットワークが利用される。しかしダリール氏によれば，イスラーム法学者の派遣を依頼する電話が法学権威の事務所にかかってくることもある。ダリール氏自身も，月に2，3度は事務所の上司からの「依頼」で宗教集会に赴くという。その場合には，主催者から謝礼が支払われるようであったが，額についてははぐらかされた。

小　　結

本章では，イスラーム法学者の一般信徒の実践への関わりについて，イスラームの多様性をめぐる議論を手掛かりに検証してきた。

イスラームの多様性をめぐる議論では，二元論的な理解と一元論的な理解があった。二元論的な議論とは，イスラームの総体を「知識人のイスラーム」／「民衆のイスラーム」として捉える方法である。しかし少なくとも現代では，近代的な公教育の普及とともに自身で聖典アクセス可能な信徒が増えてきた。その結果，「知識人」と「民衆」の境界は揺らいできた。つまり現代の文脈では，「知識人」／「民衆」あるいは「公式」／「民衆」は「文明」／「未開」のバリエーションにすぎない。それゆえ現代のイスラームを捉える方法として不十分であることを指摘した。そこで一元論的な議論に目を向ける必要性を指摘した。一元論とは，アサドらによって提起されてきた議論であり，イスラームをひとつの「言説的伝統」と捉え，実践と規範の一元論的な理解を試みることで実践の動態を捉えようとする方法である。しかし一元論的な理解は，信仰の実践を近代合理主義的に捉えているきらいがあった。彼らの論法に従えば，社会的行為と宗教的モラルは一致するはずである一方で，実際には必ずしも両者が一致してきたとは限らない。そこで実践に対する合理主義的解釈や機能主義的理解から脱する方法として，筆者はむしろ信仰の実践にかかる実践者の真面目な「楽しさ」に着目する必要を指摘した。

そこで事例として法学権威事務所の活動について目を向けてみた。法学権威はイスラーム法に関わる行為についての模倣として法学上は位置づけられている一方で，その活動はイスラーム法に関わる相談にとどまらなかった。法学権威事務所では，エステハーレとよばれる「占い」，服喪集会の開催，さらには宗教集会へのイスラーム法学者の派遣も行なわれていた。いずれの事例からも明らかであったのは，一般信徒がそれぞれの実践に真面目に取り組んでいるため，それぞれの場面が活気にあふれていたという点である。特に筆者にとっては，知人とともに参加した宗教集会の雰囲気や参加者の表情が印象深かった。

こうした事例から，イランのイスラームの実践の奥深さと同時に，実践においてイスラーム法学者と一般信徒が密接に関係してきたことが指摘できる。一般信徒の「楽しさ」をともなう実践が法学権威事務所の活動にも含まれていた。つまりイスラーム法学者も，イスラーム法学に関する実践以外の一般信徒の実践に真面目に取り組んできたということであろう。したがって，筆者はイスラーム体制下のイランにおけるシーア派の実相を捉える方法として，一元論的な解釈は有効であると考える。というのも，「知識人」と「民衆」という境界を越えて，イスラームを実践しようとする両者の試みが見て取れるためである。しかし実践が感性の規律化やモラル・セルフの身体化の背景にあるのは，あくまで参加者による真剣な「楽しさ」のためではないだろうか。もちろん「楽しさ」には位相があり，「知識人」と「民衆」では位相が共有されていないことも考えられよう。しかし「楽しさ」をめぐる位相の差異があるのだとすれば，それは規律化される感性や身体化されるモラル・セルフが結果として異なってくることを示唆していると言えるだろう。それゆえ社会的行為と宗教的モラルが必ずしも一致しないことも当然と言える。むしろ宗教的モラルは実践のなかで絶えず構築・脱構築されるものではないだろうか。そして動的な宗教的モラルの展開こそが，イランの宗教界と社会との関係を示してきたと言えるだろう。

第3章　聖者としての法学権威

——現世利益と奇蹟——

はじめに

第1章で述べたように，18世紀後半にシーア派法学内でウスール学派が台頭することで，信徒のあいだの習従関係が法学的に支配的な考えとなった。信徒は自身の知的営為によってイスラーム法の解釈を行なうムジュタヒドとそれ以外の一般信徒に分けられ，イスラーム法上の問題について，前者に後者は従うことが原則とされた。こう言ってみれば，シーア派ではイスラーム法学者と一般信徒には，大きな差があるようにも思われる。しかし実践において，両者のあいだにはそれほど大きな差異があるのだろうか。

前章で批判的に検討したアサドらに従えば，両者に大きな差異はないといえるだろう［Asad 1986］。というのも，彼らはイスラームをひとつの「言説的伝統」と捉え，実践と規範の一元論的な理解を試みることで実践の動態を捉えようとするからである。しかし筆者にはここで少し立ち止まって考えたいことがある。それは，アサドら以前の研究者の多くがなぜ二元論によってイスラームの多様性を論じようとしてきたのかということである。

そこで本章では，イスラームの多様性をめぐる二元論的議論と一元論的議論の架橋を図ることを目的に，法学権威の「奇蹟」について着目したい。

1　イスラーム研究における「聖者」概念と法学権威の「聖者」的側面をめぐって

ムスリム社会では，歴史的にも，また現代的にも「聖者」がいることが知られている。彼らは，過酷な修行経験や敬虔さによって，唯一神アッラーから恩寵（Ar. baraka）が付与された，特別なムスリムである。また彼らは，アッラーから恩寵を受けた者として，常人にはなしえない「奇蹟」[(1)]を起こしてきた。「奇蹟」には，われわれの感覚でも奇跡と捉えられるような難病の治癒や空中歩行などが挙げられる。そして一般のムスリムは，彼らを介して，アッラーの恩寵を授かることができる。そして彼らに与えられたアッラーの恩寵は，その死後もその遺物に宿り，人々に恩寵をもたらしてきた。

しかしながら，ムスリム社会全体を通じて，「聖者」を認定するための細かな条件があるわけではない。その点は，キリスト教の場合と大きく事情が異なっている。というのも，キリスト教の場合，聖者は教会による公認手続き（列聖）を経て認定されるためである[(2)]。かたやムスリム社会では，教会のような公認機関は存在しないだけでなく，「聖者」を指す用語も，地域的に多様である。

たとえば，北アフリカなどでは，法学者（Ar. faqīh）もしくは清貧者（Ar. faqīr），あるいはその双方を指す「ファキー（Ar. faqī）」という用語が「聖者」を指す語として用いられる。かたや南アジアでは，「猊下（Prs. ishān）」や「導師（Prs. pīr）」が「聖者」を指す語として用いられる［cf. 大塚ほか編 2002: 558－560］。さらに預言者ムハンマドの子孫を指す「サイイド／シャリーフ（Ar. sayyid/sharīf）」なども「聖者」を指す用語とする地域もある。つまり「聖者」とは，地域的な「聖者」の実態をもとに構築された分析概念なのだ。

もっとも，幅広い地域で用いられる代表的な用語として，「近しき者（Ar. walī）」，「信仰正しき者（Ar. ṣāliḥ）」，「親しき者（Ar. ṣafī）」がある。なかでもクルアーンにも典拠がある「近しき者」は，民衆実践として研究されてきただけでなく，スーフィズム（イスラーム神秘主義），またイスラーム法学／神学の研究分野でも研究が蓄積されてきた［e.g. 東長 2002b: 558－559; 丸山 2007］。

しかし，これまでの「聖者」像は，概してスンナ派のムスリム社会の文脈に基づいて論じられてきた。かたや，近現代のイランのムスリムの多数派を占めるシーア派の「聖者」については，それほど関心が払われてこなかった。

もちろん奇蹟的所業をもなしえた歴代のシーア派指導者（イマーム）について論じる研究は豊富にある［e.g. Corbin 1972; Amir-Moezzi 1994; 鎌田 2005］。また預言者ムハンマドの子孫サイイド／シャリーフ崇拝について，シーア派との関連を指摘する研究もある［e.g. Ja'fariyān 1368］。だが「聖者」が，一般のムスリムであることを考えれば，霊的に特別な存在であるイマームを「聖者」に数えるのは妥当ではないだろう。また森本［1999a; 1999b; 2005］が指摘するように，サイイド／シャリーフ崇敬は，スンナ派，シーア派を超越したムスリム社会一般の議論であると言える。そのためサイイド／シャリーフが，シーア派の「聖者」像を明らかにしてきたとは言い難い。

では，シーア派には，「聖者」に相当する存在はないのかというと，そうではない。少なくとも，これまでの研究で「聖者」の特徴のひとつである「奇蹟（Ar. karāma）(3)」を，高位のイスラーム法学者である法学権威もまた起こすと信じられてきたことが指摘されてきた［Momen 1985: 189－190］。しかし法学権威が起こす「奇蹟」が具体的に何を指すのかは，これまで曖昧であった。またそもそも「奇蹟」を起こすからといって，法学権威を「聖者」のひとつと捉えることが可能かという問題もある。そこで彼らが起こす「奇蹟」についてフィールドの事例とテクストをもとに検討してみたい。

2　フィールドのなかの「奇蹟」

2－1　法学権威の霊性

法学権威がみな霊験あらたかな雰囲気を持った「聖者」なのかと問われれば，否である。だが，法学権威には霊験あらたかな雰囲気を持った「聖者」がまったくいないのかと問われれば，答えに窮する。それは筆者の個人的体験としても，霊験あらたかな雰囲気を持った法学権威に出会ったことがあるからだ。筆者が今なお鮮明に思い出すのは，2008 年 9 月 26 日のサーデク・シーラーズィー師（**写真 1**）との出会いである。

写真１　サーデク・シーラーズィー師

（出所）　2008 年 9 月 26 日，コム市内において筆者撮影。

ラマダーン月であったその日も筆者は，コム市内の法学権威一人ひとりの事務所の所在を確かめる作業をしており，同師の事務所を訪れた。事務所に入り，スタッフに確認作業をしていた。しばらくすると事務所の入り口がざわざわと少し騒がしくなり，一人の人物が事務所のなかに入って来た。事務所周辺に，同師の写真入りのポスターが貼られていたこともあり，一目で同師であることが分かった。筆者はスタッフに同師への挨拶の許可をとり，同師に近づいて自己紹介した。同師は写真と同じく，黒いターバンに，黒い法衣をまとい，白く染まった長い髭を蓄えていた。しかし筆者は，写真とは異なり，不思議な光を帯びた同師の眼に吸い込まれていた。それを表現するとすれば，表面は鈍く漂いながらも遥か奥底は輝く，深い泉に差し込んだ光のようであった。しかし同師の眼光は，そのあとの出来事に比べれば，さして驚くに値しないことであった。筆者を驚かせたのは，同師の一言であった。

自己紹介が終わると，同師はラマダーン中で乾いた口を開き，たった一言だけ筆者に述べた。同師が述べた一言は，「怒ってはいけませんよ」であった。そしてそれを告げたかと思うと，静かに事務所の奥に消えていった。筆者はあっけにとられていた。師がどのような意図で仰ったのかを理解できずにいたからだ。しかし同師が述べた一言は，数十分後に筆者の脳裏をかすめることになった。というのも，以前にも筆者に嫌がらせをした人物が，また筆者につまらない嫌がらせをし，その時怒りが爆発しそうになったからである。そして同師の言葉が頭をかすめ，筆者は思いとどまることができた。

このような体験から，法学権威がときに「奇蹟」を起こすと信じている一般信徒がいたとしても，筆者には迷信じみているとは思えないのである。だが，筆者のような体験がなくとも，法学権威の「奇蹟」については一般信徒のあいだでは暗黙の了解としてある。

2-2　イデオムとしての法学権威の「奇蹟」

2008年10月8日，エスファハーン市での調査を終えた筆者は，乗り合いタクシーでコム市の自宅への帰路についた。乗り合いタクシーというのは，目的方向を同じとする他人同士でシェアするタクシーのことである。タクシーといってもタクシー会社が行なっている場合もあれば，個人で行なっている場合もある。イランでは一般的であり，市街の路線だけでなく，大都市間の路線もある。また同じ方向であれば途中下車も可能であり，筆者の場合もテヘランを目的地とするタクシーに乗り込んだ。乗り合いタクシーの利点は何と言っても早さである。長距離バス網も整備されているものの，乗り合いタクシーであれば平均して時速100km以上で走るため，目的地への所要時間が少なく済む。

筆者たちが乗り込んだタクシーも，やはり高速で運行されていた。しかしコム市街へと続く街道を走っていた時である。突然，「バンッ」という破裂音とともに横滑りに回転し始めたかと思うと，道路脇の路肩を踏み切り台代わりに車が宙を飛んだ。無重力を体験したかと思うと，次の瞬間には見事に着地していた。あまりの出来事に言葉を失っていたが，我に返って自分の安全を確認したあと，他の乗客を確認したが，誰も怪我すらしていない。車外に出るとさらに驚かされた。バンパーが少し外れていただけで，車体は無事だったのだ（**写真2**）。時刻が夕方6時頃であったこともあり，それなりの交通量であったことからすれば，これだけの事故で誰も怪我がなく，車体が無事であったことはさらなる奇跡であった。

乗客はみなしばらく唖然としていたが，助手席に座っていた女性の号泣をきっかけに，安堵感とともになぜ助かったのかと話が始まった。思い当たる節を話しあったが，納得する答えではなかった。その時，法学権威の「奇蹟」について思い出した筆者が，何気にその日法学権威と面会したからなのかもしれないと言ってみた――ちょうどその日，筆者はマザーヘリー師と面会していたからである。事故を見て心配した後続車の運転手を含め，その場にいた全員が，「ああ，そうか。彼の恩寵だ」と言いながら納得した。

後続車の運転手に乗せてもらい，筆者は帰路についた。帰り道，借りていた住まいのそばにある小間物屋で卵とシーチキンの缶詰を買った。店の主人に先ほどの出来事と法学権威の「奇蹟」について話してみた。すると店の主人は，筆者が話したことに対して，真剣な面持ちで本当にその通りだと言っていた。

写真2　事故後の風景

（出所） 2008年10月8日，コム市内において筆者撮影。

このように法学権威の「奇蹟」は，一般信徒のあいだでは暗黙の了解となっている。もちろん誰もがみな「奇蹟」を信じているということではないだろう。だが，筆者たちが体験したような説明がつかない奇跡的な状況では，事態を説明するに足るイデオムの役割を果たしている。では，テクストにおける法学権威の「奇蹟」とは，どのようなものなのだろうか。

3　テクストのなかの「奇蹟」
――奇蹟譚とマルアシー・ナジャフィーの来歴――

3-1　奇蹟譚

テクストにおける法学権威の「奇蹟」の語りを知るものとして，法学権威の奇蹟譚がある。奇蹟譚というジャンルは，法学権威にまつわる書籍としては一般的ではないものの，確かに存在する。たとえば，初代最高指導者であり法学権威でもあったホメイニー師の奇蹟譚も出版されている［e.g. Moḥammadī 1378］。ただ政治指導者でもあった彼の奇蹟譚を，純粋に法学権威の奇蹟譚と言えるかは難しい。そこで着目したいのが，マルアシー・ナジャフィー師の奇蹟譚である。

詳しくは後述するものの，彼は1960年代から1990年代初頭にかけて活躍した法学権威の一人であった。その彼にまつわる奇蹟譚が，『マルアシーの

「奇蹟」(Prs. *Karāmāt-e Mar'ashīye*)』として出版されている［Rostamī-Chāfī 1380］。その著者のアリー・ロスタミー・チャーフィーも，イスラーム法学者である。また同書に集められた奇蹟譚は，他のイスラーム法学者によるマルアシー・ナジャフィー師の伝記にも選定され転載されている。たとえば，『頂上の光——生涯の見聞と神の遺言，大アーヤトッラー，マルアシー・ナジャフィー師の倫理性（Prs. *Bar Setīgh-e Nūr: Gūshehā-ī az Zendegī va Vaṣītnāme-ye Ilāhī, Aḥlāqī-ye Ḥaẓrat-e Āya Allāh al-'Oẓmā Mar'ashī Najafī*)』における奇蹟譚である［Rafī'ī 1380］。したがって『マルアシーの「奇蹟」』はイスラーム法学者間で共有されうる法学権威の「奇蹟」を知る上で最良の書と言えるだろう。換言すれば，同書の記述から正当な法学権威の「奇蹟」を知ることができる。そこでマルアシー・ナジャフィー師の「奇蹟」を見ていきたいが，その前に，まず彼の来歴を紹介したい。

3-2　イスラームの求道者として

マルアシー・ナジャフィー師は1898年7月21日(4)，イラクのナジャフに生まれた。マルアシー・ナジャフィーというのは，日本で言うところの苗字にあたり，「マルアシー家のナジャフ出身者」という意味である。マルアシー家というのは，預言者の子孫であるサイイドの家系のひとつであり，13世紀中頃にはイランのカスピ海沿岸部のギーラーン地方東部を治めた名家である。と言っても，彼が生まれた時代には，マルアシー家が統治者の家系であったわけではなく，代々イスラーム法学者を輩出する家系になっていた。実際，彼の父シャムスッディーン・マフムード・マルアシー師（Prs. Shams al-Dīn Maḥmūd Mar'ashī）もイスラーム法学者であり，ナジャフのハウザで教鞭を執っていた。

彼は，当時の一般的なイスラーム法学者のエリート家系の子息と同じような教育コースを歩んだ。つまり，幼少期にアラビア語の読み書きを習い，次にハウザで学ぶという教育コースである。そしてイスラーム法学者内のエリートであるムジュタヒドの段階に到達するための教育課程で，同地の指導的地位にあった高位のイスラーム法学者の薫陶を受けた(5)。そして若干27歳の時点で，ムジュタヒドとなる免状を与えられた。イスラーム法学生の多くが，その生涯をかけても，そうした免状を得ることは叶わないということを言えば，彼の非凡な才能を理解してもらえるだろう。

だが，ナジャフのイスラーム法学者たちから免状を与えられただけで，彼の知的好奇心が満たされたわけではなかった。彼は父親がナジャフで亡くなると，イラクのカーズィマイン，サーマッラー，カルバラーに遊学に出かけた。その後，1923 年にはイラン北東部のマシュハド市にある第 8 代イマームのリダーの廟を参詣し，イランのテヘランで学ぶようになった[(6)]。そして，その翌年には，テヘラン近郊のレイにあるシャー・アブドゥル・アズィーム廟，次いでコムのマアスーメ廟に参詣に訪れ，コムでハーエリー・ヤズディー師らに学んだ。こうした長年のイスラーム法学の研鑽によって，マルアシー・ナジャフィー師は，多数のイスラーム法学者からムジュタヒドの免状を得た。

ムジュタヒドの免状に加え，多数のハディース伝承の免状をも持っていた。ハディースとは，預言者ムハンマドの言行録であり，シーア派の場合，預言者ムハンマドの言行録に加え，歴代イマームの言行録も含まれる。ハディースの伝承は，言行録そのものの内容を一言一句正確に伝えることが重要である。加えて，その言行録が誰によって伝えられてきたのかという伝承経路も重要で，ハディースの伝承を許可されるには，師に至るすべての伝承経路を正確に記憶しなければならない。そしてハディース伝承の免状を得るには，師の前で言行録の内容と伝承経路を正確に声に出して読みあげねばならない。つまりハディース伝承者になるためには，たぐいまれな記憶力が必要とされるのである

マルアシー・ナジャフィー師が伝承を許されたハディースは，およそ 450 に及ぶ。興味深いことに，彼に伝承の免状を与えたハディース伝承者が必ずしもシーア派のハディース伝承者に限られていないということである。彼はスンナ派，ザイド派やイスマーイール派のハディース伝承者からも免状を得た。たとえば彼に免状を与えたスンナ派の伝承者で言えば，エジプトのカイロにあり，スンナ派法学の総本山にあたるアズハル学院のウラマーであったイブラーヒーム・ジャッバーリー師（Ar. Ibrāhīm al-Jabbālī）やシリアのスンナ派法学の最高権威にあたる大ムフティーであったアフマド・イブン・アミーン・クフタールー師（Ar. Aḥmad ibn Amīn Kuftārū）らである。こうした多数のハディースの伝承，またシーア派に限らないハディースの伝承は，イスラーム法学者

のなかでも特にまれな例であると言える。

3-3　教育者としての軌跡

さて，マルアシー・ナジャフィー師は，イスラームの学問の研鑽にあたると同時に，後進を育成する教員でもあった。彼の教歴はナジャフで学んでいたころからすでに始まっており，ナジャフのハウザでは入門課程で講義を受け持った。コムに移住後も，アラビア語文法，論理学，法源学，法学といったホウゼの入門課程，標準課程の講義を，ハーエリー・ヤズディー師に任された。そしてハーエリー・ヤズディー師が死去すると，ムジュタヒドの段階に到達するための教育課程を受け持つようになった。

彼からムジュタヒドの免状を得た学生には，後に反王政運動のイデオローグや法学権威であるような高名なイスラーム法学者になったものも少なくなかった。モタッハリー師やベヘシュティー師，またターレカーニー師といった反王政運動期にイラン国内で活躍したイデオローグも彼の弟子にあたる。また，レバノンのシーア派政治運動の指導者となったムーサー・サドル師も彼の弟子である。さらにヌーリー・ハマダーニー師，ジャヴァード・タブリーズィー師，ムーサヴィー・アルダビーリー師といった1990年代半ば以降，高名なイスラーム法学者に数えられた人物も彼から免状を得た。

講義を受け持つだけでなく，教育施設の運営・整備にも熱心であった。たとえば，マドラサの設立や私設図書館の開設である。1969/70年には「信徒学院（Prs. Madrase-ye Mow'enīye）」，1963/4年には「マルアシー学院（Prs. Madrase-ye Mar'ashīye）」，1980/1年には「流星学院（Prs. Madrase-ye Shahābīye）」を開講した。また1966年には，シーア派諸学，またシーア派史に関してのマルアシー・ナジャフィー師の個人蔵書を公開する，マルアシー・ナジャフィー図書館（Prs. Ketābkhāne-ye Mar'ashī Najafī）を開設した。その図書館は開設当初は，刊本1万冊，写本2千冊にすぎなかったが，近年では刊本25万冊，写本2万5千冊を誇っている。その規模は，イランのイスラーム評議議会図書館（Prs. Ketābkhāne-ye Majles Shūrā-ye Eslāmī）と同程度である［Amānī 1382: 940－942］。

3-4　伝承主義者としての姿勢

彼は，ホセイン・ボルージェルディー師が1961年に死去すると，コムの著名な法学権威の一人に数えられた。法学権威としてのマルアシー・ナジャフィー師は，政治運動には介入せず，また法の適用についてもハディースに忠実に従っていた。その姿勢は，伝承主義者ともよべるものであった。たとえば，フムスをイスラーム法学生に再分配する際には，他の法学権威は時代的解釈によって貨幣で支給していた。しかし彼だけはハディースの文言に従い，5－10マン（15－30kg）の大麦を支給していた［cf. Fischer 1980: 80］。ハディースを重視したこうした法の適用は，ハディース学者としても学識高い彼ならではの立場であったとも言えるだろう。

おそらくこうした法適用の姿勢を形成した背景のひとつには，過去のハディース学者に対する敬意の念も込められていたとも考えられる。彼の過去のイスラーム法学者に対する敬意の表われは，「エブラーヒームとモハンマドのエマームザーデ（Prs. Emāmzādegān-e Ebrāhīm va Moḥammad）」の再建に彼が尽力したことからもうかがい知れる。

エマームザーデ（Prs. Emāmzāde）とは，イマームの子孫や歴史的偉人を指し，廟（Prs. ārāmgāh）が建設されている。廟は，エマームザーデの遺骸が埋まっているとされる墓標――複数の人物がひとつの墓標の下に埋葬されていることもしばしばある――と，それを囲む柵，さらにはそれらを覆うドームなどによって構成されている［cf. 加賀谷 1969: 200］。しかしなかには，小さく祠のように建てられ，風雨に晒されているものもある。イランの一般信徒のあいだでは，願掛けに訪れるなどエマームザーデ参詣は非常に盛んに行なわれている。その一方で，埋葬されている人物が実際に存在していたのかを示す史料を欠いている場合も多い。コムにあるエマームザーデの史的展開を見る限り，ヒジュラ歴8世紀（1301－1398年）以降に建造されたものが大多数であり，イマームの子孫のエマームザーデの多くが，系図の捏造が起こりやすいムーサー・カーズィムの子孫である［cf. Khāmeyār 1384: 127－156］。

こうしたイマームの子孫や歴史的偉人であるエマームザーデに対する信仰は，イランの一般信徒のあいだで非常に盛んに行なわれ，イスラーム法学の観点からも推奨されている［cf. 加賀谷 1969: 96－197; Khāmeyār 1384: 126－127］。

写真3　マルアシー・ナジャフィー図書館

（出所）2010年1月17日，筆者撮影。

しかしエマームザーデの改築については，多数の法学権威を輩出してきたコムでも，法学権威が改築に携わるということは一般的ではない。多くの場合改築は，商人層を中心とした地区の名士によって行なわれてきた［cf. Khameyār 1384: 127－156］。

しかし「エブラーヒームとモハンマドのエマームザーデ」については，マルアシー・ナジャフィー師が改築工事に携わっていた［cf. Khameyār 1384: 129］。それは装飾タイルからイル・ハーン朝期に建造されたと考えられる古い廟であった。そこには息子のイブラーヒーム(7)と父のムハンマド(8)という親子が埋葬されている。ムハンマドはもともとイラク地方に居住していたが，そこからコムに叔父のイスハークとともに移住した。ムハンマドの生業については定かでない。しかし息子イブラーヒームは，シーア派の偉大なイスラーム法学者であり，また偉大なハディース学者であり，ヒジュラ歴400（1009/10）年頃に死去したと言われている［cf. Khameyār 1384: 129］。おそらく，一般的に法学権威がエマームザーデ信仰に直接的に関与しないなかで，マルアシー・ナジャフィー師が改築に着手した背景には，イブラーヒームがハディース学者であったことも影響していることと思われる。

こうしたマルアシー・ナジャフィー師に対しては，彼の没後も尊敬を集めている。筆者が初めてコムを訪れた2002年から近年訪れた2010年まで，生前の彼の写真を飾る商店や飲食店も多く，コムでの彼の人気の高さをうかがうことができた。その理由として，彼が清貧であり，また「倫理（Prs. akhlāq）」とよばれる信徒としての心構えについて，非常に優れていたことが挙げられる。つまり彼は信仰深い立派なムスリムとして知られているということである。たとえば，マアスーメ廟の開門前に赴き，集団礼拝を行なうことを日課としていたことからも，彼の信仰深さがうかがい知れよう［Amānī 1382: 940］。

さらに彼の人気の高さは，彼の墓標を参る人々の存在からも指摘できる。マルアシー・ナジャフィー図書館（**写真3**）の入り口には，彼の墓標（**写真4**）が安置されている。観光客やイスラーム法学者，また一般信徒が彼の墓標を参り，なかには願掛けを行なう者もいた。すでに述べたように，これは，ムスリムの「聖者」の特徴のひとつでもある。死後も彼に付与された恩寵を人々が得ようとしているのである。

写真4　マルアシー・ナジャフィー師の墓標

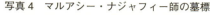

（出所） 2007年3月7日，筆者撮影。

このように彼は十分にフィールドにおける「奇蹟」を検証する上でも適した対象である。しかしここでは，テクストのなかの「奇蹟」に注目して彼に迫ってみたい。そこで『マルアシーの「奇蹟」』に収録されている4つの奇蹟譚を見てみよう。

4　マルアシー・ナジャフィー師の「奇蹟」

4－1　4つの「奇蹟」

①ヘジャーブが暴かれていた時代におけるヘジャーブの守護

パフラヴィー朝のレザー・ハーンによってヘジャーブが暴かれていた時代[(9)]，非常に卑しいコムの警察署長がいた。〔その男は〕敬虔な女性の頭からチャードルやヘジャーブをとるために暴力に訴えていた。

ある日〔ファーテメ・〕マアスーメ廟に，参詣のために訪れたヘジャーブを被った女性たちと敬虔な人々がいた[(10)]。〔すると，件の警察署長が〕ある信徒の女性のヘジャーブを力ずくで剥ぎ取った。彼女と廟にいた他の人々の叫び声と嘆息とうめき声のなか，マルアシー〔・ナジャフィー師〕はその〔声の〕方向に向かい，事件を目撃した。彼のイスラームへの熱意と勇敢さが沸き立ち，彼は自身を制御できなくなり，警察署長を平手で強く打った。この平手の衝撃で動けなくなった彼〔＝警察署長〕は，マルアシー〔・ナジャフィー師〕に殺すと脅しをかけた。

しかし後日，前述の警察署長がバーザールを訪れた際，バーザールの天井が彼の頭に落ち，死んだ。人々のあいだにこの話が広まり，マルアシー〔・ナジャフィー師〕の「奇蹟」に数えられている［Rostamī-Chāfī 1380: 5－76］。

②最後の審判の日におけるシャイフ・ムフィード師とアッラーマ・マジュリスィー師の仲裁

マルアシー〔・ナジャフィー師〕がこの世を去るまだ30年前，彼はある夜，夢をみた。

最後の審判によって〔墓から〕起き，人々が清算[11]を行なっているなか，彼はその夢の世界でそこ〔＝人々が清算する場所〕とは別の場所，つまり他の人々が清算と書を眺めているところに連れていかれ，こう言われた。「あなたは知の人々であるため，ウラマーの場所に運ばれた。他の人々のようには，〔ここで〕清算をする必要はない」と。

大きな天蓋につくと，そこでミンバルに坐り，ウラマーの清算を行なっているイスラームの預言者〔＝ムハンマド〕を見た。〔預言者の〕左右には年取った2人のウラマーがおり，敬虔な者たちの一団と座していた。〔2人のウラマー〕それぞれの前には様々な書が置かれており，ウラマーと才ある者が様々に列を成して立っていた。各々の列は各々の世紀を意味していた。彼〔＝マルアシー・ナジャフィー師〕は，14番目の列で非常に動揺しながら自身の清算のために立っていた。というのも，イスラームの預言者が注意深く，ウラマーの清算を行なっておられたからだ。彼は，そばにいた者に，預言者のそばにいるあの2人が誰であるのかを訊ねた。その人物が言うことには，一人はシャイフ・ムフィード師[12]であり，もう一人はアッラーマ・マジュリスィー師[13]であるとのことだった。そしてあの書は何かとたずねると，彼が言うには，その2人の著作であると言う。しかしアッラーマ・マジュリスィー師の前にある書のほうが多かった。

どこの場所でも，ウラマーが仲裁[14]のために必要であり，その2人のウラマー，つまりシェイフ・モフィード師，あるいはアッラーメ・マジュリスィー師が仲介し，〔清算を〕行なっていた。彼は，まさにこの時目が覚めた［Rostamī-Chāfī 1380: 76－77］。

③ファーテメ・マアスーメ「シェハーブよ，いつ汝の心に我がいなかったのだ」

マルアシー〔・ナジャフィー師〕が〔このように〕仰った。

「まだ若かりし頃，様々な困難を抱えていた。そのひとつは，私は娘に結婚させたかったのだが，娘の結婚の持参金を準備する財産を持っていなかったことであった。私は不安を抱えたまま，ファーテメ・マアスーメ廟に行ったのだが，非難に苛まれ，涙が落ちた。そして「ファーテマ〔・マアスーメ〕と我が指導者よ，なぜ私の人生に必要なものをお与えなさらないのですか。どうして私はこのような財産なしで娘に結婚させてやれるのでしょうか」と嘆いた。失意のまま家に戻った。その時は盲目的であったのだが，誰かが扉を叩くのを聞いた。扉まで行き，開くと，扉の後ろに立っている人を見た。彼女は私を見てこういった。「ファーテメ・マアスーメがお前をよんでいる」と。

ファーテメ・マアスーメのその気高き声が私に届いたので，私は大急ぎで廟へ行った。黄金のイーヴァーン(15)の掃除に勤しむ数人の女中に会い，私は掃除をする理由について尋ねた。彼女たちが言うには，ちょうど今ファーテメ・マアスーメがやってきているようであった。少しして，ファーテメ・マアスーメがやってきた。彼女は非常に痩せており，色あせており，青く，聖画像のようであった。〔それは〕我が母，ファーティマ・ザフラー(16)のようであった。というのも祖母がファーティマ・ザフラーを3度見ており，私はそのことを聞いていたからだ。我が叔母〔＝ファーテメ・マアスーメ〕の側に行き，彼女の手に口づけをした。そのときファーテメ・マアスーメは「マルアシー・ナジャフィーよ。私を非難するなど，お前の頭にいつ私が宿っていなかったのだ。私に不平があったのではなかったか。お前がコムにやってきたときは，私に親切にしていたのではなかったか」と私をお責めになられた。

このとき，目が覚めた。というのも，ファーテメ・マアスーメに対して私は礼儀を守ることを私は承知していたからだ。直ちにお詫びをするために廟へ行った。すると，その後，必要なものは手に入り，悩みから解放された」

［Rostamī-Chāfī 1380: 77－78］。

④カルバラーにおけるイマーム・フサインとの遭遇と困難の解決

マルアシー・ナジャフィー師――彼に尊敬あれ――がご自身で以下のことを仰った。

「ヒジュラ暦1339（1920/1）年（父君がお亡くなりになってから1年後）に，ナジャフの「カッワーム法学院」の法学生であり，『モッラー・アブドゥッラー・ヤズディーの脚注（Prs. *Ḥāshīye-ye Mollā ʻAbd Allāh Yazdī*）[(17)]』の論理学を教えていた時のことである。暮らしは困難で辛く苦しく，貧しさと餓えから逃れる術はなかった。押し寄せる不安と苦悩が心の重石となっていた。これらの困難と不安のひとつは，法学権威の家を行き来していた幾分かのイスラーム法学者たちの不遜な態度であった。彼らの法学権威の住まいへの行き来によって，私はすべての人々に対する悪い感情を抱いた。たとえば，このようなことである。

私は人と関係を持たなくなったし，集団礼拝を公正な人々の後ろで行なわなくなりさえした。他には，ある知人が私の講義を激しく妨げたし，師も私に講義を行なわせないと仰った。また他には，チフスにかかり，治療の後も病によって物忘れが酷くなった。また他には，視力が非常に低下した。また他には，速記ができなくなった。また他には，極貧と餓えにとらわれ，心が精神的な病のように感じ続けられた。また他には，次第に精神的な事柄に関係して震えが起きた。また他には，神聖な神の館へのハッジ（マッカ巡礼）の旅を神が割り当てるように望んでいたのだが，マッカ（メッカ）あるいはマディーナ（メディナ）へ行くという，この2つの町のひとつしか行けない条件であった。また他には，神が敬虔な知識と行為によって私に好意を示してくださったのだが，その困難さとそれへの願望が，私に一瞬の安らぎさえ与えなかった。

そこで殉教者たちの長フサイン〔＝第3代イマーム，フサイン〕に頼る考えが浮かび，カルバラーへ行った。そのときこの世の財産はただ1ルピーだけであったが，それで2塊のナンと水瓶を買った。カルバラーに到着した時，フサインの川辺に行き，グスル（沐浴）をし，高貴なる廟へ行った。参詣と祈願をすると日没近くになっており，廟にある『カルバラー史における貴顕の願い（Ar. *Bughya al-Nablā' fī Ta'rīkh Karbalā'*）』の著者サイイド・アブドゥル・ホセインの売店に行った。彼は父の友人であり，彼に一晩，彼の店に泊まる許可を頼んだ。というのも，夜，廟に人が残ることが禁じられていたからだ。彼は〔私の頼みを〕聞き入れてくれた。

私はその夜，廟に泊まり，〔浄めの〕ウドゥーを新たにした後，墓廟を訪れた。私は高貴なる墓廟のどこに座ろうかと考えた。普通は，人々は頭上に座るものであるが，イマームが生きていた時にはご子息アリー・アクバル(18)に向かっておられ，殉教者〔＝フサイン〕もまたご子息の方に向かってご意見を述べられていたのだろうと私は考えていた。そのため，その足元であるアリー・アクバルのキブラの側に座った。

すぐにクルアーンを誦む悲しい声を，神聖なる殉教語りの後ろから聞き，その方向に向かった。その時，座っている父を見た。13のクルアーン書見台が彼の側にあった。彼の前にもひとつの書見台があり，クルアーンが置かれ，誦んでいた。私は彼の側により，彼の手に口づけし，ご加減を尋ねた。父は最高の気分と神の恩恵を享受していると微笑みながら答えた。私はここで何をしているのか尋ねた。われわれはここで聖典クルアーンの朗誦に従事する14人であると答えた。ここはどこかと尋ねた。すると父は廟の外に行ってみなさいと述べた。そして書見台を指し，その他の13人を教えてくれた。

ミールザー・タキー・シーラーズィー師(19)，ザイヌルアービディーン・マランディー師(20)，ザイヌルアービディーン・マーザンダラーニー師(21)であった。残りの名前も述べていたのだが，私の記憶には残っていない。さて父が私に，お前は何のためにここにやってきたのか，今は講義の時ではないのかと尋ねたので，私が訪れた理由を説明した。すると〔フサインのもとに〕参って，必要なものをイマームに打ち明けるように父は私に助言した。私がイマームはどこにいらっしゃるのか尋ねると，聖廟の上にいらっしゃると父は教えてくれた。〔旅の〕途中で病にかかった参詣者たちの病気見舞いを行なわれているために，急ぐように教えてくれた。

私は立ち上がり，聖廟の方へ行き，イマームを見た。しかしはっきりとはイマームを見ることができなかった。というのも幸めでたき猊下のお顔は，後光に守られていたからだ。私は猊下にご挨拶した。すると私のよびかけにお応えになり，聖廟の上に来るように仰られた。私は猊下のおそばに参るのにふさわしくないと申し上げた。すると私に私が立っているところにとどまっているように仰った。そこで猊下を拝した。その時，優美な微笑を唇に描き，私に何を望むのだとお尋ねになられた。私はこのペルシア語の詩を詠みあげた。

そこには明らかなものがあり，表わすのに何の必要があろうか

猊下はナバート〔＝氷砂糖〕の欠片を私にお与えになり，お前はわれわれの客人だと仰った。そして悪い思いを抱くような，いかなる〔悪しき〕神の僕に出会ったのだ〔と問いかけられた〕。この問いかけによって私にひとつの変化が起こり，悪い思いを抱かなくなるとともに，すべての人々と関係と親密さをもった。（朝，礼拝の時，礼拝する敬虔な人々に倣って礼拝した際には，いかなる不安や猜疑心もなくなっていた。）そして「お前の講義を妨害した者がいたが，他の者にはなすことができないのであり，自身の講義を行なうように」とイマームは仰った。（ゆえに私はナジャフに戻り，知人であり私の講義を妨害した者がやってきて，「君が講義を行なう以外に他の道がないことを私はわかっていた」と述べた。）またイマームは私にとりなしを行なって下さった。そのため視力がよくなり，記憶力も戻った。

また筆を私にお与えになり，「この筆を持っていき，速記してみなさい」と仰った。そのあと心の不安も消え，私の信条が確固たるものになるように祈願をして下さった。そしてハッジの問題も完全にその弊害がなくなったということはなかったものの，私の必要なものも叶えて下さった。おそらく旅のついでに私がハッジをしようとしていたので，イマームはその問題についてご指示下さらなかったのだろう。私はイマームに別れを告げ，父のもとに戻った。

私は父に必要なものやして欲しいことはないか尋ねてみた。すると父は，「学問に勤しみ，兄妹を大切にするように，私はビフバハーニーの話にあるアブドゥル・リダーへの恩返しについて知っているが，それを行ないなさい」と仰った。

私がナジャフに戻ると，一抹の不安も猜疑心もなくなっていた」［Rostamī-Chāfī 1380: 79－83］。

4－2　テクストの「奇蹟」と「聖者」論をめぐって

マルアシー・ナジャフィー師をめぐる4つの奇蹟譚を見た。4つの奇蹟譚には，シーア派的特色が見られた。たとえば，彼の奇蹟譚には，イマームやその近親者が「奇蹟」と深く関わっていたことである。ひとつ目の奇蹟譚では，事件が発生した場所がファーテメ・マアスーメ廟であった。3つ目の奇蹟譚では，ファーテメ・マアスーメが直接登場していた。さらに4つ目の奇蹟譚には，第3代イマーム，フサインが登場していた。

また，イスラーム法学者が霊的にも特別の地位が与えられていることもシーア派的な特色とよべるのではないだろうか。2つ目および4つ目の奇蹟譚にイスラーム法学者が登場した。彼らは他の一般のムスリムとは峻別され，預言者やイマームに近しい地位を得ていた。18世紀後半から台頭しだしたウスール学派では，イスラーム法に対する知識に基づくムジュタヒドと非ムジュタヒドの峻別がなされてきた。両者のあいだに霊的存在としての差異も横たわっていることを示唆するものであり，マルアシー・ナジャフィー師や法学権威の不可視の「奇蹟」を形成する上で非常に重要な役割を担っていると推測できる。

ところで，彼が「奇蹟」に対して主体的役割を果たしたのは，ひとつ目のエピソードだけであろう。他方，2－4つ目の奇蹟譚は，いずれも彼が「奇蹟」を起こす主体でありえたというよりは，彼が体験した「奇蹟」であるということである。このような彼の「奇蹟」について，「神に近しき者，信徒の下僕，神の信仰正しき者が「不可視の奇蹟（Prs. karāmāt-e ma‘navī）」を持つ者であることは疑いなく，マルアシー・ナジャフィー師は彼らのうちの一人である」［Rostamī-chāfī 1380: 75］と著者ロスタム・チャーフィーは述べる。つまりマルアシー・ナジャフィー師の「奇蹟」とは，「不可視の奇蹟」とよばれるものである。加えて，それはイスラーム法学者に共有されているような，正当な信条であることもうかがい知れる。

それでは，こうした具体的な奇蹟譚や来歴から，マルアシー・ナジャフィー師がムスリムの「聖者」とよぶに値するだろうか。

ムスリムの「聖者」は，彼らを介して人々がアッラーの恩寵を授かると考えられ，彼らに与えられた恩寵は，死後もその遺物に宿り，人々に恩寵がもたらされると考えられてきた。マルアシー・ナジャフィー師の廟を訪れる人々の願掛けは，彼に与えられた恩寵が死後も遺物に宿り，人々に恩寵をもたらすと考えられている証であろう。

また常人にはなしえない奇蹟的所業をもってアッラーからの恩寵を証明するという点については，少なくとも「不可視の奇蹟」として語られている。しかし，それはムスリムの「聖者」論で指摘されてきたような，われわれにも馴染みのある一般的な奇跡の範囲を超えていた。というのも，奇蹟譚には，われわれの感覚では奇蹟とは捉え難い，最後の審判の夢のような「聖なる夢」も含まれてはいたからだ。「聖なる夢」は敬虔なムスリムにとって，歴史的にも現代的にも非常に重要な要素であることは指摘されてきた［e.g. Green 2003］。しかしそれがこれまでの過酷な修行経験や信仰実践の敬虔さに基づいていると考えられてきた「聖者」像を，根底から覆すというわけではない。というのも，「聖なる夢」は敬虔なムスリムに現われるものであるからである。したがって「聖者」の「奇蹟」の範囲を再検討することにともなって，敬虔なムスリムの範疇と「聖者」の範疇の境界を吟味する必要はある。それゆえこの点についても，マルアシー・ナジャフィー師はムスリムの「聖者」とよぶに値する。

「聖者」論とマルアシー・ナジャフィー師のあいだにある，微妙な差異は他にもある。たとえば「聖者」がアッラーから恩寵を付与されてきたという点である。これはスンナ派を主たる対象としてきたため，アッラーと「聖者」との直接的な関係が想起されてきたということであろう。しかしマルアシー・ナジャフィー師の場合，奇蹟譚にイマームやその近親者が関わっていることが示唆されているように，アッラーと「聖者」のあいだにイマームの存在を想起する必要がある。つまりアッラーの恩寵は，彼らなしには存在しえないということを示唆しており，シーア派的な特徴と言えるだろう。以上のことから，マルアシー・ナジャフィー師を法学権威の「聖者」性の事例とした場合，法学権威はイスラーム研究によって定義されてきた「聖者」概念と非常に相関性を持つと同時に，いくつかの「聖者」概念についてはシーア派の文脈を深く考慮する必要があると言えるだろう。

小　結

イスラームの多様性をめぐる二元論的議論と一元論的議論の架橋を図ることを目的に，法学権威の「聖者性」について着目してきた。

前章でもみたアサドらの議論に従えば，イスラーム法学者と一般信徒の実践に大きな差異はない［Asad 1986］。というのも，彼らはイスラームをひとつの「言説的伝統」と捉え，実践と規範の一元論的な理解を試みることで実践の動態を捉えようとしてきたからである。しかし筆者は，従来の研究者がなぜ二元論によってイスラームの多様性を論じようとしてきたかにも着目する必要を指摘した。そこで法学権威の「聖者」性について着目し，フィールドにおける語りとイスラーム法学者によるテクストでの語りに焦点を当てた。

フィールドにおいてもテクストにおいても，法学権威の一部が「奇蹟」をなすような「聖者」として理解されてきた。しかしフィールドの一般信徒とイスラーム法学者によるテクストのあいだでは，「奇蹟」に対する認識や語りが異なっていた。フィールドの一般信徒のあいだでは，常人にはなしえない所業，いわゆるわれわれの知るところの奇跡として法学権威の「奇蹟」が理解可能であった。そのため筆者の体験談にもあるような奇跡的な事態を理解するうえでの，説明イデオムとしても機能していた。しかしイスラーム法学者によるテクストにおける法学権威の「奇蹟」は，フィールドの奇跡性よりも，霊験あらたかな法学権威自身の体験が中心であった。つまりイスラーム法学者によるテクストでは，一般信徒の関わりのなかで「奇蹟」が生じるのではなく，「奇蹟」はあくまでも自己完結的であった。

このように法学権威の「奇蹟」の解釈をめぐっては，2つのアプローチが存在してきた。それはイスラームの多様性をめぐる二元論者の指摘するように，「知識人のイスラーム」と「民衆のイスラーム」というように捉えることも可能であろう。というのも，説明の方法や何が「奇蹟」であるのかについて，「民衆」である一般信徒と「知識人」であるイスラーム法学者のあいだでは見解の相違があるためである。しかし，それは法学権威の「奇蹟」に対する異なるアプローチにすぎないともいえる。したがって「民衆」である一般信徒も「知識人」であるイスラーム法学者も，法学権威の「聖者」性をめぐっては一元的に理解可能である。そこで重要なのは，法学権威が「奇蹟」を起こしうるような「聖者」として，一般信徒にも，同業者であるイスラーム法学者からも尊敬をもって認識されているということではないだろうか。

第4章 「学知」の再生産と法学権威事務所運営

はじめに

法学権威は，すでに述べたようにイスラーム法の権威である。では，彼らはイスラーム法の権威という立場から，一般信徒とどのように向き合ってきたのだろうか。そこでイスラーム法の相談所としての法学権威事務所の側面に目を向けたい。

1 問題の所在

法学権威が，一般信徒の信仰生活上で直面した問題について，イスラーム法学の観点から解決することが知られてきた［e.g. Calmard 1992; 大塚ほか編 2002: 935］。近年では相談は，ウェブサイトを介しても行なわれている［Rosiny 2003］。また法学権威が一般信徒のために信仰生活の手引書と言われる『諸問題の解説集（Prs. *resāle towẓīḥ al-masā'el*）[(1)]』を執筆してきたことも知られてきた［cf. Calmard 1992; Walbridge 1996; 大塚ほか編 2002: 935］。しかしどのような問題が，実際の相談の場面で信仰生活上の問題にあたるのかは，それほどはっきりしているわけではない。また『諸問題の解説集』についても，その内容まで検討されてきたわけではない。言い換えれば，実践の場面で立ち現われるイスラーム法をめぐる問題について，十分に明らかにされてきたとは言い難いということである。加えて，そのような問題に対してイスラーム法学者がどのように解決を図っているのかも十分に明らかにされてきたとは言い難い。

もちろん実践の場面で立ち現われるイスラーム法をめぐる問題やイスラーム法学者による解決は，シーア派に限らず，スンナ派でも行なわれてきた。そこでスンナ派の例を見てみると，非常に興味深い指摘がなされてきた。たとえば，エジプトのカイロを事例にイスラーム法をめぐる問題解決の実態について明らかにした小杉［1985; 2002］や嶺崎［2003a; 2003b; 2009］の研究を見てみよう(2)。彼らはそれぞれに異なるカイロの「イスラーム法の相談所」において行なわれるファトワーの実態に着目した。ファトワーとは，シャリーアの手続法であり，イスラーム法学者が質問に解答するかたちで下す法的見解である［嶺崎 2009: 6］。では，実際にどのような内容が相談され，ファトワーが出されるかというと，これが興味深い。信条や神学的世界観といったような宗教的な内容よりは，家庭生活・社会生活に関わる問題が中心である。スンナ派法学の総本山であるアズハル機構の一機関である法律相談所において検証した小杉［2002: 19－33］を例にとってみよう。そこでの相談内容は，婚姻関係，遺産相続関係といった家庭生活や社会生活に関する相談が多い。それは電話を駆使した法律相談について検証した嶺崎［2009: 20］も同様である(3)。彼女によれば，特に重要な案件が審議される会議において検討される内容の6割以上が，家庭生活や社会生活の問題である。

では，相談を受けるイスラーム法学者がどのように解決しているのかという点についても見てみよう。小杉［2002: 28］，嶺崎［2009: 29－37］によれば，イスラーム法学者の返答は，イスラーム法学の知の枠組みに従っているために，恣意的な答えが出されることはないという。そのため，時には相談者にとって非情とも言える答えが示される。だが同時に，イスラーム法学者も可能である限り，相談者が望む回答を提供しようと努める。そのため法学的な観点から言えば少数説であっても，相手の求めている答えによっては返答として提示されると言う［小杉 2002: 23; 嶺崎 2009: 23－24］。つまりイスラーム法学の知の枠組みのなかで，時に非情であるものの，柔軟な解決が図られるという。また嶺崎［2009: 18－27］が対象とした電話相談の場合，返答について審査するクオリティ・コントロールも行なわれている。クオリティ・コントロールは電話相談組織に一機関として設置されている。不定期に運営責任者やクオリティ・コントロール部門の責任者，また返答者であるイスラーム法学者らによって法解釈を調整する会議が開かれる。そこで法裁定のクオリティの確保と組織全体での見解の調整が試みられるようだ。

それでは，法学権威の場合には，一般信徒からどのようなイスラーム法学上の問題が相談されるのだろうか。またどのような返答がなされているのだろうか。さらに，返答の質はどのように保証されているのだろうか。

2　イスラーム法の相談所

2－1　冷静なスタッフと繰り広げられる人生模様

法学権威事務所の主たる業務のひとつは，一般信徒から寄せられた質問への応答である[(4)]。それにあたるのは，イスラーム法学者のスタッフである。彼らは，たいていの場合「伝統」的な法学者の服装であるターバンと法衣を身にまとっていた。なかには襟付きのシャツにスラックスというものもいた(**写真5**参照)。事務所の規模により異なるものの，相談に応じるイスラーム法学者のスタッフは，平均して3, 4名程度であった[(5)]。

質問は直接の相談者の来訪だけでなく，手紙，電子メール，電話を通じても寄せられる。法学権威でも，スィースターニー師のように特に高名な法学権威の場合には，相談形態に応じて別々の事務所に分けている場合も多い。反対にそれほど高名ではない法学権威の場合には，複数の業務を一箇所で行なっている場合がほとんどである。相談業務は，コム市内の場合では朝9時頃から正午の礼拝時刻頃まで続き，休みをはさんで夕方16時頃から19時頃まで続く[(6)]。コム市内の場合，後述するように，法学権威がイスラーム法学生を対象とした講義を開いている時間帯も，相談業務は閉鎖される。

法学権威事務所でも，相談内容を通じて，様々な人生模様を垣間見ることはできた。たとえば，結婚の際の婚姻証書の作成である。

婚姻証書の作成で根負け

執務時間も過ぎていたので，筆者がイスラーム法学者スタッフと歓談に興

写真５　相談者に応じる法学権威事務所のスタッフ

（出所）　2008 年 10 月 2 日，コム市内において筆者撮影。

じていると，壮年の男性と老年の女性が入ってきた。相談者に気づいたスタッフは，執務時間外であるので，出直すように言い聞かせた。しかし男性がどうしてもと強くお願いしたので，仕方がない様子でスタッフが相談に応じることになった。

２人は親子であり，息子が婚姻証書の作成をスタッフに依頼した。スタッフは証書を作成するうえで，花嫁に確認することがあったのだが，あいにく花嫁が来ていなかった。そこで相談者が花嫁に電話をかけ，スタッフに電話を渡した。スタッフは，彼女の名前を確認し，彼女の父の名前を，次いで花婿である相談者の名前と彼の父の名前を確認した。そして居住している住所を尋ねた。するとスタッフが少し曇ったような表情を浮かべた。

電話を切ったスタッフは相談者に，花嫁が住んでいる近くで，法学権威の代理人を務めているイスラーム法学者に作成してもらうように勧めた。しかし相談者は，法学権威事務所で作成してもらいたいらしく，スタッフにかけあった。スタッフも負けじと彼に代理人に依頼するように再度勧めた。相談者は仕方なく，一度隣の部屋に行き，一緒に訪れている母親にスタッフからのアドバイスを伝えに行った。母親がいた部屋は，女性の相談者が訪れた場合や，家族の女性を連れた相談者のための部屋であった。スタッフからその部屋には入らないようにと注意されていたので，筆者も近づかないように座っていた。そのため母親が何かを話しているであろうことは判断できたものの，筆者のいた部屋からは正確に何を話していたのか聞こえなかった。

しばらくして相談者がスタッフのところに戻ってきて，証書の作成を願い出た。スタッフは断わったが，彼は諦めずにスタッフに願い出た。スタッフも相談者も互いに譲らなかったが，根負けしたのはスタッフの方であった。仕方がないと言わんばかりに，スタッフは書類を作成するので，母親と一緒に待っておくようにと相談者を促した。相談者は満足した様子で隣の部屋の母親に報告しにいった。書類に押す印が見当たらなかったので，少し時間がかかったものの，15分後には証書が完成し，相談者は満足そうにして帰って行った。

このような婚姻証書の作成に法学権威事務所を訪れるものは，極めてまれである。スタッフが相談者に勧めていたように，一般的には法学権威の代理人を務めるイスラーム法学者の仕事である。むしろ人生模様のなかで，法学権威事務所に寄せられる相談は，離婚である。スタッフはどんな相談内容であっても，冷静に返答していた。だがスタッフの返答は，無機質的でさえある場合もあった。

筆者がイスラーム法学者スタッフの隣に座していると，一人の男性が案内されてやってきた。イスラーム法学者のスタッフは，電話の相談に応じているところであり，男性に少し待つようにという仕草をした。すると彼はスタッフの前に正座し，行儀よく待ち始めた。しかし彼は筆者が気になるようで，筆者の顔にちらりちらりと視線を送ってきた。給仕係に運ばれた紅茶を飲んでいるあいだも，やはり筆者のことが気になる様子であった。筆者が彼に笑顔を見せ，話しかけると，今度は非常に驚いた表情であった。筆者がペルシア語で話しかけたからだった。彼は筆者に中国人かと尋ねてきた。筆者が日本人だと答えると，彼はとてもいいことだと笑顔を見せた。筆者が調査のためにスタッフの横に座していることを話すと，彼はまたとてもいいことだと笑顔を見せた。筆者が彼に記録をとる許可をもらい，筆者の研究について話していると，スタッフが筆者の話をさえぎった。先ほどの電話の相談に答え終えたスタッフが，一息入れ，彼の相談に乗る気になったようだ。そしてスタッフは，彼に相談の内容を打ち明けるように促した(7)。

彼は中国に商談で行く用事があるようであった。彼の相談のひとつは，イスラーム法上口にすることが禁じられた食材が含まれる料理を口にした際に，どのように穢れを落とせばよいのかというものであった。しかしスタッフの返答は，ハラームな食材が含まれていると考えられる料理は食べてはならないという単純なものであった。またスタッフは，ムスリムが経営するレストランで食事をすれば問題のないことだと返答した。つまり，スタッフは，穢れをどのように落とせばよいのかではなく，口にしない方法を提案していた。相談者は会食などもあることをスタッフに伝えた。するとスタッフはいぶかしげな顔をしながら，口とその周りを水でゆすぐことで穢れを落とすことができるということを彼に説明した。彼も納得したようであった。しかしスタッフは再度，会食についてもムスリムが経営するレストランで行なってもらうように提案してはどうかと彼に勧めた。彼は困った様子ながら返答し，相談のお礼を言い，帰って行った。

このように，スタッフの返答が無機質であるばかりか，相談者を納得させるものではなかった場面にしばしば遭遇した。筆者が観察していたなかで，診察についての相談に訪れた男性への返答は，もっともそのような印象を受けた。もちろん，スタッフがまったく相談者を助けないということではない。たとえば，金銭の貸与において合法的に利益を得る方法について相談に訪れた男性に，合法的な方法を提案していたこともあった。しかしその場合でも助言というよりは，例を引き合いに出しながら合法的な方法を説明していたにすぎなかった。

2-2　法学権威の代理としてのイスラーム法学者スタッフ

小杉［2002］や嶺崎［2003a; 2003b; 2009］が検討したカイロの事例でも，時に非情とも思える回答を行なっていたことが指摘されている。しかし両者の表現に従えば，相談者に助言を与えるだけでなく，相談者に有利な解釈を引き出すなど，柔軟な回答もしばしば見受けられたようである。それに比して，法学権威事務所の場合，イスラーム法学者のスタッフは随分と冷たい印象を受ける。助言を与えるでもなく，相談者に有利な解釈を引き出すでもなく，淡々と相談者の事例に即したイスラーム法の解釈を述べていた。その原因は，返答として与えられる法解釈の解釈者の質的な違いである。

小杉［1985; 2002］や嶺崎［2003a; 2003b; 2009］が扱った事例は，相談者と返答者のあいだでの直接的なファトワー（法解釈の結果によって得られた法令）の交換であった。法学権威事務所での場合でも，相談者に与えられる返答はファトワーとよばれる。しかしファトワーは実際の返答者であるスタッフによるものではなく，法学権威のファトワーである。それは，スンナ派とシーア派によるファトワーに対する考え方が異なるためである。
スンナ派ではファトワーには2種類ある［小杉 2002: 38］。ひとつは，問題の性質によって新しい解釈を行なって答えを出すファトワーである。これは，イスラーム法学者の知的営為によって行なわれるものであり，イジュティハードに含まれる。もうひとつは，すでに判明している答えを伝達するファトワーである。スンナ派の立場では，これはイジュティハードに含まれない［小杉 2002: 38］。したがって，このファトワーは，ムジュタヒドでなくとも出すことができる。しかしシーア派の立場では，状況が変わってくる。
シーア派では，すでに判明している答えと同様の法解釈であっても，それはイジュティハードの結果として，同様の答えに至ったという手続きを踏まなければならない。そのためムフティー（ファトワーを出す者）とムジュタヒドは同義語として扱われる［Javāherī 1381: 70］。もしスタッフの返答がファトワーとみなされるのであれば，スタッフはみなムジュタヒドである必要がある。しかし第1章でも述べたように，ムジュタヒドが他のムジュタヒドの見解に従うことが禁止されている「ムジュタヒドの独立の原則」がある。つまりムジュタヒドではスタッフになることはできない。なぜなら，スタッフがムジュタヒドであるならば，そのスタッフが相談者にとっての信仰生活の鑑となってしまうからだ。実際，どの法学権威事務所においても，スタッフはみな事務所の法学権威に学ぶ法学生であった。
しかし，法学権威事務所における法学的な問題に対する相談活動では，相談者とのあいだにファトワーの交換がないことを意味するのではない。相談者に対して，法学権威のファトワーが相談者とのあいだで交換されている。スタッフは常に法学権威ならばどのような解釈に至るかに基づいて返答していた。彼らは当該事務所の法学権威が著わした『諸問題の解説集』と『重要な問題のファトワー』に基づいて返答をしていた。また彼らでは解決できない問題の場合には，相談者に代わって彼らが直接法学権威に質問し，返答するという方法をとっていた。支部事務所の場合や法学権威が不在の場合には，彼らが問題を聞き取り，後日法学権威のファトワー会議（Prs. jalase-ye esteftā'）で，法学権威が述べた回答を手紙にしていた（**写真6**）。それゆえイスラーム法の手続き論と同様に法学権威の代理として間違いのないように返答してい

写真6　返答書をしたためる法学者スタッフ

（出所）2010年2月2日，コム市内にて筆者撮影。

る。結果として相談者への返答に柔軟性が欠ける一因となっていたと推測できる。

それでは，スタッフが返答の際に用いている『諸問題の解説集』とは，どのような書なのだろうか。また法学権威のスタッフの返答が法学権威のファトワーであることをどのように質的に保証しているのだろうか。少なくとも，スタッフが法学権威の意図を十分に理解して返答を出すために，スタッフの理解を徹底する必要がある。そこで，まず『諸問題の解説集』について目を向けたい。

3　『諸問題の解説集』とイスラーム教育との相関性

3－1　法学権威間の『諸問題の解説集』の差異と共通性

『諸問題の解説集』は，高位のイスラーム法学者が，法学権威となるための必要条件と考えられてきた［e.g. Walbridge 2001a; 大塚ほか編 2002: 935］。その理由のひとつは，『諸問題の解説集』が一般信徒から寄せられる想定問題に対する返答集であり，イスラーム法学の見識を示すものであるからである。加えて，すでに指摘したように，法学権威事務所を組織的に運営する上で必要不可欠なマニュアルでもあった。

ところで，『諸問題の解説集』については，個別の問題をめぐって，時に法学権威の間に大きな見解の相違があることも明らかにされてきた。たとえば，女性の頭部を覆うヘジャーブ（ヴェール）をめぐるホメイニー師とフーイー師の見解の相違である。ホメイニー師は，ヘジャーブは女性の頭髪を覆うものという解釈を示した。一方，ホメイニー師と法学権威として一般信徒の人気を二分していたナジャフ在住のフーイー師は，頭髪のみならず，顔全体を覆うものと解釈した。そのためヘジャーブの規定をめぐっては，フーイー師に従う信徒であってもホメイニー師の見解に従う場合が多かった(8)［Walbridge 1996: 68－69, 83］。

こうした個別の問題をめぐる法解釈の相違に加え，『諸問題の解説集』の構成にも法学権威のあいだで差異を見出すことができる。たとえば，ドゥーズドゥーザーニー師とマザーヘリー師の『諸問題の解説集』をとってみよう［Dūzdūzānī 1385; Maẓāherī 1379］。ドゥーズドゥーザーニー師の場合，全体の約98％をイスラーム法上の想定問題が占め，残りの約2％がシーア派の信仰箇条についての解説に当てられている。かたやマザーヘリー師の場合には，イスラーム法上の想定問題は全体の約66％を占めるにすぎない。一方で信仰箇条についての解説の占める割合は21％である。さらに信徒としての心構えが全体の13％を用いて述べられる（表2参照）。こう見てみると，ドゥーズドゥーザーニー師のほうがマザーヘリー師よりも幾分味気なく見える。しかしドゥーズドゥーザーニー師の『諸問題の解説集』のほうが，より一般的な構成であるとも言える。たとえば，ランキャラーニー師やスィースターニー師の『諸問題の解説集』を見てみると，想定問答以外の項目がない［cf. Lankarani 1999; Ḥoseynī-Sīstānī 1387］。

しかし時に特定の問題や全体的な構成をめぐる差異がある一方で，イスラーム法学上の想定問題として扱われるテーマそのものには，全体的な共通性がある。10名の法学権威の『諸問題の解説集』を網羅的に収録した『10名の法学権威の諸問題の解説集（Prs. *Resāle-ye Towẓīḥ al-Masā'el Dah Marja'*）』を見てみよう。同書では，ホメイニー師の『諸問題の解説集』をもとに，他の法学権威の法解釈との比較が行なわれている。比較される法学権威は，ハーメネイー師(9)，バフジャト師，ジャヴァード・タブリーズィー師，スィースターニー師，ショベイリー・ザンジャーニー師，サーフィー・ゴルパーイェガーニー師，ランキャラーニー師，マカーレム・シーラーズィー師，ヌーリー・ハマダーニー師である。少なくともホメイニーが『諸問題の解説集』で扱っている問題は，他の法学権威もすべて扱っている。それは彼ら以外についても同様である。たとえば，先に触れたマザーヘリー師の『諸問題の解説集』

表2　マザーヘリー師の『諸問題の解説書』の構成

第一部　法学的問題

章	主題	細目	項目数	
1	タクリード			17
2	水			29
3	排泄			22
4	穢れ	基礎事項	31	62
		ハラームなモノの穢れた汗	4	
		穢れの諸規則	27	
5	禊	基本事項	58	63
		禊の諸規則	5	
6	食器			10
7	ウドゥー	基本事項	59	88
		ウドゥーの諸規則	18	
		ウドゥー・ジャビーラ[ii]	11	
8	沐浴	基本事項	23	134
		性交の穢れの諸規則	13	
		分娩等以外の女性の穢れの諸規則	19	
		月経	53	
		分娩	13	
		死体への接触後の沐浴	11	
		沐浴の履行が好ましい問題	2	
9	葬儀	臨終	8	108
		死後	9	
		死体の沐浴	20	
		死に装束	8	
		防腐処理	10	
		葬儀の礼拝	19	
		埋葬	23	
		畏れの礼拝	3	
		墓の発掘	3	
		殉教	5	
10	〔水がない場合の〕禊			65

章	主題	細目	項目数	
13	イウティカーフ[i]			8
14	フムス	フムスの対象	66	81
		フムスの使用	15	
15	喜捨	喜捨の対象	42	110
		喜捨の使用	68	
16	巡礼	基礎事項	28	51
		代理巡礼	23	
17	防衛			14
18	勧善懲悪			17
19	取引	基礎事項	51	83
		現金〔取引〕と信用〔取引〕	7	
		先物取引	8	
		合法な取引方法	15	
		自身の所有物を占有できない人	2	
20	賭博			8
21	会社			15
22	契約			13
23	許可	基礎事項	33	34
		権利金	1	
24	投機			10
25	先買			8
26	使用料			10
27	耕作契約			13
28	委託栽培			15
29	委任契約			16
30	債務			14
31	銀行			12
32	保険			3
33	為替			9
34	抵当			11

11	礼拝	基礎事項	2	603
		礼拝時刻	29	
		グファイラ礼拝[iii]	2	
		キブラ	12	
		礼拝の服装	31	
		礼拝の服装の諸規則	19	
		礼拝場所	11	
		礼拝場所の諸規則	13	
		モスクの諸規則	9	
		アザーン（礼拝の呼びかけ）	23	
		礼拝の諸義務	132	
		礼拝の推奨事項	5	
		礼拝の諸規則	13	
		礼拝後の推奨事項	4	
		礼拝の諸事項についての翻訳		
		無効な礼拝	35	
		〔有効性が〕疑わしい礼拝	3	
		疑わしい礼拝	38	
		間違った礼拝	18	
		旅行中の礼拝	62	
		埋め合わせの礼拝	21	
		集団礼拝	70	
		日・月食の礼拝	18	
		金曜礼拝	8	
		祭礼の礼拝	13	
		代理の礼拝	12	
12	斎戒	基礎事項	62	131
		斎戒の諸規則	58	
		斎戒の推奨事項	3	
		斎戒の開始	8	

35	保証			8
36	保証金			7
37	委託保管			12
38	借用			15
39	婚姻	基礎事項	40	118
		婚姻の諸規則	27	
		婚姻持参金	14	
		子供の諸規則	3	
		授乳の諸規則	17	
		受精	5	
		養育	12	
40	離婚	基礎事項	24	35
		再婚禁止期間	7	
		〔死別の〕再婚禁止期間	4	
41	贈与（贈り物）			14
42	略奪			21
43	〔所有財の〕紛失			17
44	飲食物			24
45	屠殺と狩猟			22
46	願掛け等			20
47	ワクフ			15
48	遺言			17
49	相続			29
50	土地と水			22
51	カーディーと証人			31
52	ハッド刑			27
53	キサース刑			49
54	解剖と移植			12
合計	54 章	2402 項目		

第二部　信徒としての心構え

章	主題	数	章	主題	数
1	精神の浄化／教化	4	20	憶測	3
2	貞節の遵守	35	21	不正	5
3	買いだめ	7	22	親不孝と宗教	6
4	シャリーアに基づかない性欲の充足	9	23	歌	8
5	浪費	4	24	ガイバの破棄	9
6	売春の蔓延	6	25	罵詈	6
7	罪の幇助	2	26	戦争における逃亡	5
8	罪の探求	5	27	親戚関係の断絶	8
9	無明化	6	28	賭博	4
10	非難	3	29	些細な諸規則と神についての禁忌	5
11	短気と不機嫌	4	30	子供の諸権利についての概説	3
12	誹謗	7	31	ムスリムに必要な拒絶事項についての概説	3
13	約束の反古	4	32	シャイターンへの追従	2
14	背信	2	33	口論	1
15	虚偽	5	34	欺瞞	4
16	敵，怨恨と激怒	5	35	偽善	3
17	暴利	7	36	密告	4
18	賄賂	8	37	疑念	4
19	魔術	5			
合計	37 章	214 項目			

第三部　信仰箇条についての解説

章	主題	章	主題
序	信仰箇条について説明する必要性	3	ヌブーワ（預言者性）
1	タウヒード	4	イマーマ（イマーム性）
2	正義	5	最後の審判

[i] モスクに籠って勤行すること。
[ii] 包帯や接木など身体に接触したものに対する浄め。
[iii] マグリブ礼拝とイシャー礼拝に行なう推奨礼拝。
（出所） Maẓāherī［1379］を基に作成。

でも，彼らが扱った問題はすべて扱われている（**表2**参照）。例外としては，マザーヘリー師の場合には「解剖と移植」をめぐる問題などがわずかな違いとしてあるのみである。つまり，扱われるテーマそのものには，『諸問題の解説集』一般を通じて，全体的な共通性があるということである。

全体的にみれば，個別の問題についても，それほど大きな差異はない。たとえば，収入の5分の1を法学権威に支払うフムスの規定をみてみよう。ホメイニー師の場合，7つのものについてのフムスが義務であると述べられる。その文章に続いて，第一には「商売の利益（Prs. manfa‘at-e kasb）」とあり，ここにショベイリー・ザンジャーニー師では「商売の利益と他の利益（Prs. manfa‘at-e kasb va fāāyedehā-ye dīgar）」と，マカーレム・シーラーズィー師では「商売と労働の利益（Prs. manfa‘at-e kasb va kār）」と書かれているという注釈が入る［Moslemīzāde（ed.）1384: vol.2 21］。しかし，これはホメイニー師の規定では，マカーレム・シーラーズィー師の規定にあるように労働を含めないということではない。ホメイニー師も労働によって得られた収益もフムスの対象に含めていることを別の箇所で後述している［Moslemīzāde（ed.）1384: vol.2 21］。

こうした細かな差異についての解説は全編にわたって行なわれている。しかし扱われているイスラーム法学上の問題のカテゴリーやカテゴリー内の解説には，それほど大きな差異は見られない。それゆえ，『諸問題の解説集』で扱われるイスラーム法学上の問題には，形式的な固定性があるといえる。では，その形式的な固定性は何に由来するのだろうか。それに関連して，コムでのフィールドワークをもとに革命以前の宗教界について実験的民族誌を残したフィッシャーが，興味深い記述を残している。それはイスラーム法学者の教育についての参与観察に基づいた彼の記述である。

序章で述べたように，イスラーム法学者の教育は，3つの課程に分かれている。ここで筆者がフィッシャーの記述に注目しているのは，その最終段階にあたる修了課程（Prs. dars-e khārej）の講義である。そして修了課程の講師は，法学権威であるような高位のイスラーム法学者が務めることが常であったようだ。

彼によれば，修了課程の講義は，講師が与えた主題について議論し，時に学生が講師の議論に参加して進められる［Fischer 1980: 63－66］。講義の主題として，純正であること（Ar. tahārā），礼拝（Ar. ṣalā），斎戒（Ar. sawm），巡礼（Ar. ḥajj）などが扱われているという［Fischer 1980: 63, 66］。フィッシャーは，修了課程では教科書となるテキストは用いられておらず，講師がそれらの主題を設定したのだという。しかし実のところ，それらの主題は『諸問題の解説集』でも扱われる問題でもあると推測できる。つまり，イスラーム法学者への教育と『諸問題の解説集』が扱う主題には，相関性があることが示唆されている（表2参照）。フィッシャーが参与観察したのは革命以前の1970年代であり，現在とは実に30年以上の時間的隔たりがある。では，近年ではどうなのだろうか。

3－2　修了課程の概要

近年の修了課程の講義は，数十人の高位のイスラーム法学者によって，行なわれていた。ただし開講時期や開講時間については，必ずしも一致しているわけではなかった。そのため，一人の法学生が複数の講義を受講するということが一般的であった。また開講場所についても，講師ごとに異なっていた。マドラサで開講している場合もあれば，自身の法学権威事務所で開講している場合もあった。またコムの中心であるマアスーメ廟に隣接し，数多くの物故した法学権威が埋葬されている「荘厳モスク（Prs. masjed-e a‘ẓam）」で開講している場合もあった。開講場所は，せいぜいマアスーメ廟から半径1km以内であった。そのため，法学生が複数の講義に参加する場合であっても，遅刻することなく参加できるようになっていた。開講場所が異なるのは，基本的には各々の理由にあった。自身の事務所では参加者を収容できない講師が法学院やモスクで行なうといった具合であった。そのため開講場所だけでは，必ずしも講師の格が変わるというわけではなかった。もっとも，「荘厳モスク（masjed-e a‘ẓam）」で開講するような講師が，法学権威のなかでも特に有名な人物に限られていたことも注記しておかねばならない。

注記せねばならないことは，他にもある。それはテキストである。すでに述べたように，フィッシャーは修了課程にはテキストは用いられないと述べていた［Fischer 1980: 63］。しかし近年では，議論を進める上で，テキストが用いられていた。多くの場合，ムハンマド・カーズィム・ヤズディー師が著わした『固き絆（Ar. *al-‘Urūwa al-Wuthqā fī-mā ya‘ammu bi-hi al-Bulwā*）』であった。『固き絆』は，全編にわたって礼拝や斎戒といったムスリムが信仰生活上直面するであろう法学的な問題について，著者の法的見解が述べられている。20世紀初頭に出版されたこの書こそ，はじめての『諸問題の解説集』であると言われている。

しかし『固き絆』では，商売や取引については，それほど十分な法的見解が述べられていない。そのため，商売や取引について詳しいムルタダー・アンサーリー師が著わした『稼ぎの書（Ar. *Kitāb al-Makāsib*）』が用いられる場合もあるようだ。しかし筆者のフィールド調査時に，『稼ぎの書』を用いた講義は開かれていなかった。またサーネイー師の講義では，ホメイニー師の『方法の記述（Ar. *Taḥrīr al-Wasīla*）』が用いられているという指摘を受けた。『方法の記述』はホメイニー師の『諸問題の解説集』のアラビア語版にあたる。

しかしながら，近年の修了課程でテキストを用いているからといって，フィッシャーが明らかにしたような講義形式から大きな変化があったというわけではない。テキストは，講義を進める上で主題の選定のために用いられるガイドラインの役割を果たしている。たとえば，筆者が参与観察したモハッケク・キャーボリー師の修了課程を見てみよう。

モハッケク・キャーボリー師の講義は，彼の法学権威事務所で，毎週土曜日から水曜日のおよそ午前10時から午前10時45分にかけて行なわれていた。彼がアフガン系のイスラーム法学者ということもあり，アフガン系の法学生を中心に100名程度が講義に参加していた。そのなかには彼の事務所のイスラーム法学者スタッフも含まれていた。法学生といっても，まだ30歳代から70歳代と，出席者の年齢層は非常に広かった。各々の法学生は，壁に沿って並べられたクッションを背もたれに座るものもいれば，ホールの床に胡坐（あぐら）をかいて座るものもいた（**図5**参照）。

モハッケク・キャーボリー師が講義のために事務所にやってくるまでは，思い思いに歓談に興じていた。しかし彼が広間に姿を現わすと，音響機器のそばに座った法学生の掛け声でサラワート（「神がムハンマドと彼の一族を嘉し給いますように」という祈願文）が唱えられた。それが済むとモハッケク・キャーボリー師が話し始めるまで，再び歓談に興じていた。

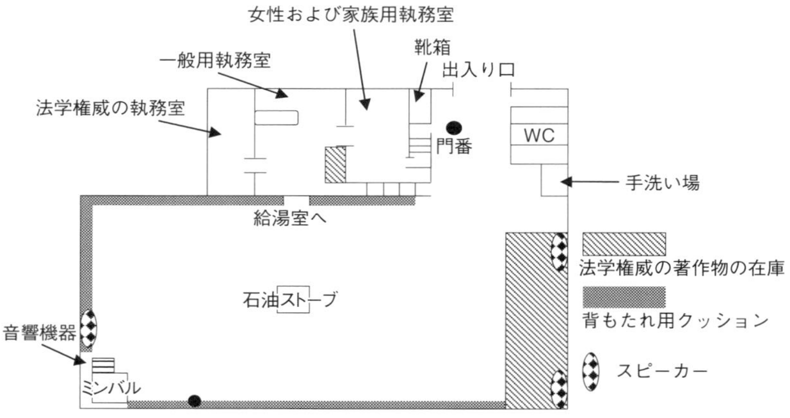

（出所） 筆者作成。

図 5　モハッケク・キャーボリー事務所の全体図

彼が話し始めると，多くの法学生は目を瞑り始めた。それが講義に対する無関心な姿勢であるのか，はたまた講義内容を理解するための真剣な姿勢であるのかを判断することは難しかった。彼の近くに座っている法学生はノートにメモを取り，真剣に聞き入る様子であった。このような熱心な法学生の多くは，彼の事務所のイスラーム法学者のスタッフであった。他方，あくまで印象ではあるが，モハッケク・キャーボリー師から遠くに座っている法学生の多くは，熱心に聞き入っているようには見えなかった。目を瞑りながらタスビーフをいじるものや，あるいは深い眠りに陥るものも珍しくなかった。

講義の際には，モハッケク・キャーボリー師は 4 段作りのミンバル（説教壇）の最上段に腰かけ，彼には有線のマイクロフォンが向けられていた。集音された彼の声は，3 機のスピーカーで流され，室内全体に響き渡るようにされていた（**図 5** 参照）。ただ音響機器の使用は，彼のダミ声の聞き辛さを増幅させていた。加えて，彼が風邪気味であったこともあり，彼の咳き込む音をも集音していた。出席していた法学生は，基本的には携帯電話の電源を切っておらず，大きな音量で着信音がなることもあった。そのため，それに勝る音量を誇る音響機材の使用は，効果的でもあった。

それでは彼の講義内容に目を向けるために，2010 年 1 月 26 日と 2010 年 1

月 27 日に行なわれた彼の講義の様子を見てみよう。彼の講義の様子は，事前に事務所から許可をもらい録音した音声と，筆者のメモをもとに作成した。筆者では聞き取りづらかった箇所については，出席していた懇意のイスラーム法学者のスタッフとその周囲にいた法学生の協力によって，録音した音声をもとに再現した。実際の講義では，同一語句の言い直しや同一箇所についての言い換えが非常に多かった。そのため言い直しについては削除し，言い換えについては最低限必要となるアラビア語とペルシア語の言い換えに限定して記した。

4　2 つの講義

4－1　2010 年 1 月 26 日

モハッケク・キャーボリー師がゆっくりとした足取りで広間に姿を現わした。すると，音響機器のそばに座った法学生が立ちあがり，「時代のイマーム（＝「お隠れ」中の第 12 代イマーム）――崇高なる神が高貴なるかのお方の解放を急がせ給いますように――の平安のために，大きくサラワートを」と大きくよびかけた。そこにいた法学生もみな立ち上がり，「神がムハンマドと彼の一族を嘉し給いますように」と唱えあげた。すると同じ法学生が再び「ウラマーのなかのウラマーであり，イスラームの法学者であり，偉大なる鑑であり，シーア派の法学権威である大アーヤトッラー・ムハッケク・キャーボリー師――彼がいと高くでありますように――により大きく，サラワートを」とよびかけた。一同は，さらに大きな声で「神がムハンマドと彼の一族を嘉し給いますように」と唱えあげた。

数人の法学生が彼に近づき短く挨拶を交わし，イスラーム法学者のスタッフも彼に後ほど用事があることを告げた。彼はゆっくりとした足取りで，ミンバルまでやってき，裾を少し捲し上げ，ミンバルの階段を上がった。そしてミンバルの最上段に腰をおろし，先ほど一同に呼びかけを行なった法学生が彼にマイクを向けた。彼は咳払いをし，件の法学生から一冊の本を受け取ると，ゆっくりとページをめくっていった。

少しした後，彼は口を開いた。静かに「見捨てられたシャイターン（悪魔）

からアッラーが御救いくださいますように，慈悲深く，慈愛あまねく神の御名において」と唱えた。そして手渡されていた本のアラビア語の原文を詠みあげた。

「害〔があるということ〕が強く考えられる，あるいは水を恐れる場合に，タヤンムム（礼拝のために土や砂で浄化すること）を行なうことは，それ〔＝水〕を用いないことであり，正しい。タヤンムムを行なうのは，礼拝を行なう前に〔礼拝のために水を用いて行なわれる一般的な浄めである〕ウドゥーあるいは〔大汚を落とすための全身の浄めである〕グスルの必要がある場合である。また〔水に〕害がないと強く考えられる場合に，ウドゥーあるいはグスルを行なうということは，水を用いることであって，正しい。もちろん〔よりよきムスリムとしての〕用心は，両方〔ウドゥーとグスル〕を行なうことである。さて，〔水に〕害があると強く考えられる，あるいはそれ〔＝水〕を恐れているにもかかわらず，ウドゥーあるいはグスルを行なうことは，正しくなく，それ〔＝水〕を用いないこと〔が，正しいこと〕である。同様にもし〔水に〕害がないと強く考えられるにもかかわらず，タヤンムムを行なうことも，正しくなく，それ〔＝水〕を用いること〔が，正しいこと〕であるからである」[al-Ṭabāṭabā'ī al-Yazdī 1378: 353－354]。

彼は数行詠みあげた後本を閉じた。そして，再び咳払いをした後，口を開いた。

「さて，本日は昨日の続きであり，グスルとタヤンムムの問題について考えたい。この問題には3つの問題が含まれている。ひとつ目の問題は，水の使用が害になると確信する者が，シャリーアで命じられている義務がグスルであるか，ウドゥーであるか，あるいはタヤンムムであるのかを知らない者であるかということだ。ここでタヤンムムを行ない，タヤンムムを行なって礼拝したものの，後に水の使用が彼を害しなかったということを知ったとしよう。その場合には，その者のタヤンムムと礼拝は正しい行為であるのだろうか。あるいはそうでないのだろうか。答えを述べるとすれば，その者のタヤンムムと礼拝は正しい。というのも，「水を用いるのを恐れた」という言明があるためである。つまり，水の使用を恐れることは，タヤンムムの許可理由にあたるということである。さて続きであるが，もし実際には水を使用しても，その者を害しないということが後にわかったとしよう。その場合にも，その者のタヤンムムは正しい。別の言い方をしよう。タヤンムムが正当な行為である理由のひとつは，水の使用によって害されることを恐れることだ。そうしてこのような恐れをもって，タヤンムムを行ない，礼拝したとしよう。しかし，その礼拝は正しいものである。

それでは，もし水の使用を恐れていながらも，タヤンムムを行ない，礼拝の前に水が彼を害しないとわかったとしよう。この場合はウドゥーを行なう，あるいはグスルを行なって礼拝することがイスラーム法上の義務である。というのも，「あなたがたが礼拝に立つときは，顔と，両肘まで洗い，頭を撫で，両足をくるぶしまで（洗え）」［Q5: 6］というシャリーアの証拠があり，それが適用されるからだ。それゆえウドゥーを行なうか，グスルを行なうかしたあとに，礼拝を行なう必要がある。しかし，もし礼拝を行なった後に，その水が害ではなかったということがわかった場合については，故ムハンマド・カーズィム・ヤズディー師――神が彼を嘉し給いますように――が仰っているとおりである。つまり，その礼拝は正しく，礼拝のやり直しの必要はない。というのも，立法者が，やり直しについて述べていないからだ。たとえ故ヤズディーが用心のために，ウドゥーあるいはグスルを行なってもう一度礼拝を行なうことが望ましい（Prs. mostaḥabb）と述べていたとしてもである。

それでは２つ目の問題について考えたい。２つ目の問題というのは，「仮に〔水に〕害がない場合に，ウドゥーあるいはグスルをすることが，正しい」ということについてである。この問題は前述の問題で述べたとおりである。しかしある人が，水に害がないと確信しているという状況があったとして，この確信をもってウドゥーを行ない，グスルを行なったとしよう。しかし後に水に害があったとわかったとしても，そのウドゥーやグスルは正しく，その礼拝もまた正しい。それはたとえ，用心としては，礼拝を，タヤンムムを行なってもう一度行なうとしてでもある」。

彼の話が途切れた際，彼の正面に座っていた30代の学生が突如口を開いた。「それはどういった理由なのですか。なぜ，害のある水を用いて礼拝したのにもかかわらず，用心としてはタヤンムムを行なってもう一度礼拝することと，その前に述べた実際には害のない水で用心深くタヤンムムを行なうことが同じなのですか。実際には，害があったのであれば，それは礼拝が無効になるということではないのですか」。

モハッケク・キャーボリー師はいぶかしげな顔をしながら，質問した彼に対して,「それは同じ問題なのだ」と答えた。彼は，なおもモハッケク・キャーボリー師に「しかし」と詰め寄ろうとした。しかし他の法学生が，彼の質問が妥当ではないということを口々に言い始めた。部屋はざわめきだっていた。モハッケク・キャーボリー師はざわめきを鎮めるかのように，大きく咳払いをした。そして「話を最後まで聞きなさい。これらの問題は，そのようなことを言っているのではない。これらの問題は，確信や恐れの問題について述べているのだ。それは最後の問題でも」と語り始めた。しかしその時，突如として部屋の照明が消えた。モハッケク・キャーボリー師はなおも先ほどの法学生に語りかけたが，マイクが切れていた。事務所の来訪者に紅茶を出すなど小間使いを任されているスタッフが，ブレーカーを上げにいった。しかし事務所の問題ではなく，外で行なわれている工事の影響であった。電気が復旧するまで，少しのあいだ待っているうちに，先ほどの法学生はすっかり黙り込んでいた。

しばらく待っても電気は復旧しなかった。モハッケク・キャーボリー師は咳払いをし，歓談にふけっている法学生に注意を促した。部屋は静まり返った。彼は口を再び開いた。

「仕方がない。それでは先ほどの続きを。それでは3つ目の問題，「害を確信していたか，あるいはそれを恐れていながら，ウドゥーやグスルを行なった場合には，それは正しくなく，それを行なわないことが正しい」ということについてである。つまり，ある人が水の使用が彼を害すると確信をしているか, 強い見解を持っているのに, 頑固であって, ウドゥーやグスルを行なった場合，このようなウドゥーやグスルは正しくなく，無効であるということである。たとえ，後に水が害するようなものではないと知ったとしてもである。それはなぜか。

なぜならば，この場合には彼がタヤンムムを命じられているからである。またウドゥーやグスルは命じられていないからでもある。シャリーアの命令が, ウドゥーやグスルについて成立しない場合にもかかわらず, その者がシャリーアの義務に反し，つまり立法者の定めたことに背き，ウドゥーやグスルをしたとしよう。このようなウドゥーやグスルは無効である」。

モハッケク・キャーボリー師はそう話すと，口を閉じた。電気の問題と彼の体調によるものなのか，その日の彼の講義は30分ほどで終わった。

4－2　2010年1月27日

この日もモハッケク・キャーボリー師が姿を現わすと，昨日と同じ法学生が立ち上がり，大きな声で一堂によびかけた。「時代のイマーム（「お隠れ」中の第12代イマーム）――崇高なる神が高貴なるかのお方の解放を急がせ給いますように――の平安のために，大きくサラワートを」。そこにいた法学生もやはり昨日と同じようにみな立ち上がり，「神がムハンマドと彼の一族を嘉し給いますように」と唱えあげた。すると同じ法学生が再び「ウラマーのなかのウラマーであり，イスラームの法学者であり，偉大なる鑑であり，シーア派の法学権威である大アーヤトッラー・ムハッケク・キャーボリー師――彼がいと高くありますように――により大きく，サラワートを」とよびかけた。一同は，さらに大きな声で「神がムハンマドと彼の一族を嘉し給いますように」と唱えあげた。そしてゆっくりとした足取りで進み，ミンバルに腰を下ろすモハッケク・キャーボリー師の姿は，まるで昨日を再現しているかのようであった。そしてやはり昨日と同じ口調で「見捨てられたシャイターンから神が御救いくださいますように，慈悲深く，慈愛あまねく神の御名において」と唱え，本を読みだした。

「水の使用が害を与えると知りながら，故意に自身を汚し，タヤンムムを行なう必要があることについて，それを〔行なうことは〕正しい。しかし一部のウラマーが，課された斎戒においてグスルの必要性について述べているものの，それは害を与えるものである。ゆえに，まずそれ〔＝グスル〕とタヤンムム〔についての法的根拠〕を統合すれば，むしろグスルをし直し，言い訳を除いた後に〔タヤンムムも行ない〕礼拝を行なう」［al-Ṭabāṭabā'ī al-Yazdī 1378: 354］。

昨日解説した続きの節であり，やはり数行にしか満たなかった。だが，やはり彼は昨日と同じように解説を始めた。

「この話は，たとえば天候が寒い場所では，冷たい水は人にとって害があるような場合である。また，ぬるい水もまた入手できないとしよう。そこで礼拝のためにタヤンムムを行ない，礼拝を行なうことは，正しいということを述べている。その状況を『〔固き〕絆（*'Orve*）[10]』の著者が述べられており，故ムハンマド・カーズィム・ヤズディー師――神が彼を嘉し給いますように――の見解である。しかし以下のような伝承もある。もしある人が故意に寒い天候のときに自身を汚してしまい，グスルが必要である場合には，タヤンムムは十分ではない。それでは故ムハンマド・カーズィム・ヤズディー師が，なぜその伝承を考慮していらっしゃらないのだろうか。

というのも，ムハンマド・カーズィム・ヤズディー師の見解というのは，その伝承が，第一にその伝承経路が弱い伝承であり，もし信頼できるとしても，シャリーアの完全な土台に一致していないとお考えになられたのだろう。というのも，自身に害を与えるような方法は，禁じられた行為（Prs. ḥarām）であるからだ。つまり，〔グスルやウドゥーに〕冷水の使用が人間に害を与えるというように，個人に害を与えることは絶対に禁じられている。この場合，どうしてグスルをしろと言えるのだろうか。

しかし，もしある人が寒い天候のときに冷たい水をもって自身を故意に汚したとしたならば，ウドゥーかグスルをする必要があるという伝承がある。そこで，一部のウラマーはウドゥーかグスルをする必要があると述べている。

ゆえに亡き『〔固き〕絆』の著者がもっとも包括的な見解を述べていらっしゃる[11]。換言すれば，用心のためにグスルをする必要があり，またタヤンムムをする必要があるということだ。しかし，ある人が自身を故意に汚した場合に，シャリーアの義務が冷たい水によるグスルであるからなのか，それとも彼のシャリーアの義務がタヤンムムであるからなのだろうか。しかし，グスルとタヤンムムのどちらが用心に一致しているのかが明らかでない。そこでグスルをし直し，タヤンムムをすると述べられているのだ。

しかし私は，故〔ムハンマド・カーズィム・〕ヤズディー師の見解は確証に値するとは言えないと考える。これらの言明と伝承に対して，完全な見解を述べるとするならば，個人に害を与えるものは禁じられているという伝承が存在するということを考慮せねばならないということだ。ここで，この人物が冷たい水でグスルをするということは，危害（talaf）の原因となる。はたして，いかなる理由で冷たい水でもってグスルをすることが許容されるというのだろうか。それゆえグスルをしたり，ウドゥーをしたりというこのような伝承を用いることは，妥当な根拠がないために難しい。言い換えれば，人に害や危害を加える伝承をどうして用いることができるというのだろうかということなのだ。

また，このような伝承もある。「イスラームには害も害を与えるものもない（lā ḍarar wa lā ḍirār fī al-Islām）(12)」，つまりイスラームには自身にも他人にも害を与えるものは許されないということだ。また「この教えは，あなた方に苦業を押し付けようとはしない」［Q22: 78］とある。つまり神は教えを人々に与えたが，その教えには苦しみも困難もないということだ。ゆえに，かのような状況では，タヤンムムをする必要があるのである。

「土は2つの清浄なものにするもののひとつである」というように，土は水の次に清浄なもののひとつである。つまり土を用いた浄めであるタヤンムムは十全なるものである。それゆえ私が述べたように，故セイイェド〔＝ムハンマド・カーズィム・ヤズディー〕が，グスルとタヤンムムを行なうようにと仰っていることは，確証に値しないと言えるのである。それでは続きは土曜日に」。

小　結

法学権威事務所で行なわれるイスラーム法の相談に焦点を当て，スタッフの返答の質的保証がどのようになされているのかということを検討しようとした。そこでスタッフが返答の際に用いる『諸問題の解説集』と修了課程の講義に目を向けて，検討してきた。

法学権威事務所で行なわれるイスラーム法相談でも，現代エジプトのイスラーム相談所と同様に，それぞれの人生模様が現われていた。しかし現代エジプトのイスラーム相談所では，イスラーム法の枠組み内で一般信徒の意図に合わせて返答されているものの，法学権威の事務所では返答の柔軟さはそれほど見られなかった。法学権威事務所におけるスタッフの返答は，法学権威の代理として間違いのないように，法規定を適用することであった。彼らは当該事務所の法学権威によって執筆された『諸問題の解説集』をもとに返答を行なっていた。そのため筆者は，それが法学権威事務所とエジプトの事例のあいだにある差異の原因のひとつであると考えた。またスタッフが返答の際に用いていた『諸問題の解説集』の内容と，スタッフの返答の質的保証がいかになされているかという点について検討した。さらに『諸問題の解説集』の内容を見ていくなかで，革命以前の修了課程の講義で扱われていたテーマとの類似性を指摘し，修了課程の講義に目を向けた。

近年の修了課程の講義では，講義の主題が『諸問題の解決集』のプロトタイプである『固き絆』や，商契約の問題を補う『稼ぎの書』の各トピックであった。講師は各トピックについて自身の見解を細かく述べるという形式で講義を進めていた。この点は，修了課程の講義を開講できる講師が，『諸問題の解説集』の執筆が可能であることを示唆しているとも言える。つまり，修了課程の講義を開講できるようになるためには，実際に執筆するか否かはさておき，独自の『諸問題の解説集』を作成する能力が必要であるということであろう。また法学生にとっても，修了課程の講義は，それぞれの主題について自身の見解を蓄積させていくということであった。つまり修了課程は，『諸問題の解決集』を再生産する教育プログラムとして成り立っているということである。

加えて，修了課程の講義は，イスラーム法学者のスタッフの返答に対する質的保証を促すプログラムとしても，機能していると言えるのではないだろうか。講義に参加する法学生の傾向として，講師である法学権威が座るミンバルの近くに座っている法学生は，ノートにメモを取り，真剣に聞き入る様子であった。彼らの多くは事務所のスタッフであった。彼らの熱心に聞き入る様子から，法学権威の法解釈をめぐる思考のプロセスをスタッフが学ぶ場として修了課程の講義が機能しているということが強く推測できた。

第Ⅱ部

宗教界と国家

第5章　ホメイニー指導体制下における国家と宗教界の関係

はじめに

1979年に，政体を問う国民投票の結果，イランはイスラーム体制となった。しかし課題は山積みであった。同床異夢の革命勢力によって成し遂げられた革命は，いまやどの勢力が政治権力を握るかという政治権力闘争へと転回していた。イスラーム共和党は，革命直後から急激に組織化されイニシアティブを取ってきた。しかし反イスラーム共和党勢力として，革命諸勢力が結集していった。そして中央政治においては，1980年末にイスラーム共和党の一党支配に至り，ホメイニー指導体制が確立した［cf. 富田 1993: 30－38; 吉村 2011: 173－178］。

ところで，中央政治の政治勢力は，宗教界とも少なからず結びついていた。まずイスラーム共和党であるが，彼らはホメイニー路線を追求する勢力であった。また反イスラーム共和党勢力の一角を担っていたムスレム人民党(1)も宗教界と結びついており，シャリーアトマダーリー師がその指導者であった。彼は宗教界の古参であり，1963年に暴動の罪に問われたホメイニー師の助命嘆願を行なった一人であった。彼はイスラーム法学者の政治参加を認めつつも，一人のイスラーム法学者による直接的支配に批判的であった。実際，1979年4月23日には，権力独占と独裁体制の成立の可能性を指摘し，公然に警戒姿勢を示していた［吉村 2011: 175］。

このように革命直後のイランでは，ホメイニー師と対峙する立場にあったイスラーム法学者も少なくなかった。そのなかには，ホメイニー師よりも古参のイスラーム法学も少なからずいた。イスラーム法学者による統治を確立する上で，新生イラン国家は宗教界を支配下に置く必要があったことは想像に難くない。そこで本章では，ホメイニー指導体制期における国家の宗教界支配のプロセスについて見ていきたい。

1　ホメイニー指導体制の確立と宗教界をめぐる問題

では革命直後の宗教界の政治状況について，革命期を含めたイランの宗教界の研究として定評のあるシャールフ・アハヴィーを手掛かりに整理しよう［Akhavi 1980］。彼によれば，同時期の宗教界では，ホメイニー師支持の立場が有力であったわけではなかった。宗教界は新たな国家との関係模索をめぐって，4つの政治的立場に分かれていた［Akhavi 1980: 170］。

第一に，ホメイニー師の「法学者の統治」論を実現しようとする立場である。つまりイスラーム法学者が直接的に統治に関与する国家体制を樹立しようとする立場である。モンタゼリー師など中堅・若手の「革新」的なイスラーム法学者が論陣を張った［Akhavi 1980: 170］。第二に，反ホメイニー師の立場である。彼らは，イスラーム法学者が直接的には統治に関与せず，その政治的役割を政治運営に対する監督者としての役割に限定しようとした。シャリーアトマダーリー師やモハンマド・レザー・ゴルパーイェガーニー師ら，コムの古参の高位のイスラーム法学者が論陣を張った［Akhavi 1980: 170］。

第三に，第一と第二の中間の立場である。宗教界では，ターレカーニー師やベヘシュティー師，さらにはモタッハリー師らイラン国内で反王政運動を牽引したイスラーム法学者が中心であった［Akhavi 1980: 170］。最後に，政治に対して一切不関与の立場である［Akhavi 1980: 170］。「伝統」的な立場であり，イラクのナジャフに居住し，イラン国内にも多大な影響力を持っていたフーイー師を中心としていた。イラクのフーイー師がイラン国内に影響力を及ぼすことができたのは，伝統的なシーア派宗教界としての人的・経済的ネットワークを背景としていたからである。

4つに分かれた宗教界内の政治的立場は，次第に第一の立場が優位な状況に変化していった。第二の立場の論陣を張ったシャリーアトマダーリー師は，サーデク・コトブザーデによる反革命運動と連座させられ，自宅軟禁となった。サーデク・コトブザーデによる反革命運動とは，1982年4月に露見した，軍幹部と連携した「ホメイニー暗殺計画」であった。そしてシャリーアトマダーリー師もこの計画に加担したとみなされた［吉村 2011: 181］。

また第三の立場の指導者層は，革命直後に次々と死亡，殺害された。まずモタッハリー師が，1979年5月1日に，イスラーム法学者の政治に反対する過激派組織フォルーガーン（Prs. forūgān）によって暗殺された。次にターレカーニー師が同年9月1日に急死した。そして残るベヘシュティー師も，1981年6月に起こったイスラーム共和党本部爆破事件に巻き込まれ，死亡した。つまり指導者を欠くことで彼らは求心力を失っていった。そして第四の立場もフーイー師が，イラクのナジャフに居住していることに加え，サッダーム・フセイン政権から活動を制限されていた。

革命政権誕生による国際政治の変化，またそれを背景とした国内政治双方の状況の変化が，宗教界においてもホメイニー師の支持勢力に優位な状況に変化していったことは確かである。しかしホメイニー師はいかにしてイラン宗教界を懐柔したのだろうか。

彼が一般信徒から高い支持を集めた法学権威であったことは知られている。だが宗教界における伝統的な権力のあり方が，宗教界での教育による中堅・若手イスラーム法学者の再生産を通じた学閥の形成であることが指摘されてきた［e.g. 富田 1993: 89－90］。それゆえ反王政運動に身を投じ，長年の亡命生活を送ってきたために，彼が強固な学閥を形成してきたとは考えにくい。また彼の支持者に中堅・若手のイスラーム法学者を中心とした勢力がいたとして，いかにして宗教界を掌握できたのだろうか。特に彼らがコムの宗教界でモハンマド・レザー・ゴルパーイェガーニー師をどのように懐柔したのかについては慎重に検討する必要がある。また伝統あるマシュハドの宗教界をどのように懐柔していったのかについても慎重に検討する必要があるだろう。筆者の問いを言い換えれば，新生イラン国家がイラン宗教界をいかに国家の支配構造に組み込んでいったのかということである。

そこで「法学者の統治」を掲げるホメイニー師とその支持勢力による宗教界の懐柔のプロセスを，革命後のホウゼの変容をもとに検証していきたい。

2　イラン革命以前の宗教界

すでに述べたように，イラン革命以前のホウゼの展開については，文化人類学者フィッシャーが包括的な記述を残している［Fischer 1980］。彼は20世紀のイラン宗教界の中心であるコムでのフィールドワークに基づいた民族誌を残した。その民族誌は，1970年代後半から文化人類学において取り沙汰されてきた知と権力の問題を乗り越えようとする実験的民族誌のひとつとしても数えられている。そこで著名な彼の記述を中心に，イラン革命以前のホウゼの展開について描きたい。

2－1　学問空間の秩序と教育課程

フィッシャーはホウゼの学問空間としての特性を，中世ヨーロッパの「大学」に準えながら説明している［Fischer 1980］。つまり学生と教授のあいだで繰り広げられる討議をともなった自由な学問空間ということである。

ホウゼで学ぶにあたって，つまりはマドラサに入学するにあたって，特別な要件が定められているわけではなかった。マドラサへの入学時期，また学習年数などに特に規制はなく，それらはそれぞれの学生の学力や人生設計に基づいて行なわれていた［桜井 2001: 92－93］。またマドラサ同士に格の違いもなかった［Fischer 1980: 61; 桜井 2001: 93］。どのマドラサに入学するのかということよりも，どの師に学ぶかということが重要であった。そのためよりよい師を求めて各地のマドラサを渡り歩くことも一般的であった［桜井 2001: 93］。

こうしたホウゼの特徴は，イスラーム世界における知的権力の伝統を顕著に示している。つまりイスラームに関する知識の権威は，組織ではなく，個人にあるということである。そのためイスラーム史を通じて，イスラーム的知識を修得するために北アフリカ，中央アジア，東南アジア，アフリカ各地から中東へ遊学するものも少なくなかった。

もちろん個別の学力や人生設計に基づいて教育が行なわれているとはいえ，

ホウゼにも教育課程があった。そして一部には，おおよその修了年数もあった。すでに述べたようにホウゼには，入門課程，標準課程，修了課程の3つの教育の段階があった(2)。最低でも入門課程では6年，標準課程では4年学ぶ必要があった(3)。だが，修了課程を終えるのには，特に期間は決まっていなかった。というのも，すでに見たように，修了課程はムジュタヒドに到達するための教育課程であり，独自の法解釈方法を築くことが目的であったからだ。そのため数年で師に独自の法解釈と認められる場合もあれば，数十年かかっても認められない場合もあった。片や，入門課程や標準課程では，達成する目標が明確であった。

入門課程では，基本的にはアラビア語学，論理学，法学と法源学の基礎を学ぶことを目的としていた。また標準課程では法学の専門書や，法源学の理解修得を目的としていた。そのため，ある程度，教材やカリキュラムが決まっていた［Fischer 1980: 81］。たとえば，法学の専門書として『稼ぎの書』や法源学の専門書として『法源の十全（Ar. *Kifāya al-Uṣūl*）(4)』が用いられた［Fischer 1980: 66］。

こうしたホウゼの教育プロセスは，イスラームの学問文化の伝統そのものである。イスラームの学問文化の伝統とは，固定的な知識と解釈の2つによって成り立っている。固定的な知識は，考える過程を経ずに暗記によって修得される。この段階で得られた知識は，変更することはできない。むしろ一字一句間違わないことが重要である。他方，解釈は固定的な知識を，「身体化（embodiment）」させることである。ここでいう「身体化」とは，固定的な知識を，適切な手続きに則って，状況に応じた知識へと具現化することである。固定的な知識の修得と解釈の修得は，教育課程で言えば，それぞれ入門課程・標準課程と修了課程にあたる。つまり修了課程の本質とは，入門課程・標準課程で得られた固定的な知識を「身体化」させる訓練のプロセスなのである。

もちろん入門課程・標準課程が固定的な知識を修得する期間であっても，まったく可変性がない教育プログラムであるというわけではない。固定的な知識をめぐる再編が歴史的にも起こってきた。それは革命以前のイランのホウゼにおいても同様である。たとえば，新たな教科書の導入や新たな学問プログラムの採用である。

入門課程では，アラビア語の修得に関して，新たな教科書が導入されていた。中世以降のアラビア語の修得には，伝統的にはイブン・マーリクの『千行詩』やスユーティーによるその注釈書が用いられてきた。それは名前の通り，千行にわたってアラビア語詩が記され，活用や変化を含めたアラビア語文法が学べる仕組みになっている。しかし革命以前のホウゼでは，『千行詩』に加え，一部のマドラサでは新たに『平易な語形論（Prs. *Ṣarf-e Sāde*）』や『平易な統語論（Prs. *Naḥv-e Sāde*）』などのアラビア語学習の教科書が用いられるようになった［Fischer 1980: 81］。

また新たな学問プログラムも導入されていた。アッラーメ・タバータバーイー師の『哲学の開始（Prs. *Bedāyat al-Ḥekma*）』を用いたイスラーム哲学の講義である［Fischer 1980: 81］。イスラーム哲学は，20 世紀前半のイランの宗教界においては，周縁的な学問分野にすぎなかった。当時，世界のシーア派の最高権威であったホセイン・ボルージェルディー師は，アッラーメ・タバータバーイー師にイスラーム哲学の講義を禁じていたほどであった。つまりホウゼ教育におけるイスラーム哲学の位置づけが変化してきたということである。また言語教育についても新たな学習プログラムが導入されていた。というのも信徒が世界中に拡大するなかで英語やアラビア語会話の教育も強調されるようにもなっていったからだ。こうした変化は，時代による固定的な知識をめぐる教育プログラムの変化を示しているのではないだろうか。

2－2　ホウゼ教育における法学権威の中心性

こうしたホウゼ教育において，講師はイスラーム法学者が務めていた。つまり講師は，知識の実践者でもあった。もちろん，各課程の講師のあいだには，イスラーム法学者としての成熟度に差があった。またマルアシー・ナジャフィー師の「奇蹟」譚のなかでも述べられていたように，入門課程や標準課程の講師の場合，修了課程で学ぶ学生である場合も少なくなかった。この点については，日本における大学教育を想像していただけると合点がいくのではないだろうか。つまり入門課程を学士課程，標準課程を修士課程，修了課程を博士課程と置き換えてみるということである。学士課程の講義を博士課程の学生が非常勤講師として行なうことは，一般的ではないだろうか。実際，このような比喩は，しばしば筆者が聞き取り調査を行なっていた際にも，耳にした。

各課程の講師にイスラーム法学者としての力量に差があるなかで，修了課程の講師はもっとも権威が高かった。そしてすでに述べたように，修了課程の講師を務めていたのは大アーヤトッラーであった。もちろん革命以前の宗教界は，イスラーム法学者の尊称と対応した明確なヒエラルキー構造を持っていたわけではなかった［Amanat 1988: 124］。しかしホウゼの教育や運営という視点に立てば，大アーヤトッラーであるような法学権威が中心的な役割を担っていたと言えるだろう。

まずホウゼ運営における経済的側面である。すでに述べたように法学権威であるようなイスラーム法学者には，一般信徒から宗教税フムスのうち「イマームの取り分」が支払われる。「イマームの取り分」は，主にイスラームの拡大を使用目的に定めている。それによって講師の給与や法学生への奨学金が支払われる。またマドラサの建設や宗教施設の建設の費用も支払われる。さらには布教者でもあるイスラーム法学者の派遣の費用も支払われる。

宗教界では，就業や留学などを背景に，世界中に信徒が拡大するなかで，1950 年代から彼らに対する宗教サービスが行なわれるようになった。その先駆けとなったのが，法学権威でもあったホセイン・ボルージェルディー師の活動であった。コムを拠点に活躍した彼は 1950 年代からドイツのハンブルクのイスラミック・センター（Islamisches Zentrum Hamburg）[5]をはじめ，モスクを兼ねたイスラーム文化施設をヨーロッパ各地に建設していった。またアメリカにも礼拝指導者，説教師を兼ねたイスラーム法学者を派遣した。彼による海外在住者向けの活動は，後にイラン国外から反王政運動に参加した運動家をまとめあげることにもなっていった。

また彼の亡き後には，コムの宗教界を牽引した一人であったシャリーアトマダーリー師も，イスラームの布教活動に積極的に関わるようになった。彼は布教機関の先駆けとして，1960 年代半ばに「布教の館（Prs. Dār al-Tablīghāt）」を開設した［Fischer 1980: 76, 83－84］。「布教の館」は一般信徒に対する広報活動を中心に行ない，同施設を中心にペルシア語やアラビア語の広報誌[6]が発行された［Fischer 1980: 84］。そして「布教の館」が設置されて以降，国内外に向けた説教師・布教者の養成機関が1970年代に整備されていった。国内の説教師養成機関としては「神の道の館（Prs. Dār-e Rāh-e Ḥaqq）」が設置された。またより高いレベルでの説教師・布教者の人材育成機関として，「アリー・ホセイニー学院（Prs. Madrase-ye ʻAlī Ḥoseynī）」が設置された。

1960年代以降のコムのホウゼにおいて，シャリーアトマダーリー師は中心的な役割を担う法学権威であったことが推測できる。1975年時点でホメイニー師も法学生への奨学金を支払っていた。その額はフーイー師に並びコムで支払われる奨学金としては最多であった［cf. Fischer 1980: 80－81］。つまり経済面では，ホメイニー師もコムのホウゼに参加していたということである。しかしそれ以外の側面で，彼がホウゼに参加していたわけではなかった。それでは革命後にホメイニー師はどのようにしてコムのホウゼに関与し，宗教界を懐柔していったのだろうか。

3　革命によるホウゼの変容

3－1　ホウゼの教育システムの変容

イスラーム法学者はホウゼへの参加を通じて，イスラーム法学者としての権威を高めていった。だが，ホメイニー師は，イラン革命以前，コムのホウゼに直接的に参加することはなかった。では，革命後いかにして影響力を獲得していったのだろうか。そこで革命後のホウゼの学問空間の変容について検証したい。

まず革命後のイランには，革命以前と同様に3つのホウゼがある。ひとつめがエスファハーン市内のマドラサを管轄するエスファハーンのホウゼである。次にマシュハド市を中心にホラーサーン州――行政区の改革で2004年以降には北ホラーサーン州，ラザヴィー州，南ホラーサーン州――のマドラサを管轄するホラーサーンのホウゼ(7)である。そして，その他の地域のマドラサを管轄するコムのホウゼである［12 Oct. 2008 *Shahrbande Emrūze*: 62］。これらのうちコムのホウゼは，イラン国内では最大規模のマドラサの管轄数を誇る（**図6**参照）。2008年9月には，228校のマドラサにまで達した［12 Oct. 2008 *Shahrbande Emrūze*: 21］。

①ハーディー・シャフル (1), アハル (1), シャベスタール (1), ハシュトルード (1), マラーゲ (1), ボナーブ (1), ②アブハル (1), カイダール (1), ヒーダジュ (1), ③ラームサル (1), バーボル (3), アーモル (1), キャラールダシュト (1), ベフシャフル (1), カーエムシャフル (1), ネカー (3), ④ラヴァーサーン (1), レイ (3), ロバートキャリーム (1), エシュテハールド (1), ハシュトギャルド (1), ダマーヴァンド (1), パークダシュト (1), ヴァーラミーン (1), シャフリーヤール (1), カラジュ (1), ⑤ハマダーン (1), ネハーヴァンド (1), バハール (1), サーメン (1), ファーメニーン (1), マラーイェル (1), ⑥サーヴェ (1), アシュティヤーン (1), タフレシュ (1), アラーク (2), マハッラート (1), ⑦シャフレ・コルド (1), ファールサーン (1), ボルージェン (1), ロルデガーン (1), ファッロフ・シャフル (1), ⑧バンダレ・マーフシャフル (2), オミーデ (1), アバダーン (1), バーグマレク (1), シャーデガーン (1), イーゼ (1)

図6　コム影響下のマドラサ地図

革命後のホウゼは徐々に組織化を迎えることになった。この組織化の展開の詳細については後述するが，組織化とは，ひとつの運営組織によって複数のホウゼ内の機関を運営することを指す。その結果，ホウゼ内の多くのマドラサは組織的に運営されることになった。例外としては,「フェイズィーイェ学院（Prs. Madrase-ye Feyẕīye）」や「ダーロルシェファー学院（Prs. Madrase-ye Dār al-Shefā'）」など名門とよばれる長い伝統のあるマドラサや，イラン国家と友好的な法学権威が私的に開いたマドラサである。わかりやすく区別すれば，組織的に運営される「公立のマドラサ」と独自に運営される「私立のマドラサ」である。そして革命後に教育制度面でも大きな変化が見られるようになったのは，「公立のマドラサ」である。

「公立のマドラサ」と「私立のマドラサ」のあいだで，入門課程・標準課程に必要とされる修学年数が最低10年であることに違いはない［Shīrkhānī and Zāre‘ 1384: 133－134］(8)。だが，「公立のマドラサ」は，原則として高校卒業が入学の最低条件とされた。加えて，入学に際しては，試験も課されるようにもなった［桜井 2001: 93］。入学試験は，年2回行なわれている。ひとつは，ヒジュラ太陽暦の3月にあたるホルダード月（西暦では5/6月）である。もうひとつは，6月にあたるシャフリーヴァル月（西暦では8/9月）である［Shīrkhānī and Zāre‘ 1384: 111］。また入門課程・標準課程では，科目ごとに単位認定試験も課されるようになった。また「公立のマドラサ」は，入門課程・標準課程で統一の教育カリキュラムが作成されるようになった。つまり，どこの「公立のマドラサ」であろうと，教育内容も修了認定も同じということである。

「公立のマドラサ」の統一カリキュラムの導入に加え，ホウゼの教育を一般の大学教育と連動させようとする動きも現われた。イラン・イラク戦争後の経済復興の要求が高まるなかで，政府諸機関でも大学卒業の実務家が重用されるようになった。そのためホウゼで学ぶ学生が不利にならないようなプログラムが生まれた。マドラサと一般の国立大学に在籍し，双方の単位を修得するプログラムである［桜井 2006: 218］。またモフィード大学のように，マドラサで一定の期間修学した者だけに出願を許可する大学も開設されるようにもなった［桜井 2006: 218］(9)。こうした実務的な能力の修得の背景には，革命後にイスラーム法学者が社会の諸分野へ進出したことがある。さらに国策を背景とした，ホウゼの変化も起こってきた。特に布教活動に関連した組織の拡大は著しい(10)。

もちろんすべての布教活動が国策と結びついてきたわけではない。法学権威が世界各地のシーア派のコミュニティに独自にイスラーム法学者を派遣している場合も少なくない。だが，革命後，布教活動は，詳しくは第9章で述べるが，国内においては思想統制，国外においてはプロパガンダを兼ねたソフト外交の役割を担うようになった。

国策と結びついた一連の布教活動は，1980年代においては「コム・ホウゼ，イスラーム布教局（Prs. Daftar-e Tablīghāt-e Ḥowze-ye ʻElmīye-ye Qom）（以下「ホウゼ布教局」と略記）」を中心に行なわれてきた。その布教局は，ヒジュラ太陽暦1358（1979/80）年に「エマーム布教執行部（Prs. Dāyere Tablīghāt-e Emām）」という名前で創設された。ここで言うイマームとはしばしば隠れイマームの再臨であると言われたホメイニーの尊称である。名前から察するにイラン国家と深い結びつきのある布教局は，ホメイニー師によって革命後設立された組織である［Shīrkhānī and Zāreʻ 1384: 73］。そして，革命以前からあった「布教の館」などのホウゼの布教関連機関を傘下に統合していった。

このように革命後，ホウゼの教育や社会的位置づけをめぐっては，イラン国家が影を落としてきた。そしてホウゼが国家に取り込まれたかのような状況が可能となった背景には，ホウゼの運営面での変化が作用してきた。

3－2　宗教界の国家統合の試み――ホウゼの組織運営化

イラン革命以前には，ホウゼはイスラーム法学者同士の緩やかなネットワークに支えられながら運営されてきた。法学権威であるような高位のイスラーム法学者が牽引してきたとはいえ，特定の運営組織があったわけではなかった。各々のマドラサについても，独自の自治組織によって運営されていた。そして自治を基礎とするホウゼのあり方が，反王政運動を若手のイスラーム法学者が支えてきた一因でもあった。「ハッカーニー学院（Prs. Madrase-ye Ḥaqqanī）」がホメイニー師による反王政運動を支持する学生によって自治運営されていたことはその代表と言えるだろう［e.g. Ṣāleḥ（ed.,）1385: vol.3 336］。しかしイスラーム法学者が反体制から支配の立場へと逆転すると，自治を維持させることは支配者側に潜在的な危険性を抱えさせることになる。それゆえホウゼを組織運営化し，統制するほうが，支配者側にとっては好都合となったと推測できる。実際，イラン革命後に，ホウゼを組織運営化しようとする動きが生まれてきた。

ホウゼの組織運営化は，1980年初頭の「コム・ホウゼ講師協会（以下「講師協会」と略記）」の会合で議題となってから始まった。「講師協会」は，ホセイン・ボルージェルディー師の死後の1962年に発足したホウゼの中堅・若手の教員をメンバーとした組織である［Javādzāde 1385: 53］。コムのホウゼが「政治化」するなかでホメイニー主導の反王政運動に多くの協会員が個人的に参加していった。また，組織としてもホメイニー主導の反王政運動に賛同する意思表明を行なってきた［cf. Javādzāde 1385: 429－452］。つまりコムのホウゼ内のホメイニー師の支持基盤であった。

その「講師協会」は組織運営化にあたり，モハンマド・レザー・ゴルパーイェガーニー師に働きかけた［Ṣāleḥ 1385: 463－464］。彼は革命直後から，高弟を派遣するなど，ホメイニー師との接近を試みていた。「講師協会」の働きかけを受けた彼は，その後，ホメイニー師とのあいだで公開往復書簡のやりとりを行なった。そして，1980年末に組織運営化に向けた話し合いの準備が行なわれた［Sīrkhānī and Zāre‘ 1384: 46］。

ヒジュラ太陽暦1359年アーザル月（1980年12月/1981年1月）に，組織運営化の準備を目的とした会合が開かれた［Ṣāleḥ 1385: 465］。その会合は9名のホウゼの代表者によって執り行なわれた。代表者とは，モハンマド・レザー・ゴルパーイェガーニー師の代理人が3名，ホメイニー師の代理人3名，「講師協会」の代表者3名であった［cf. Shīrkhānī and Zāre‘ 1384: 55］。そして会合の結果，1981年から本格的に活動を開始するコム・ホウゼ運営評議会（Prs. Shūrā-ye Modīrīyat-e Ḥowze-ye ‘Elmīye-ye Qom，以下「運営評議会」と略記）が設立された［Shīrkhānī and Zāre‘ 1384: 45］。

「運営評議会」が設立され，7つの計画が立てられた。①入門課程及び標準課程のカリキュラムの再編成，②学生の受け入れ並びに，各学生の管理登録規則の導入，③語学教育や倫理教育の実施，④より効率的な学問習得を図るための施設の設置，⑤各学科試験の実施，⑥マドラサとそれに併設する寄宿舎の安全確保を目的とした運営・管理局の設置，⑦イラン各地のホウゼの運営管理組織の設置である［Shīrkhānī and Zāre‘ 1384: 45－46］。

すでに見たように，コムのホウゼの組織運営化は，革命後の教育システムの変容として影を落としていた。それは，ホウゼ内で法学権威がイニシアティ

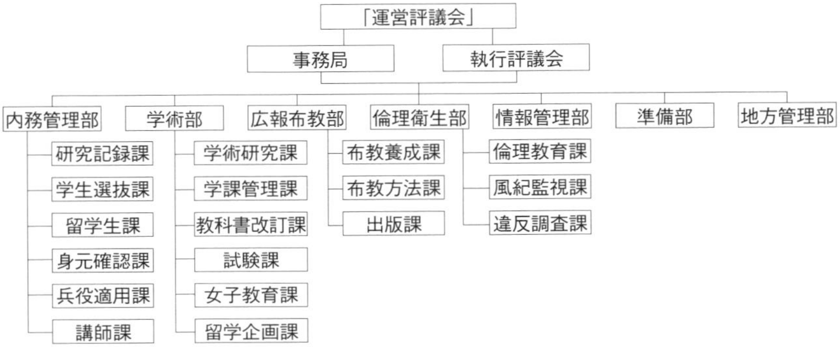

（出所） Shīrkhānī and Zāre‘［1384: 84］を基に筆者作成。

図7　改革後のコムのホウゼ運営組織図

ブを取っていた諸機能を，「運営評議会」の指導下に接収していったことを背景としている（図7参照）。そして，こうしたホウゼの運営組織化は，コムのホウゼに限ったことではない。イラン北東部の都市マシュハドを中心としたホラーサーンのホウゼでも行なわれてきた。

ホラーサーンのホウゼでの組織運営化は，コムのホウゼの組織運営化の後に行なわれた。ヒジュラ太陽暦 1361－1362（1982－1984）年頃に，運営組織として「ホウゼ諸問題研究組織（Prs. Hey’at-e Barresī-ye Omūr-e Ḥowze-ye ‘Elmīye）」が設置された［Pasandīde 1385: 66］。この組織が，コムのホウゼにおけるコムの「運営評議会」に相当する運営組織であった。

しかしながら，ホラーサーンのホウゼでは，国家側一辺倒の方法で組織運営化が進められた。それは，ホラーサーンのホウゼが長い伝統と格式を持つ一方で，コムに比して，指導的立場にあったイスラーム法学者がそれほど強い影響力を持たなかったことに起因していた。実際，組織運営化にあたっては，アッバース・ヴァーエズ・タバスィー(11)ら中堅法学者が中心となって行なった。彼はホラーサーンのホウゼでホメイニー師主導の反王政運動を支持した代表格であり，イラン革命後にはホメイニー路線の国家形成に尽力した。つまり，ホラーサーンのホウゼの運営組織化に際しては，国家側の介入がより顕著に現われていたということである。

小　結

本章では，ホメイニー指導体制期における国家の宗教界支配のプロセスについて検討することを目的としていた。そこで革命前後における，コムのホウゼの教育面，運営面の変容に着目した。

革命以前のコムのホウゼでは，教育また布教や広報活動の側面から，法学権威がイニシアティブを取っていた。ホメイニー師も法学権威として経済的側面では協力していたものの，教育また布教や広報活動の側面においては，シャリーアトマダーリー師らが牽引していた。しかし革命後になると，入門課程と標準課程の教育面，布教や広報活動の側面が大きく変化していた。まずイスラーム法学者が政治的に重要な役割を担うなかで，教育面ではアカウンタブルなシステムが導入されていった。また布教や広報活動面では，シャリーアトマダーリー師らによって設置された革命以前の布教機関を接収し，国家の代理機関ともよべる新たな布教機関が設立されるようになった。こうした変化は，教育カリキュラム編成やマドラサの運営をはじめとしたホウゼ運営の組織化を背景としていた。そしてホウゼの組織運営化は，実質的には国家による法学界の内的秩序への介入ともよべるものであった。では，ホメイニー指導体制期における国家の宗教界支配のプロセスについて検討していきたい。

まずホウゼの組織運営化には政治的には2つの側面があった。ひとつは，宗教界内の反ホメイニー派の排除という側面である。それは，革命以前のコムのホウゼを牽引しながらもホメイニー師と対立したシャリーアトマダーリー師が新組織設立のプロセスから排除されていたことからも明白である。もうひとつは，残る穏健派の懐柔と同盟関係の締結という側面である。反ホメイニー派であったシャリーアトマダーリー師の権威は，政治舞台では封じ込めに成功した。しかし彼がホウゼの活動を通じて宗教界で持つ権威を封じ込めることに成功したわけではなかった。革命以前のホウゼのシステムが維持されれば，シャリーアトマダーリー師ら反ホメイニー派の高位の法学者の宗教界内での影響力が保持されることになる。つまり，国家にとって革命以前の宗教界のシステムを改め，相対的に高位のイスラーム法学者の影響力を弱める必要があったということである。

だが，ホメイニー師自身は，長年の国外追放によって，コムにおいてホウゼの活動を通じた確固たる基盤を形成してきたわけではなかった。また彼の支持者であった「講師協会」についても，講師を務め，コムのホウゼの活動に通じていたものの，高位のイスラーム法学者の権威に及ぶものではなかった。そこで宗教界のシステム変更を，正当なプロセスで行なうためには，モハンマド・レザー・ゴルパーイェガーニー師という穏健派の法学権威を取り込む必要があった。一方でモハンマド・レザー・ゴルパーイェガーニー師にもホメイニー派との協力はいくぶん魅力があった。シャリーアトマダーリー師の自宅軟禁に示されるように，ホメイニー師は政治力を背景とした実力行使にも訴える権力を持っていた。法学権威として，イスラーム法学者としての活動を継続するためには，ホメイニー派との衝突を避ける必要があったと推測できる。加えて，新たな運営組織の設立協力者として，新体制下にあっても影響力を保持することもできた。

反対派の排除と穏健派の懐柔に加え，組織運営化には別の側面も明らかになっている。宗教界の統制を通じて国民の統制を進めることが可能となったという側面である。布教や広報活動を行なう宗教界内の組織が新たなホウゼの運営体制下に組み込まれていった。布教機関は宗教界の一般社会に対する窓口のひとつでもあり，そこからイスラーム法学者がイラン全土，イラン国外のシーア派コミュニティに派遣されてきた。そのため宗教界の「顔」の役割を果たす広報・布教機関を掌握することで，ホメイニー派のイスラーム法学者を国内においては全国的に配置することが可能となった。つまり，国家のイデオロギーの伝達経路が確保され，国民を新国家体制に統合させることが可能になったということである。

第6章　法学権威制度への国家介入と宗教界における「学知」の行方

はじめに

1989年6月3日に最高指導者ホメイニーが死去した。巨星墜つ。ホメイニー師が死去したその日のうち，後継者を選出するための専門家会議が開かれ，新たな最高指導者が選出された。当時大統領であったハーメネイー師であった。しかし，ここで大きな問題が生じた。前章でも見たように，イスラーム法学者によって統治される革命後の政治制度上，国家は宗教界を支配構造に組み込む必要があった。

ホメイニー最高指導者の場合には，長年国外追放にあったものの，高名なイスラーム法学者であったため，比較的柔軟に事を進めることができた。しかしハーメネイー新最高指導者は，イスラーム法学者としての学識的な権威に関して，明らかに前任者のそれに及ぶものではなかった。そのためハーメネイー新指導体制の国家は，高名なイスラーム法学者としての学識に基づいて行なわれた前指導者体制下の国家による宗教界への介入を踏襲することができなくなった。また踏襲をしようとしても，新指導者のイスラーム法学者としての脆弱な学識では，不十分であった。そのため国家は宗教界を支配構造に編入するために，新たな策を打ち出さねばならなくなった。

本章と次章では，政教関係の問題を背景に抱えて誕生した新指導体制下の国家によって，宗教界が再編されていったプロセスを描いていきたい。まず本章では，一般信徒と宗教界を深く結びつけてきた法学権威の選出プロセスに国家が介入することで生じた宗教界内部への影響について論じたい。

1　国家による法学権威の選定過程への介入

1－1　伝統的法学権威の選出プロセス

すでに述べてきたように，19 世紀半ば以来，高位のイスラーム法学者は，一般信徒にとっては法学権威とよばれる信仰生活の鑑である。しかしイスラーム法学者が法学権威であるための明確な資格や選出方法があるわけではない。もちろん法学権威となるためには，いくつかの要件はある。基本的な要件としては，①男子，②成年，③理性を有すること，④嫡出子，⑤存命中[(1)]，⑥ 12 イマーム派信徒であることである［大塚ほか編 2002: 935[(2)]］。これに加え，クルアーンとスンナの知識，あるいは健常な視聴覚や識字能力を挙げる場合もある［cf. Ṭāleqānī 1374: 132; Algar 1969］。また研究者のあいだでは，20 世紀初頭に法学権威であったムハンマド・カーズィム・ヤズディー師が，『固き絆』と題した信仰生活上の想定問題解決集を著わして以来，信仰生活上の想定問題解決集の執筆も要件に数える見解もある［e.g. Walbridge 2001a: 5; 大塚ほか編 2002: 935］。

もっとも，法学権威は一般信徒の信仰実践の手本であり，それゆえ遭遇する様々な局面をイスラーム法に則って解決していく存在である。そのため先行研究では，法学権威は，法学的知識の程度を示し，「大アーヤトッラー」の尊称でよばれるイスラーム法学者であるとみなされることが一般的である［e.g. 大塚ほか編 2002: 935[(3)]］。「大アーヤトッラー」になるためには，長年のあいだ教授活動を行なうとともに，多くの著作を著わすことが必要となる。つまりイスラーム法学者同士のサークル内で，その学識的権威が認められたイスラーム法学者が法学権威になると考えられている。この立場では，イスラーム法学者のヒエラルキー構造と法学権威の関係が強調されている。

だが，法学権威と高位のムジュタヒドとの境界は曖昧であるという考えもある［cf. Calmard 1992］。つまり自身の見解に従う一般信徒を持つようなムジュタヒドは，すべて法学権威であるという考えである。これは，ムジュタヒド－

一般信徒がムカッラドームカッリド関係であるという点を強調する立場とも言える。実際に，近現代の史料を通じて，すでに述べたような法学権威以外にも，複数のイスラーム法学者が法学権威であると指摘されており，また研究者のあいだでも見解が異なってきた。

このように誰が法学権威であるのかをめぐっては，2つの考えがあるということだ。では一般信徒は，どのように自身の法学権威を選ぶのだろうか。その方法については，理念的には一定の方法がある。成年の一般信徒は，①自身に法学的知識がある場合には自身の確信によって法学権威を決めることができる。法学的知識がない場合には，②2人の法学的知識がある公正な人物が認め，その学識の高さについて異論がないムジュタヒドから法学権威を選ぶ。あるいは③学識の高さに異論はあるものの，3人以上の法学的知識がある公正な人物が認めるムジュタヒドのなかから法学権威を選ぶ［富田 1997: 46］。この法学的知識があり公正な人物というのは，ムジュタヒドの段階にまで到達していないイスラーム法学者のことである。つまり理念的には大抵の一般信徒は，イスラーム法学者との相談によって法学権威を選ぶことになっている。

しかし実態は異なる。普通の一般信徒が自身の政治的志向と合致するムジュタヒドから法学権威を決定する場合もある。また自身の同郷の高位のイスラーム法学者を法学権威に選ぶといったように地縁関係で決定する場合もある［e.g. Walbridge 1996: 71－82］。さらに筆者の経験では，特に誰とも相談せず，単に有名であるからといった理由で決定している一般信徒も少なくなかった。つまり実態としては，一般信徒が法学権威を選ぶ際には，個人的な志向によっている。

このように法学権威は，明確な選定方法こそないものの，暗黙の了解として高度な法学的知識を持ったイスラーム法学者のなかから，一般信徒の個人の志向性に基づいて選び出されてきた。ここでは，こうした法学権威の選定の方法を伝統的法学権威制度としておこう。そして伝統的法学権威制度とは異なった状況が，1990年代半ばのイランで同国の国家元首にあたるハーメネイー師が推奨法学権威として発表されることで起きた。

1－2　国家介入の政治的背景

1979年に制定された共和国憲法においては，最高指導者は政治的指導者だけでなく，法学権威の慣習と結びつき，宗教的指導者でもあった［Milani 1992: 175－184］。実際，ホメイニー最高指導者も法学権威であった。もちろんムスリムのイラン国民全員がホメイニー師を法学権威としていたわけではなかった。イラン国民のなかには，法学者の政治関与に否定的な見解をもち，ホメイニー師の論敵であったイラクのナジャフに居住するフーイー師の見解に従う者や，法学者が直接的に政治に関与することを批判し，自宅軟禁にあったシャリーアトマダーリー師の見解に従う者も少なくなかった。彼らは国家に反する法学見解を出す可能性があるため，国家にとって法学権威は潜在的な脅威であった[(4)]。そのためイスラーム法に基づいた統治を行なうイスラーム国家（Prs. ḥokūmat-e eslāmī）による命令が最高の権威を持つという見解を1988年にホメイニー師が示すことで解決が図られた［Gieling 1997: 779］。

法学権威でもあったホメイニー師が，法学権威の見解にではなく，イスラーム国家に法学権威に勝る権威を付与した背景には，他の法学権威の脅威とともに後継者問題があった。1979年に制定された憲法では，最高指導者の要件として法学権威であることが定められており［*Qānūn-e Asāsī-ye Jomhūrī-ye Eslāmī-ye Īrān*, 33－34］，それを背景に，最高指導者は政治・宗教双方の指導者であるだけでなく，最高指導者が下す決定に法的正当性が付与されていた［cf. Milani 1992; Omid 1992; Walbridge 2001a: 5］。この国家と宗教制度の関係がホメイニー師の後継者をめぐる問題のなかで重大な影響を及ぼすことになった。

後継者に指名されていたモンタゼリー師は，イラン・コントラ事件[(5)]以降，ホメイニー師との確執が強まり，1988年に正式に後継者指名を撤回された。彼の代わりとなるような最高指導者の要件を満たした人物はいなかった。当時大統領であったハーメネイー師が次期最高指導者となることが予想された。しかし彼は法学権威ではなく，最高指導者の要件を満たしていなかった。加えて彼のイスラーム法学者としての権威は，到底ホメイニー師に及ぶものではなかった。

そこでホメイニー師によって憲法修正の指示が下された。その結果，最高指導者の要件から法学権威であることが削除され，政治・社会問題について最有識（Prs. a‘lam）の法学者から選定されるという要件に変更された［cf. Edāre-ye Koll-e Omūr-e Farhangī wa Ravābeṭ-e ‘Omūmī Majles-e Shūrā-ye Majles 1381: vol.2 631－710, vol.3 1204－1494］。憲法修正はハーメネイー師を合法的に最高指導者に就任させた。しかし，それまでの理念的には政治・宗教的な指導者であった最高指導者を，政治指導者にとどまらせることになった。宗教的な側面に関してはモハンマド・レザー・ゴルパーイェガーニー師やアラーキー師といった国家の方針に概ね好意的な法学権威に委ねられた。国家が推奨する法学権威として彼らを紹介したのである。

しかしここで新たな問題が生まれた。問題とは，最高指導者（政治）と法学権威（宗教）という明確な指導者の二元論である。

2　ハーメネイー最高指導者を法学権威として推奨する

2－1　最高指導者と法学権威をめぐる論争の始まり

ハーメネイー師の最高指導者就任にともない，指導者の二元論が生まれたことは，国家内でも問題視された。というのも，最高指導者が政治・宗教双方の指導者であるべきとの規範論が根強くあり続けたからである。加えて，国家と宗教界との緊張関係が増した［Arjomand 2009: 42］。そこで国家内では，問題の解決を図るために２つの方法が提示された。

第一の方法は，法学権威のもっとも重要な要件を法学的知識から政治的知識に修正しようとする方法である。修正を図ることで，政治的知識が豊富なハーメネイー最高指導者を最上位の法学権威とすることが可能であるからである。政治的知識が法学権威にとって重要な側面であることは，歴史的に見れば決して珍しいものではない。ホメイニー師もその例のひとつである。彼は法学権威のなかでは最高の法学的知識を持っていたわけではなかった［Akhavi 1980: 100－101］。彼が一般信徒から高い評価を受けていた理由は，彼の政治的活動による［Momen 1985: 255; Walbridge 2001a: 5］(6)。しかし第一の方法が従来の法学権威の政治的知識との関係と異なるのは，従来の法学権威論を排除する点である。彼らは政治的側面を強調することではなく，政治的知識に基づいた法学権威論を主張したのである。つまり最高指導者の選出の論理を，法学権威選出の論理にも当てはめようとしたのである[(7)]。モハンマド・ヤズディー司法権長，ナーテク・ヌーリー国会議長らが，この論理でハーメネイー師を法学権威に推そうとした。しかし，従来の法学権威論を廃棄するこの方法は，信徒の信仰生活に混乱を生む可能性が高かった。それゆえ国家内でも批判する声が大きかった[(8)]。

第一の方法に批判的な立場から，第二の方法が提起されてきた。彼らは最高指導者の権限を法学権威よりも優先させようとした。これはひとつには，イスラーム国家によって発せられる命令を最上の解釈として位置づけるホメイニー期の最高指導者論を引き継ぐ方法である。またひとつには，従来の法学権威を認める方法でもある。つまり信徒の信仰生活への混乱を最小限に抑えつつ，最高指導者のプライオリティを確保することで国家に反する法学権威の法令を牽制することができる。しかし現実問題として最高指導者である（最高の法学知識を持つわけではない）ハーメネイー師を，最高の法学知識を持つ法学権威よりも上位にあるとする根拠を探すことが困難を極めたであろうことは想像に難くない［cf. Walbridge 2001b: 234－235］。

2－2　ハーメネイー師の法学権威への推薦

2つの方法が争われるなか，国家が推奨した法学権威のアラーキー師が1994年11月に死去した。そこで右派の法学者組織，「闘うウラマー協会」と「講師協会」が，それぞれ法学権威として推奨する複数の法学者を公表した［富田 1997: 42; Gieling 1997: 780］。時系列に沿えば，12月1日に「闘うウラマー協会」が3名の法学者を，7日に「講師協会」が7名の法学者を推奨する法学権威として発表した［富田 1997: 42; Ṣāleḥ（ed.）1385: vol.8. 213－214］。

両組織が推奨する法学権威リストは，2つの意味において国家の方針を反映していた。まずハーメネイー師をリストに載せることで，指導者の二元論を解消させようという国家の方針である。加えて，イラン国家にとって危険分子となるイスラーム法学者を法学権威とは認めないという国家の方針である。国家に批判的なモンタゼリー師，タバータバーイー・コンミー師，モハンマド・サーデク・ロウハーニー師らイラン国内で活躍するイスラーム法学者は除外されていた。またイラン国家の支配体制に明確な賛否の姿勢を示さないイラクのナジャフ在住のスィースターニー師らも除外された。しかしハーメネイー師を除けば，推奨された面々は，概して イラン国内では高い法学的知識を持ったイスラーム法学者であったと言える(9)。というのも，それほど有名ではなかったものの，彼らの多くは推奨される以前から法学権威としての活動を行なってきた(10)。それは指導者の二元論を解消するために争われてきた2つの方法が，リストの公表の段階においても未決着であったことを示唆している。

表3　1994年末の国家側の推薦法学権威リスト

1. ランキャラーニー*
2. バフジャト
3. ハーメネイー*
4. ヴァヒード・ホラーサーニー
5. ジャヴァード・タブリーズィー*
6. ショベイリー・ザンジャーニー
7. マカーレム・シーラーズィー

*はテヘラン・闘うウラマー協会が紹介した法学者。

推奨する法学権威にハーメネイー師が数えられた理論的根拠については，しばしば政治的知識の優越性が強調された。その点においては，国家内で政治的知識を法学権威の要件に加えようとする第一の方法が反映されたと言えるだろう。しかし推奨の優先度を考えれば，彼らが主張したように政治的知識を最優先したわけではないことがわかる（**表3**参照）。また第二の方法に関しても，ハーメネイー師の優先度が下げられることで，信徒の信仰生活の混乱を避けようとする目的が部分的には達成された。しかしハーメネイー師が法学権威として紹介されたことで，最高指導者の権限を法学権威の権限よりも上位に位置づけようとする目的は達成されなかった。それゆえ，この発表を，「両集団の調停のための妥協の産物」と表現する富田［1997: 52］の指摘は，正鵠を射ている。

もちろん妥協の産物とはいえ，ハーメネイー師を推奨する法学権威としたことは，「伝統」的な法学権威制度とは異なっていた。そのため国内における反発も大きかった。そのためハーメネイー最高指導者自らが事態の収拾を図った。彼は，12月18日に国外の信徒に限定してシーア派の政治指導者としての立場から法学権威の役割を担うとする一方で，国内においては法学権威としての役割を辞退する声明を発表した。

このように一連の騒動は，イラン国家の指導者をめぐる政治問題を背景に，国家が宗教界に強く介入したことを示していた。では，国家による宗教界の介入は，宗教界，国家双方にとってどれほどの重要性を持っていたと評定されてきたのだろうか。

2-3　国家介入の結果をめぐって

法学権威制度への国家介入の重要性については，相反する2つの見解がある。まずサイード・アミール・アルジョマンドは否定的見解を示している［Arjomand 2009: 41-52］。彼は，支配体制の維持に与えた影響に焦点を当て，ハーメネイー最高指導者が法学権威の立場を根拠としたイスラーム法学者としての権力を確立できなかったという見解を示している。同時に，専門家会議，監督者評議会，公益判別評議会といった国家の政治機関が機能することで，支配体制が維持されたと指摘する(11)。つまり彼は，少なくとも国家にとって，伝統的宗教制度への介入は，それほど重要ではなかったと評定している。

他方，リンダ・S. ウォルブリッジは，宗教界や一般信徒の立場から，法学権威制度への国家介入が非常に重大な影響を及ぼしたと評定している。まず彼女は辞退声明以降も，国家がハーメネイー最高指導者を法学権威として推奨してきたことを指摘する［Walbridge 2001b: 235］。彼女の論拠のひとつは，翌年1995年2月7日の『サンクト・ペテルブルグ・タイムス（*St. Petersburg Times*）』紙の報道である。その記事では，どの法学権威に従っているのかを尋ねる質問が公務員試験の面接で行なわれたことを明らかにしたものであった。またハーメネイー最高指導者の推奨に反対する法学権威の支援者や関係者の拘束が行なわれたことも一因であると言う［Amnesty International 1997: 8-25］。さらに，法学権威を自宅軟禁状態に置くといった強硬手段も横行していることを指摘する。その結果，反作用としてイラン国内で法学権威の役割が弱体化していると指摘する［Walbridge 2001b: 234-245］。

法学権威の役割の弱体化は，法学に関する知識や人々の支持といった重要な要素が国家主導のハーメネイー最高指導者の推奨では，抜け落ちてしまうことに起因している。またそれに伴い，国外でも国内とは違った反応が生じた。イラン国外では，従来の法学的知識に基づいて選出された法学権威に従うことを一般信徒が志向する現象が起こった。つまりイラン国外の一般信徒は，こぞってイラクのナジャフに居住する法学権威にもっぱら従うようになったということである。それをウォルブリッジは法学権威の「アラブ化（Arabized）」と揶揄している。

彼女の議論は示唆に富んでいる一方で，いくつかの問題も孕んでいる。特に彼女が国家による反体制派の法学権威への抑圧策によって，法学権威の役割が弱体化していると指摘している点である［Walbridge 2001b: 234－45］。というのも，その論拠が法学権威への抑圧策を国家が実施していたこと，また国外の一般信徒の動向に基づいている。確かに抑圧策の対象となった法学権威が，その活動に制限を受けていたことは事実である。筆者が2010年2月22日に故モンタゼリー師の子息，アフマド・モンタゼリー師に行なったインタヴューからも十分に理解できる。彼の述懐に基づけば，1997年から2002年末にかけて自宅軟禁状態に置かれた際には家族以外との接触は許されず，法学権威としての活動を行なう上で重大な制限があったことを示唆していた。

しかしながら法学権威制度への影響を論じるのであれば，一般信徒側の問題とともに，宗教界内への影響について検討する必要があろう。特にハーメネイー最高指導者就任以来論じられてきた法学者内の知識の問題について注意を払う必要があろう。

3　法学権威としてのハーメネイー師と法学権威制度の行方

3－1　法学権威の来歴

1994年末発表からすでに20年近くが過ぎようとしている。国家介入が宗教界に与えた影響について，2008年9月1日から2009年10月29日にかけて首都テヘラン市およびコム市，エスファハーン市で行なった調査に基づいて検証したい。なお調査の結果判明した法学権威の面々については，第2章で表にしている（第2章**図4**参照）。

まず近年の法学権威の来歴を見ていきたい。近年の法学権威のなかには，革命後に政治職を経験した者も少なくない。たとえば，ヌーリー・ハマダーニー師はヨーロッパやインドなどにおける大使館・領事館・文化施設調査員を，ムーサヴィー・アルダビーリー師は憲法制定専門家会議議員および最高裁判所長官[12]などを，ソブハーニー師は憲法制定のための専門家会議議員などを務めた。またジャヴァーディー・アーモリー師はマーザンダラーンにおけるハーメネイー師の代理人，最高司法評議会員，憲法制定専門家会議議員，第1期・第2期後継者選出専門家会議議員などを，サーフィー・ゴルパーイェガーニー師はホメイニー期における監督者評議会員，マザーヘリー師は第2期専門家会議議員，マラクーティー・サーラービー師はホメイニーの元代理人，サーネイー師は検事総長を務めている［cf. Moqaddam 1386］。これはイスラーム法学者として著名になるためのキャリアパスとして，政治職経験が少なからず影響しているということであろう。

しかし国家体制に対するスタンスは様々である。政治的スタンスについては，政治職経験者であればわかりやすい。既述の政治職経験者のうち，モンタゼリー師やサーネイー師，またムーサヴィー・アルダビーリー師を除いた法学権威に関しては，「法学者の統治」体制に賛同するだけでなく，ハーメネイー体制にも概ね肯定的な立場をとっている。一方で政治職経験のない法学者は，「法学者の統治」体制，またハーメネイー体制に対するスタンスがはっきりとわからないことが多いが[13]，そのなかでも国家に対するスタンスがわかるケースがある。たとえばムハンマド・サーデク・ロウハーニー師は法学者が政治参加すること自体に批判的立場を示している。またサーデク・シーラーズィー師の兄ムハンマド・シーラーズィー師がイラン当局から支持者や縁戚が逮捕・拷問を受けていることもあり［富田 1997: 44］，サーデク・シーラーズィー師とハーメネイー体制の関係は良好ではない。

これらの結果から，国家体制に批判的な法学権威に対して弾圧が加えられたとはいえ，様々な政治的スタンスをもった面々がなお法学権威として活動を続けていることがわかる。それでは，こうした法学権威の展開のなかで，ハーメネイー師はどのような位置づけにあるのかを検証したい。

3-2　法学権威としてのハーメネイー師の評価

フィールド調査では，法学権威間にいかなる差異があるのかを法学生を中心に聞き取り調査を行なった。調査の目的は，法学権威事務所を中心とした一般人とイスラーム法学者がふれ合う場で，法学権威の優劣がどのように認識されているかを知るためである。質問の対象者をイスラーム法学生に限定したのは，彼らが宗教界の事情に精通しており，正確な情報を提供してくれることが期待されたからである。調査は各法学権威の事務所の他，マルアシー図書館や法学・法源学専門図書館といったコムに点在する各種専門図書館の周辺で行なった。比較的質問のしやすい事務所に出入りする法学生だけに限定しなかったのは，情報の客観性を確保するためであった。

彼らの返答はほぼ共通して，「イスラーム法学者としての知識」によって法学権威間に差があることを認めており，法学権威の序列を語る。ただし返答者によっては，いくつかにカテゴリー化する場合と，すべての法学権威に序列をつける場合があった。後者は少数であり，多くの場合にはカテゴリー別に法学権威の序列をつけていた。筆者はインタヴューの結果をもとに，法学権威の序列を段階（daraje）ごとに整理した表を作成した（**表 4** 参照）。そして後日その表をもとに，再び返答者にインタヴューを行なった[14]。すると第 4 段階－第 6 段階に属する法学者についてはそれぞれの返答者によってばらつきがあり今後も調査を続けていく必要があることが判明した。しかし第 1 段階から第 3 段階のそれぞれのカテゴリー内に位置づけられている法学権威については修正の必要性を指摘されなかった。

表 4 のそれぞれの段階は，法学権威の「知識」の序列を示している。またそれぞれの段階内の法学権威同士にも，「知識」の序列がある。ただし，各段階内の法学権威の序列については，法学生内で異論が多かった。第 1 段階について，筆者がある法学生に尋ねたところ，バフジャト師が最有識でありスィースターニー師がそれに準ずるとの回答を得た。しかし別の法学生に尋ねたところスィースターニー師が最有識であり，それにヴァヒード・ホラーサーニー師が準ずるという回答を得た。この差異について，バフジャト師が最有識であると回答した法学生に再度尋ねた。するとスィースターニー師，バフジャト師，モンタゼリー師，ヴァヒード・ホラーサーニー師がいずれも「最上の知識（a‘lam）」に近く，それは個人によって見解が分かれるところであるとの返答を受けた。加えて，第一段階のカテゴリーにある法学権威と彼らに準ずる段階にあるサーフィー・ゴルパーイェガーニー師の「知識」には，隔たりがあるという指摘を得た。

表4　法学権威間の序列

段階	法学権威			
1	スィースターニー	バフジャト	モンタゼリー	ヴァヒード・ホラーサーニー
2	ハーメネイー	サイード・ハキーム	ショベイリー・ザンジャーニー	ファドゥルッラー
	マカーレム・シーラーズィー	サーフィー・ゴルパーイェガーニー	ジャヴァーディー・アーモリー	
3	ヌーリー・ハマダーニー	カーゼム・ハーエリー	ホセイニー・シャーフルーディー	サーネイー
	ムーサヴィー・アルダビーリー	モハンアマド・サーデク・ロウハーニー	サーデク・シーラーズィー	
4	マザーヘリー	ソブハーニー	テフラーニー	ゲラーミー
	エッゾッディーン・ザンジャーニー	モハンマド・バーケル・シーラーズィー		
5	アラヴィー・ゴルガーニー	ミーラーニー	ジャンナーティー	マーレキー
	マダニー・タブリーズィー	アラヴィー・ボルージェルディー		
6	モダッレスィー・ヤズディー	ナジャフィー・キャーボリー	マラクーティー・サーラービー	ガラヴィー・アーリヤーリー
	ドゥーズドゥーザーニー	ヤアクービー[i]		

*　灰色で塗られた枠内の法学権威については，イラン国外居住者であることを指す。
[i]　ファドゥルッラー師，ヤアクービー師の序列については，コムのハウザへの参加が少なく判断材料が乏しく，判断が難しいとの返答を受けた。

このように各段階内の上下関係については今後も調査を進める必要がある。しかし，それぞれの段階ごとには，「知識」に差異があることは明らかであろう。そしてハーメネイー最高指導者は，法学権威としては第2段階に属している。つまりイラン国内に事務所を構える法学権威のなかで，比較的上位に位置づけられていると言えるだろう。しかし，ハーメネイー師の指導体制に声高に批判するモンタゼリー師，またイラク在住のスィースターニー師といった，1994年末の発表で国家が意図的に除外した法学権威よりは，下位に位置づけられている。

序列に見られるハーメネイー師の法学権威としての評価は，ハーメネイー師が法学権威として未だ二流であることを示している。しかし法学的な知識に乏しかったハーメネイー師が政治的知識を主張することで法学権威に数えられたことからすれば，高い位置づけにあると言えるだろう。イスラーム法学者としての権威を高めるためには，先に述べたように教授活動と執筆活動が必要である。しかし最高指導者であるハーメネイー師は少なくとも前者に関しては行なうことができなかった。そのため宗教界では法学権威の序列を決定する「知識」の内容に，法学的知識だけでなく，それ以外の要素が加味されていることが示唆されている。誤解を恐れずに言えば，それ以外の要素には，1994 年末に国家側が主張した政治的知識も含まれているのではないだろうか。

近年イラン国内で一般信徒向けに出版されている法学権威の来歴を紹介した『法学権威詳解（Prs. *Āshenā'ī-ye bā hame-ye marāja'-e taqlīd*）』の記述からも，法学権威の「知識」のあり方に政治的知識が加味されていることが指摘できる。同書では，まず出版された時点ですでに死去していたホメイニー師，モハンマド・レザー・ゴルパーイェガーニー師，アラーキー師，フーイー師の順に紹介がなされている。続いて，闘うウラマー協会，「講師協会」による政治的知識を強調した 1994 年末の発表の重要性に言及し，ハーメネイー師，バフジャト師，ランキャラーニー師，スィースターニー師，マカーレム・シーラーズィー師，ヴァヒード・ホラーサーニー師という順に法学権威を紹介している。また同書には，モンタゼリー師やサーネイー師といった，ハーメネイー最高指導者を中心としたハーメネイー体制に反対する法学権威も含まれている。つまり，イラン国家にとって都合のよい法学権威の情報だけを載せているわけではない。そのなかでは政治職経験をもった法学権威だけでなく，政治職未経験の法学権威についてもイラン政治への貢献が記されている。

小　結

本章では，ハーメネイー指導体制下における宗教界への国家介入の展開について，法学権威制度を事例に検証した。

法学権威は，「伝統」的には，一般信徒の信仰実践の手本として，法学的知識に優れたイスラーム法学者がなるものであった。それは宗教界側では，イスラーム法学者同士の学知システムに基づくものであり，また一般信徒側では，個人的な志向性に基づくものであった。しかしハーメネイー最高指導者就任以降のイランでは，「伝統」的法学権威像に代わる新たな法学権威像が形成されてきた。最たる例は，指導者と政教関係をめぐる問題を背景に，1994年末にハーメネイー最高指導者が，国家側の組織によって推奨法学権威として国民でもある一般信徒に紹介されたことである。ハーメネイー最高指導者は，「伝統」的法学権威のような十分な法学的知識を備えていなかった。そこで彼が法学権威に推奨された際，法学的知識に加え，政治的知識の重要性が説かれた。だが，「伝統」から大きく逸脱する新たな事態に対して，国内での批判も大きかった。そのため鎮静化を図るために，自ら国内での法学権威としての役割を辞退した。しかし辞退声明後も水面下で彼を法学権威に推奨しようとする動きがあることが示唆されてきた［Walbridge 2001b］。

そこで筆者がインタヴュー調査によってより実証的に精査したところ，近年のイランではハーメネイー最高指導者は法学権威としても認知されていることが明らかとなった。宗教界においては，イスラーム法学生のあいだで，2番目に学識の高い法学権威群に数えられていた。それは最高指導者と法学権威のつながりが再び強化されつつあることを示唆している。したがって，アルジョマンドが指摘するような支配体制の維持が政治機構の強化だけをもって行なわれてきたということではないことの再確認も示している［cf. Arjomand 2009: 41－52］。またウォルブリッジの議論も，少なからず再考の余地があることが示唆されていた［Walbridge 2001b: 244］。

ウォルブリッジは国家による反体制派の法学権威への抑圧策によって，法学権威の役割が弱体化していたと指摘した［Walbridge 2001b: 234－245］。彼女の論拠は，法学権威への抑圧策を国家が実施していたこと，また国外の一般信徒の動向であった。国家が特定の法学権威に対して行なった抑圧策によって，活動の制限が加えられたことで，彼らの担っていた役割が弱体化した可能性は考えられる。だが，自宅軟禁状態に置かれていたモンタゼリー師が第一級の法学権威として考えられていたことからすれば，必ずしも抑圧を受けた法学権威の役割が弱体化したとは言えない。また筆者が指摘した宗教界における「知識」をめぐる変化からも，弱体化とは結論しがたい。法学権威の持つ「知識」は，1994 年末に国家側が強調した政治的知識も加味されながら近年の宗教界では展開している。そしてモンタゼリー師の存在こそが，宗教界における「知識」をめぐる変化を証左している。というのも，政治職経験者であり，国家批判を通じて積極的に政治に参加する一方で，自宅軟禁によってハーメネイー師同様にイスラーム法学者としての権威を示せない彼が，第一級の法学権威に数えられるためである。

したがって国家への政治的立場の如何にかかわらず，政治に積極的に関与する法学権威に関しては法学権威としての評価を高めてきたと言えるだろう。また政治的知識が必要とされたことで彼らが担う政治的役割も明示化されてきたと言える。それゆえ国家介入を経て，法学権威全体の役割は相対的に強化されてきたと言えるのではないだろうか。

第７章　権威主義体制化する宗教界

はじめに

本章では，イスラーム法学者の政治勢力に限定して，権威主義的国家体制の存続要因について検証したい。その際，ハーメネイー師とその支持集団のあいだにある利害関係について，ハーメネイー指導体制下におけるコムの宗教界の変容に基づいて検討する。

1　ハーメネイー師とその支持集団のあいだにある利害関係をめぐって

前章ですでに述べたように，ハーメネイー師の最高指導者就任以来，指導者の政教関係をめぐる問題が表面化してきた。その曖昧な決着は，前章で述べたように，1994 年末にハーメネイー師を，推奨する法学権威として紹介することであった。また，ハーメネイー師を法学権威とし，一般信徒に習従を促す動きに代表される支配構造の一元化のなかで，国家による宗教界への暴力的措置が指摘されてきた。たとえば，ウォルブリッジは国家がその支配に批判的な法学権威の自宅軟禁やその関係者の逮捕など暴力的措置を行なってきたと指摘した［Walbridge 2001b: 234－245］。また国際人権団体アムネスティ・インターナショナルの報告でも国家による法学者への暴力的措置が述べられている［Amnesty International 1997: 8－25］。確かに，これらに基づけば，国家が暴力的措置を通じて，宗教界をその支配構造に組み込もうとしてきたと言えるだろう。しかし2002年12月にモンタゼリー師が自宅軟禁を解除され，体制批判の法学権威に対する自宅軟禁が行なわれなくなった［cf. *BBC*, 8 Jan. 2003］。つまり，暴力的措置だけで国家の法学界支配の構造を論じることは，やや性急な結論であるということである。また，ウィルフレッド・ブフタが示唆するところからすれば，暴力的措置をともなわない試みも行なわれてきたと思われる［Buchta 2000: 94, 100］。

彼の国家と宗教界の関係をめぐる考察は，「シーア派法学権威の諸権利擁護委員会」のロンドン支部でのインタヴューがもとにされていた。彼によれば，ハーメネイー師がコムのホウゼで多額の経済援助を行なってきた。講師への月給として350万リヤール（約700USドル[1]）が支払われ，各法学生に月額奨学金として50万－120万リヤール（約100－240USドル）が支払われているという。それらは総額で7200万USドル規模に及ぶという［Buchta 2000: 94, 100］。加えて，成果は低かったと評定しているものの，ハーメネイー師がコムのホウゼの運営組織改革を率先してきたことを指摘している［Buchta 2000: 94］。そしてハーメネイー師による多額の経済援助と運営改革の結果，宗教界は政治的に3者に分断されてきたと指摘する。つまり国家の支配に協力する立場と国家を公然と批判する立場，沈黙によって国家を批判する立場の3者である（**図8**参照）［Buchta 2000: 86－91, 96－97］。

すでに述べたように，ホウゼはイスラーム法学者の再生産の場である。加えて国家機構内の専門家会議員，監督者評議会委員といった役職がイスラーム法学者に限定されている政治制度上，ホウゼは政治エリートの再生産の場のひとつでもある。それゆえブフタが指摘する，経済援助や運営組織改革の主導については，いずれも国家が法学界を支配構造に組み込む仕組みの一端を示唆している可能性が高い［Buchta 2000］。同時に宗教界への暴力的措置を強調するウォルブリッジよりも示唆に富んでいる［Walbridge 2001b: 234－245］。

そこでブフタの議論の精緻化を図るためにも［Buchta 2000］，ハーメネイー師の最高指導者就任以降のコムのホウゼ内の運営組織改革と，法学生への奨学金に限定し経済援助について見ていきたい。

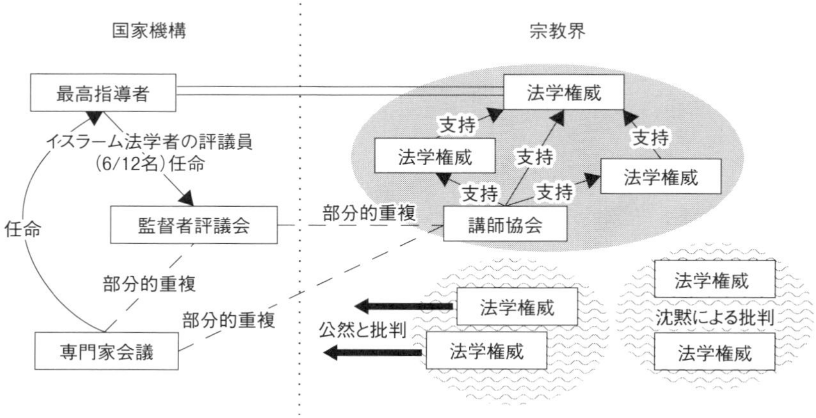

（出所） 筆者作成。

図8 先行研究における国家による法学界の支配構造

2 コムのホウゼ運営組織改革と間接的支配構造への編入

コムのホウゼは，革命後にホメイニー指導体制期，ハーメネイー指導体制期を通じ，国内だけでなく国際的にも，学術的な重要性を高めてきた。イラン・イラク戦争によるイラク政府のイラン系住民の強制国外退去の結果，イラン系の高位のイスラーム法学者がコムに活動拠点を移したこともひとつの要因である［cf. Moqaddam 1386: 233－234］。つまり，より多くの高名なイスラーム法学者がコムに集まるようになったということである。加えて，1990年代にスィースターニー師がイラクのナジャフのハウザの機能を停止させたことも要因としてある(2)。後述するが，ナジャフは19世紀以降，シーア派学問の最高学府として君臨し続け，世界中のシーア派コミュニティから多くの留学生を集めてきた。つまりナジャフが機能停止に陥り，その代替としてコムが伸長してきた。

第5章で見たように，コムのホウゼを構成する各マドラサは，革命以降も制度的には国家から独立してきた(3)。だが，同時にホメイニー指導体制期に行なわれた組織運営化によって，独自に運営されるマドラサと統一の「運営評議会」によって管理運営されるマドラサに分かれるようになった［Buchta 2000: 94］。コム市内に限れば独自運営されているマドラサも少なくはない。しかしコムのホウゼが管轄する範囲を考えた場合，全体から見れば組織運営化されたマドラサが圧倒的に多い。

コムのホウゼ内の多数のマドラサを運営する「運営評議会」は，ホメイニー派による穏健派の取り込みでもあった。取り込みが可能であったのは，コムのホウゼに直接参加していないとはいえ，ホメイニー師自身の宗教的権威も一因であった。しかし繰り返すが，ハーメネイー新最高指導者は，ホメイニー師のような宗教的権威を持ち合わせていなかった。そこでハーメネイー指導体制の国家形成において，前任者とは別の方法でホウゼを支配構造に組み込む必要が生じた。実際，ハーメネイー最高指導者は1990年から，より効率的な運営組織への改革の必要性を訴えるようになった［Buchta 2000: 94］。そして1992年に彼がコムを訪問し，改革に対する断固たる決意を表明した直後に，組織改革が実行に移された。

運営組織の改革をめぐっては，2つの方法が検討された［Ṣāleḥ 1385: 513］。ひとつは管理運営組織全体を解体し，新たな管理運営組織を立ち上げる方法であった。もうひとつは，組織内の管理運営の意思決定と執行責任を持つ「運営評議会」に限定して改革する方法であった。改革の方法は，モハンマド・レザー・ゴルパーイェガーニー師の鶴の一声で，方向が決定された。彼は後者への賛同を表明した。すると，同じく既存の管理運営組織の立ち上げに参加した「講師協会」もその見解に追従した。そして「運営評議会」に限定した改革が行なわれた［Ṣāleḥ 1385: 513］。

「運営評議会」は廃止され，組織内で担っていたその意思決定と執行責任の役割は2つの組織へと分割された。まず「運営評議会」の意思決定の役割は，コム・ホウゼ最高評議会（Prs. Shūrā-ye ʻĀlī-ye Ḥowze-ye ʻElmīye-ye Qom，以下「最高評議会」と略記）に担われるようになった。また「最高評議会」は，組織下のマドラサのカリキュラムやテキスト，あるいは学生の管理や奨学金などのホウゼ内の諸制度について発案・決定権を有するようになった。他方，執行責任の役割は，「運営局」（Prs. Markaz-e Modīriyat-e Ḥowze-ye ʻElmīye-ye Qom）によって担われることになった［Shīrkhānī and Zāreʻ 1384: 43－44; Ṣāleḥ 1385: 513］。

また「運営局」は，学科試験，地方部マドラサ管理などホウゼ内の制度を担当する諸機関を管理する役割を担うようになった。

新たな両機関のメンバーの選出方法や内部規則については，モハンマド・レザー・ゴルパーイェガーニー師と講師協会の調整によってメンバーが召集された「最高評議会」によって決定された。その結果，「最高評議会」に「運営局」長の任命権が付与されるとともに，最高評議会のメンバーについては，4年ごとにホウゼ内のイスラーム法学者から選出することが取り決められた［Ṣāleḥ 1385: 513］。筆者が2010年2月4日にコム市内で，ハーメネイー指導体制支持の姿勢を持つイスラーム法学者に，この運営改革の目的についてインタヴューを行なった。彼からは，「運営評議会」が担っていた役割を分離することで，合理的な運営制度を構築することが運営改革のひとつの目的であったという回答が得られた。しかし運営改革の実態は，ホウゼ運営の合理化と結論づけられるだろうか。まず「最高評議会」のメンバーシップの問題である。

1996年から2012年までに5回のメンバー交代の機会があった。しかし第2期に選出されたエフテハーリー師（Prs. ʻAlī Eftekhārī）を除くすべてのメンバーが，「講師協会」員である（**表5**参照）。つまりホウゼ内から評議員を選出するということは建前であり，実際には講師協会内の人員配置換えとも言える状態が繰り返されてきた。その背景には選挙が「講師協会」によって執り行なわれていることが挙げられるだろう［cf. Ṣāleḥ 1385: 539－540］。この件に関して，筆者が2010年2月18日に元革命裁判所検事総長ホセイン・ムーサヴィー・タブリーズィー師（Prs. Ḥoseyn Mūsavī Tabrīzī）にインタヴューを行なった。彼は，近年では強権的な現国家体制に異を唱えるイスラーム法学者の政治勢力「コム・ホウゼ講師および研究者の集団（Prs. Majmaʻ-e Modarresīn va Moḥaqqeqīn-e Ḥowze-ye ʻElmīye-ye Qom）」の事務長を務めている。その彼は，評議員の選出は選挙（Prs. Entekhābāt）ではなく「講師協会」による任命（Prs. Enteṣābāt）であり，最も民主主義（Prs. Demūkrātīk）から遠いものであると非難していた。また運営組織改革そのものについても，ホウゼ運営の問題であるというよりはむしろ，ハーメネイー最高指導者と講師協会による権力強化を目的とした政治的な問題と指摘していた。

表5　最高評議会メンバーの一覧

会期	評議員
第1期（1992－1996）	1. マカーレム・シーラーズィー，2. モハンマド・モウメン・コンミー，3. ターヘリー・ホッラマーバーディー，4. オスターディー，5. ラースティー・カーシャーニー，6. マフフーズィー
第2期（1996－2000）	1. マカーレム・シーラーズィー，2. オスターディー，3. ラースティー・カーシャーニー，4. マフフーズィー，5. ハーシェミー・シャーフルーディー，6. モクタダーイー，7. アリー・エフテハーリー
第3期（2000－2004）	1. オスターディー，2. モクタダーイー，3. ラースティー・カーシャーニー，4. メスバーフ・ヤズディー，5. ホセイニー・ブーシェフリー，6. ガラヴィー，7. ヴァーフィー・ヤズディー
第4期（2004－2008）	1. オスターディー，2. モクタダーイー，3. メスバーフ・ヤズディー，4. ガラヴィー，5. モハンマド・ヤズディー，6. ラジャビー，7. アブドッラーヒー，8. シャブゼンデダール，9. モハンマド・モウメン・コンミー
第5期（2008－2012）	1. オスターディー，2. モクタダーイー，3. ホセイニー・ブーシェフリー，4. ガラヴィー，5. モハンマド・ヤズディー，6. ラジャビー，7. アブドッラーヒー，8. アフマド・ハータミー，9. モハンマド・モウメン・コンミー
第6期（2012－2016）	1. オスターディー，2. ホセイニー・ブーシェフリー，3. モクタダーイー，4. ガラヴィー，5. ヴァーフィー・ヤズディー，6. ナクーナーム・ゴルパーイェガーニー，7. アフマド・ハータミー

（出所）　Ṣāleḥ［1385a: 515－557］および http : //www.hawzahnews.com/showdata.aspx?dataid=4934（2009年4月30日閲覧），http : //www.hawzah.net/fa/news/newsview/92454（2013年7月26日閲覧）を基に筆者作成。

ホウゼ運営においてイニシアティブを獲得した「講師協会」は，偉大な法学権威であったホセイン・ボルージェルディー師の死後の1962年に発足した［Javādzāde 1385: 53］。彼の没後，宗教界が「政治化」を迎えるなかで，ホメイニー主導の反王政運動に多くの協会員が個人参加した。また組織としてもホメイニー主導の反王政運動に賛同する意思表明を行なってきた［cf. Javādzāde 1385: 429－452］。そのため革命後の国家機構の要職に就いた協会員も多い。また組織としてもハーメネイー指導体制の決定に賛同の意思表明を示し，国家の政治運営を支えてきた。たとえば，1992年の第2回専門家会議選挙である。それは支配体制内でラディカルな左派が問題となっていたなかで行なわれ，同協会と「闘うウラマー協会」が推薦した保守派と穏健な左派の法学者が指名の如く当選を果たした［吉村 2005: 251, cf. Ṣāleh 1385: 607］。

協会員すべてが国家機構内の政治活動に参加しているわけではないものの，

ハーメネイー師の最高指導者就任後も，国家機構内の政治職を務める協会員が非常に多い。彼らは，最高指導者の任命・罷免権を持つ専門家会議，国家機構内での政治勢力の活動に制限を与える監督者評議会や司法権長などの政治職を務めてきた。加えて，国家のプロパガンダの上で重要な役割を担う大都市の金曜礼拝説教師を務めた協会員も多い。つまりハーメネイー師の最高指導者就任後の同協会が国家機構のなかで国家の支配を支える仕組みの一部であった。

「講師協会」がハーメネイー指導体制を支援し続けた背景には，「講師協会」の人員交代もある。1997年から国家批判に転じた故アーザリー・コンミー[(4)]師のような例外はあるものの，ハーメネイー師の最高指導者就任までに，国家批判を行なう協会員は脱会した。たとえばモンタゼリー師やサーネイー師らも，ホメイニー指導体制期には協会員であった。しかし国家の方針との対立から，彼らのようなラディカルな左派の協会員はいずれも脱会した[(5)]。したがって，ハーメネイー指導体制期においても協会員は国家の支配に概ね賛同する立場であると言えるだろう。加えて，最高評議会のメンバーもその半数はハーメネイー師の就任以降も政治職を務めたイスラーム法学者である。

彼らの国家支持の動機は，政治的野心であるとは限らない。国家を支持し続けることが，イスラーム法学者として社会的な認知度を高めるための合理的な方法でもあるためである。新聞やインターネットなどへのメディアの規制によって，反国家勢力への封じ込めが行なわれてきた［cf. Gheytanichi 2001: 561; Khiabany and Sreberny 2008: 196－211］。その一方で，国家への支持を表明することには問題はなく，メディアを通じてその名を広めることも可能になる。それゆえ国家への支持を表明し続けることで，講師協会員は社会的な認知度を高めていくことができる。また国家にとっても，社会的に認知されたイスラーム法学者による支持，また各々の政治機関に彼らを再配置することにメリットがある。前任者とは明らかにイスラーム法学者としての学識に差があるハーメネイー最高指導者の国家が下す決定に法学的妥当性を担保することもできる。つまりは彼らとの共存関係によって，支配の安定化を図ることができる。それゆえ国家と「講師協会」相互の利害が一致しているために，「講師協会」は国家を支持し続ける。

このように1990年代初頭の運営組織改革の結果,「講師協会」によって意思決定機関が掌握されてきた。それは,コムのホウゼが部分的には国家の支配構造と重なったと言えるのではないだろうか。それではハーメネイー師によるコムのホウゼへの多額の経済援助を示すひとつである奨学金は,このようなホウゼの組織改革や「講師協会」とどのように関係してきたのだろうか。

3　奨学金の制度化を通じた法学権威間の峻別と活動制限

一般に法学生に支給する奨学金は,一般信徒が一年間に得られた収入の5分の1を税として支払うフムスを財源としている。19世紀半ばまでに法学権威制度が整えられるなかで,フムスの徴収と分配は法学権威の役割のひとつになった[Sachedina 1988: 245][(6)]。それゆえ法学生の奨学金の支給は法学権威によって行なわれるものであり,革命以前のイランでも法学権威によって支給されていた[cf. Fischer 1980: 80－81]。

しかしハーメネイー師による奨学金の支給は,彼が法学権威に推薦された1994年以前,彼が最高指導者に就任した直後から行なわれてきた[cf. Khalaji 2006: 28]。フムスの徴収と分配が法学権威の役割であることからすれば,法学権威に推薦される以前のハーメネイー師の奨学金の財源はフムスではなく,別の財源に基づいていたと考えられる。その財源をブフタは,政府系基金であると指摘している[Buchta 2000: 94][(7)]。彼の指摘が正しければ,奨学金は国家が法学界を支配構造に組み込む仕組みの一部である可能性がより一層高まるであろう。

しかし彼は,ハーメネイー師が多額の奨学金を支給していると述べるものの,奨学金に対する他の要素については十分に注意を払っていたとは言い難い。たとえば,他の法学権威の奨学金,また支給／受給方法といった点について説明しているわけではない。そこで奨学金について,2008年9月1日から10月29日にコム市内で行なったフィールド調査の結果を中心にコムのホウゼにおける奨学金の問題について精緻化を図りたい。

フィールド調査では,奨学金の支給／受給方法と奨学金の支給／受給額を明らかにするためインタヴューを行なった。インタヴューは,奨学金の受給側である法学生と，次に奨学金の支給側である法学権威が構える事務所スタッフに対して行なった。事務所スタッフへの聞き取り調査は，コム市内にある33名の法学権威事務所に加え，エスファハーン市内のマザーヘリー師の事務所でも行なった。その結果，奨学金には2種類あることが明らかになった。ひとつは，法学権威が最高評議会管轄下の組織を通じて支給する「公式」の奨学金である。もうひとつは，法学権威が独自に支給する「非公式」の奨学金である。

まず「非公式」の奨学金の支給／受給方法から見てみよう。「非公式」の奨学金は，奨学金を支給する法学権威との個人的な関係に基づいて，受給者を限定して行なわれている。「非公式」の奨学金の受給者は，支給日に直接法学権威の事務所を訪れる。「非公式」の奨学金には受給者の学習段階や学習時間といった奨学金の額を左右する要因はなかった。つまり受給者は一律に同額の奨学金を受給することができる。しかし「非公式」の奨学金の場合，必ずしも定期的な支給日があるわけではない。たとえば，モハンマド・バーケル・シーラーズィー師による奨学金であり，その支払いは不定期に行なわれていた。加えて，法学権威として事務所を構えていながら，奨学金の支給を行なわないものも多かった。

筆者が調査をした限り，ホセイニー・シャーフルーディー師による支給対象がもっとも多く，約5千名規模であった。次にモハッケク・キャーボリー師が行なっているもので，アフガン人学生に限定して千名程度であった。さらにファドゥルッラー師[(8)]が行なっているもので，留学生に限定し百数十名と続いていた。しかしその支給範囲は，極めて限定的と言えるだろう。すでに述べたように，イランの法学生とイスラーム法学者をあわせて8万5千人程度いると言われる。ムジュタヒドの段階に達していない法学生は，少なく見積もってもその半数にあたるだろう。そのなかでコムのホウゼのマドラサ管理数を考えれば，数万人が受給対象となる法学生にあたると考えられる。それゆえ最大のホセイニー・シャーフルーディー師の5千人規模をとっても，法学生全体に十分に支払われているとは言い難い。

つまり「非公式」の奨学金が果たす役割は非常に限定的なものであった（**表6**参照）。支給範囲と支給額に基づけば，全ての学生に奨学金を提供するほど

表６　「非公式」の奨学金の支給額

法学権威	支給額	法学権威	支給額
ファドゥルッラー	300,000Rls	マーレキー	無回答
サイード・ハキーム	110,000Rls	ジャヴァーディー・アーモリー	無回答
モハッケク・キャーボリー	100,000Rls	マダニー・タブリーズィー	無回答
ホセイニー・シャーフルーディー	60,000Rls	サーデク・シーラーズィー	無回答
モハンマド・バーケル・シーラーズィー	1～20,000Rls	モハンマド・サーデク・ロウハーニー	無回答
ドゥーズドゥーザーニー	奨学金なし	カーゼム・ハーエリー	無回答
ショベイリー・サンジャーニー	奨学金なし	モダッレスィー・ヤズディー	無回答
ヤアクービー	奨学金なし	ミーラーニー	無回答
ソブハーニー	奨学金なし	アラヴィー・ボルージェルディー	無回答
ゲラーミー	奨学金なし	ジャンナーティー	無回答
マラクーディー	無回答	バヤート・ザンジャーニー	無回答

1US$=9574Rls[i]

[i] イラン中央銀行発表のヒジュラ太陽暦1386（2008/9）年度の平均為替レート1USドル（9574リヤール）に基づいて計算した（http : //www.cbi.ir/exrates/rates_fa.aspx　2009年11月7日閲覧）。
（出所）　2008年9月1日から10月29日に行なった調査を基に作成。

には経済的能力のない法学権威が，「非公式」の奨学金を行なっていると言える。

他方，「公式」の奨学金は，入門課程および標準課程の学習段階にある法学生であれば，全員が受給することができる。それは最高評議会によって運営されているマドラサか自治運営されているマドラサかにかかわらない。

各々の法学生は最高評議会管轄下の奨学金センターが決めた奨学金を給付場所に赴いて受給する。給付場所は原則的にマドラサに設置された各々の法学権威の専用ブースである。モンタゼリー師とサーネイー師のような国家に批判的な法学権威も，奨学金センターから奨学金の支給を割り当てられていた。しかし彼らの場合，コム市内ではマドラサに専用ブースを設けることは許されていなかった。彼らの場合，「非公式」の奨学金と同様に，奨学金の支給はその法学権威の事務所で行なわれていた。

法学生はヒジュラ暦の月初めに，指定の給付場所に赴き奨学金を受け取る。支給日に赴けなかった法学生は原則的に奨学金を受給できない。支給日に赴けなかった学生は，各法学権威事務所に直接赴き，理由を述べ再申請の手続きをとる。そのためラマダーン月など遠隔地に赴くことが多い月では，再申請するものが多い。しかし余程の理由がない限り却下される。また法学生が奨学金を受給する際には，本人確認のためにIDカードを提示する。本人と確認されると，係員は奨学金の二重払いを防ぐために，IDカードの裏側に支給済みの印を押すとともにコンピューターあるいは支給台帳に支給済みであることを記し，学生に奨学金を支給していた。つまり，コンピューターあるいは台帳に入力された情報によって，不正な再申請の防止が図られていた。

各々の法学生の受給額は3段階に分かれた学習段階と学習状況などに基づいて決定される。学習状況は，最高評議会管轄下のマドラサで学ぶ学生であれば，学科試験の成績をもとに決定されている(9)。しかしながら標準課程の4年目に属する5名の既婚学生から受給額について尋ねたところ，学習状況が影響を与えるとはいえ，奨学金の額にそれほど大きな差異はなかった。それは奨学金の内訳が，学習段階で決定されている共通部分の占める割合が大きく，学習状況に基づいて決定される個別部分の占める割合が小さいためである。

こうした「公式」の奨学金制度に参加する法学権威のなかで，共通部分を支給している法学権威は，8名いた。ハーメネイー師，スィースターニー師，バフジャト師，ヴァヒード・ホラーサーニー師，マカーレム・シーラーズィー師，サーフィー・ゴルパーイェガーニー師，故ランキャラーニー師，マザーヘリー師であった。加えて，ハーメネイー師は保険などの手当ての名目で，最高指導者としても共通部分を支給していた。

共通部分は合計で，一般の学生で288万リヤール（約301USドル），サイイドの学生で293万リーヤール（約306USドル）であった。これに学習状況に基づいて個別部分が付加されていた（**表7**参照）。個別部分は，モンタゼリー師，ヌーリー・ハマダーニー師，サーネイー師，ムーサヴィー・アルダビーリー師，アラヴィー・ゴルガーニー師が支給していた。個別部分については，学習状況に基づいて数名の法学権威を組み合わせて支給額が決まっていた。聞き取り調査によれば，ムーサヴィー・アルダビーリー師，アラヴィー・ゴルガーニー師，ヌーリー・ハマダーニー師という組み合わせと，モンタゼリー師，サーネイー師の組み合わせがあった。

表7 「公式」の奨学金の支給額

法学権威	支給額	法学権威	支給額
ハーメネイー	600,000（＋400,000）*Rls	ヴァヒード・ホラーサーニー	250,000Rls
マカーレム・シーラーズィー	500,000Rls	バフジャト	150,000Rls
スィースターニー	500,000Rls	マザーヘリー	100,000Rls
サーフィー・ゴルパーイェガーニー	300,000Rls（Seyyed +50,000）	故ランキャラーニー	80,000Rls
ムーサヴィー・アルダビーリー**	150,000Rls	アラヴィー・ゴルガーニー**	20,000Rls
モンタゼリー**	60,000Rls	ヌーリー・ハマダーニー**	15,000Rls
サーネイー**	25,000Rls		

*最高指導者名目での支給額　**組み合わせて支給　1US$=9,574Rls

（注） 灰色の部分は個別部分を示す。
（出所） 2008年9月1日から10月29日に行なった調査を基に作成。同データは筆者がフィールド調査中に行なった法学生へのインタヴュー・データと，各法学権威事務所において行なったインタヴュー・データと相互参照をした結果である。

調査結果に基づくと，「公式」の奨学金の支給／受給額は，295万5千リヤール（約309USドル）－311万5千リヤール（約325USドル）のあいだで推移している（**表7**参照）。年間では，3546万リヤール（約3703USドル）－3738万リヤール（約3904USドル）のあいだで支給／受給額が推移していることになる。イラン中央銀行が発表した，ヒジュラ太陽暦1386（2007/8）年度の家計調査報告結果に示された標準モデル世帯の平均年間給与所得は2779万2941リヤール（約2903USドル）である［Bānk-e Markazī-e Jomhūrī-ye Eslāmī-ye Īrān 2009: 75］(10)。それゆえ「公式」の奨学金は非公式の奨学金よりも対象規模や支給額が大きいだけではなく，イラン社会の平均的給与所得者の現金収入に勝る。

こうした「公式」の奨学金は制度として行なわれるようになった。制度化された「公式」の奨学金はヒジュラ太陽暦1382（2003/4）年に開始された，比較的近年の現象であった［cf. Shīrkhānī and Zāre‘ 1384: 64］。そのなかでハーメネイー師は最高指導者としての支給額を含めれば，全体の約32－34％を占めていた。ハーメネイー師が他の法学権威よりも多くの奨学金を支給できる要因のひとつは，他の法学権威のあいだでハーメネイー師の支給額を超えないようにすることが暗黙の了解であるためである［Khalaji 2006: 29］。加えて，最高評議会傘下の奨学金センターを通じて奨学金の支給額が決定されることもその要因のひとつである。したがって奨学金センターが各法学権威の支給額を監視する役目を担っていることが推論できる。

最高評議会が様々な政治的立場の人材によって構成されているならば，奨学金センターは学生の奨学金を監督する法学権威の代理機関である。しかしすでに見たように「最高評議会」は国家の支配に賛同する「講師協会」員の寡占状態になってきた。加えて，奨学金センターの設置そのものも，「最高評議会」による発案であった［cf. Shīrkhānī and Zāre‘ 1384: 62－63］。それゆえ奨学金センターは各法学権威の支給額を監視する役目を担っていると言えるだろう。また競合相手への制限を制度化したことに加え，「公式」の奨学金制度の設定は，ハーメネイー師が「正当な」手続きを経て，多額の資金を法学生に供与できる仕組みを生み出している。

他方，「公式」の奨学金制度に参加する法学権威にとって，その制度は法学権威間の差異化を図る役割を担っている。先に述べたように，「非公式」の奨学金は限定的であり，支給の規模，額ともに小さい。他方，「公式」の奨学金は基本的には法学生全員に行き渡り，規模・額ともに大きい。換言すれば，制度の参加・不参加が支払い能力のある法学権威と支払い能力のない法学権威を峻別していることになる。奨学金は信徒から集められたフムスを財源としている。各々の信徒によって支払額が異なるため必ずしもそうとは言えないものの，支払い能力がないことは，法学権威の社会的支持基盤の脆弱性を意味する。つまり「公式」の奨学金制度が法学権威内の差異化を図る仕組みであることが，法学権威の側がそれに参加する理由のひとつになっていると考えられる。

以上のような「公式」の奨学金制度の性格を踏まえると，「公式」の奨学金制度の実施には2つの側面があることが推測できる。ひとつは，ハーメネイー師が「正当な」方法によって法学界に経済的な役割を確立するという側面である。もうひとつは，他の法学権威の経済的な役割を限定する側面である。

小　結

本章では，コムのホウゼの運営組織改革と奨学金制度について検証した。

その結果，ハーメネイー指導体制下におけるコムのホウゼの変容について2つの点が指摘できる。

第一にイスラーム法学者同士の競合が制度的には保証されている点である。「最高評議会」のメンバーは制度的にはコムのホウゼ内のイスラーム法学者内の選挙によって決められる。その点では，コムのホウゼ運営をめぐって，イスラーム法学者同士の競合が可能である。また「公式」の奨学金制度でも，イスラーム法学者同士の競合は可能であった。国家の支配に対して政治的姿勢を示さないスィースターニー師やヴァヒード・ホラーサーニー師らに加え，モンタゼリー師やサーネイー師といったハーメネイー指導体制を公然に批判する法学権威も参加していた。つまり参加者そのものに政治的な排除は行なわれていなかった。したがって，法学権威が奨学金を支給するという前提と，その結果法学権威同士に序列が生まれるといった点では，法学権威同士の競合は保証されている。

第二に競合を制限する仕組みが制度内に構造化されている点である。最高評議会のメンバー決定プロセスについては，国家機構における国家の支配を支える法学者組織である講師協会がその責任を負っている。その結果，「最高評議会」のメンバー選出は実質的には「講師協会」内の人員配置換えとなっている。また「公式」の奨学金について言えば，「最高評議会」傘下の奨学金センターが各法学権威の支給額を監視することで，法学権威同士の競合に制限を加えている。

コムのホウゼにおいては，運営組織改革の結果，宗教界内の国家の支持集団である「講師協会」が独占的に運営に携ってきた。また，彼らによって立案・実行された「公式」の奨学金制度の実施の結果，ハーメネイー師が全体の3分の1以上を占める奨学金を正当な手続きによって支給する状況が生まれてきた。それはウォルブリッジらが強調する暴力的措置に基づいた国家による宗教界支配という議論については再考の余地があるということであろう［Walbridge 2001b: 234－245; Amnesty International 1997: 8－25］。また制度を国家が確保しつつ，反国家勢力を含めた一定の競争を維持させるという支配の構造は，中央政治における支配の構造と重なっている。つまり権威主義体制論者らによって論じられてきた，一定の政治勢力の競合と制度を通じた制限という政

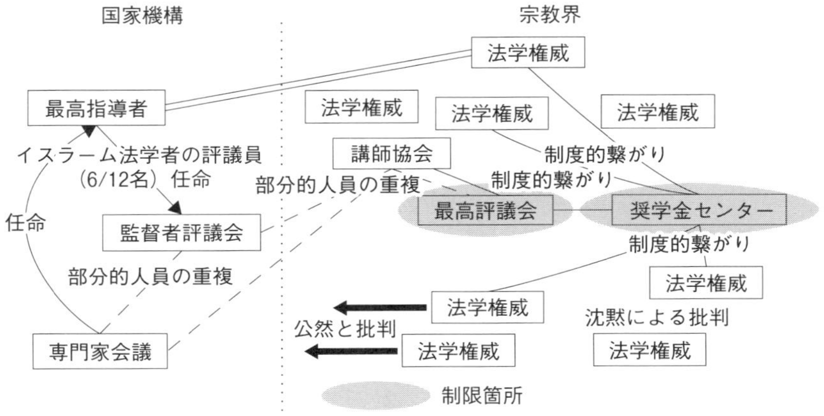

（出所） 筆者作成。

図９ 本章の議論に基づいた国家による法学界の支配構造

府機構内の国家による支配の構造と重なる（**図９**参照）［Keshavarzian 2005: 73－87］。

ハーメネイー指導体制下のこのような宗教界の新たな動きは，「保守派」とよばれる国家の支持集団と国家との利害関係を顕著に示してきた。「講師協会」側は，国家への支持によって社会的知名度を高めることが可能になるという利益があった。他方，国家側は，知名度のあるイスラーム法学者を国家機構に再配置することで支配の安定性を図ることが可能になるという利益があった。それゆえ両者のあいだには，利害関係の一致が存在し，それによって「講師協会」が国家の支持集団になっていた。こうした両者の関係は，2012年に行なわれた「最高評議会」選挙においても未だに維持されていた。したがって，国家内の宗教勢力が国家を支えるという構造そのものに，大きな変動はなく，国家の支配構造は維持されていると言えるだろう。

第8章　イスラーム共和体制下における生命（いのち）をめぐる法－倫理関係

はじめに

本章では，革命後のイランにおける「バイオエシックス」の展開をもとに，一般信徒の宗教的価値の再編成を通じて，イスラーム体制という国家形態について再考してみたい。イスラーム体制の樹立，またハーメネイー指導体制による宗教界への介入など，イスラームを取り巻く状況は大きく変化してきた。では，その変化は国民でもある一般信徒にどのように作用してきたのだろうか。この問いの目的は，現代におけるイスラーム体制を近代国家として再考することである。

1　法－倫理関係から見たイスラーム共和制の再考

イスラーム体制下のイラン国家は，イスラームの理念に適った社会・政治運営を試みてきた。このようなイスラームという宗教に立脚した国家は，政教一元あるいは政教一致の国家であると言われてきた。そして政教分離を原則とした西洋近代の世俗国家とは一線を画すと国家形態としてしばしば捉えられてきた［e.g. 小杉 2006: 174－176］。

イスラームに立脚した国家と言うと，読者のなかには当然イランの人々も宗教的にも熱心になってきたのではないかと思うかたも少なくないだろう。

だが筆者が主に調査してきた宗教都市コムはさておき,「正統」なイスラームの実践からの逸脱者や無信仰者など脱宗教的側面に出くわす場面も少なくない。また宗教実践に熱心であっても,個人主義的な動機であることも少なくない[(1)]。印象ではあるが,こうした脱宗教化や信仰の個人主義化は,近年首都テヘランなどの都市部を中心に,ますます顕著となってきたように思われる。

イラン社会における脱宗教化や信仰の個人主義化は,世俗化論の一角をなす。世俗化論は,1960年代にブライアン・ウィルソンによって現代宗教の一般理論として提唱され,ピーター・バーガーやトマス・ルックマン,ロバート・ベラーといった宗教社会学者によって発展させられた。それらは単純にヴェーバー的な呪術的(宗教的)事象の社会的衰退を意味するだけではなく,専門家システムの創出と社会生活の細分化,生活世界の統合構造の変化,さらには私事化などと相互に関係し合った議論である。諸岡[2011: 625－626]の言葉を借りれば,一連の世俗化論は「近現代社会における「従来的な意味における宗教」の変容と,それによって浮き彫りにされる「従来見逃されてきた種類の宗教」の登場ないし存続という,二重の論点をもつ」議論である。だが一般的な理解として世俗化論は宗教の社会的役割の喪失として単純化されてきたきらいがある。特に1970年代後半から公共領域において宗教が顕在化する現象が多数発生すると,世俗化論は事実誤認の理論として修正ないし,廃棄へとシフトしていくことになった[(2)]。そして一連の世俗化論を皮肉にも反証するかたちでセンセーショナルに登場した事例が,1979年のイラン革命であった。

ところが,すでに述べたように,世俗化論を反証する事例であったはずであり,西洋の政教分離とは異なる政治体制と言われてきたイランにおいて,近年顕在化してきた宗教現象の特徴は,脱宗教化や信仰の個人主義化である。宗教が個人的な信念の問題へと展開してきた点は,まさにルックマン流の世俗化論である宗教の「私事化」そのものである。では,西洋の世俗主義国家とは一線を画すと言われてきたイスラーム体制において,これまで世俗主義国家下における現代宗教の特徴として指摘された私事化が起こりうるのだろうか。このイスラーム体制下における世俗化現象は,イスラーム体制下の政治と宗教の関係，つまりは政教関係に基づいた世俗主義国家とは一線を画すというこれまでの認識は再考の余地があることを示唆している。言うまでもなくイスラーム体制も近代以降に誕生した国家である。それゆえイスラーム体制は世俗主義国家と何らかの点——イスラームを私的な信念の問題として捉えることを可能にする構造的な配置——において，共通しているのではないかと考えられうる。そこで目を向けたいのが，タラル・アサド［2006b］の議論である。

『世俗の形成』においてアサド［2004］は，近現代世界における政治的教理としての世俗主義について，世俗主義に先行する世俗が相対的で関係的であることを系譜学的に明らかにしながら，世俗主義の脱普遍化と世俗概念に対する批判的な再考察を行なった。前書『宗教の系譜』に続く，アサドによる西洋近代の脱普遍化を通じた同書の議論が現代における宗教現象をめぐる新たな視座を提示したのかどうかについては，ここで論じるところではない。筆者が同書について目を向けたいのは，政治的教理である世俗主義に基づいた世俗主義国家における宗教，法，倫理(3)をめぐる三者関係である。

近代の国民国家においては，各々が帰属するアイデンティティを超越し，対立する世界像を統一的な体験に置き換える超越的媒介として世俗主義が企図された［アサド 2006b: 6］。同時に私的理性と公共的原則との区別を要請する世俗主義の教理は，一律ではない「世俗的なもの」によって私的理性に「宗教的なもの」を振り当てる［アサド 2006b: 10］。平和を破る蓋然的な原因でない限り，宗教は本質的に私的理性をめぐる信仰の問題となった。そして近代エジプトの事例によって顕著に示されているように，世俗的近代性は「(国家が体現し，創出し，管理する）法」と「(家庭が育て，支える「責任ある個人」が心砕くはずであるところの）道徳」とを区別する図式を持つ［アサド 2006b: 302］。つまり近代西洋に出現した世俗主義国家の特性とは，政教分離にとどまらず，法と個人の倫理との乖離であり，宗教は信念の問題として個人の倫理を自己規律するにとどまるということである(4)。

アサドは西洋社会による世俗概念の本質化が西欧におけるムスリムの宗教問題と深く関わっており，西洋とムスリムとは非対称的な関係であることを明らかにした。しかし本章で筆者が試みようとしていることは，アサドの反対である。つまり現代のイランにおけるイスラームと国家の問題を脱本質化しつつ，イスラーム体制と近代世俗主義国家との関係を明らかにするところにある[(5)]。

そこで本章では革命後，特に1990年代以降のイランにおける法と倫理の関係について，イランにおけるバイオエシックスの展開を事例に以下の手順によって検証したい。まずバイオエシックスが法と倫理，さらには宗教との関係を論じる事例としてどのように位置づけられるのかを明らかにしたい。そこでアメリカで誕生したバイオエシックスの展開と多様な広がりについて概観したい。次にイランの制度について論じることが，従来のイスラームにおける「バイオエシックス」についての研究にとって，どのような位置づけとなるのかを明らかにしたい。最後に現代イランにおける「バイオエシックス」の展開を宗教界と国家の動向を中心に明らかにしていきたい。

2　バイオエシックスの形成と生命をめぐる法－倫理関係の展開

生命科学や先端医療は，20世紀後半に飛躍的に発展を遂げた。それらの研究や技術は細胞レベル，さらには遺伝子レベルへと発展を遂げてきた。その結果，治療不可能と思われていた難病の克服をはじめとして，われわれの生活に様々な恩恵を与えてきた。だが生命の神秘が解体されると同時に，生命をめぐる研究や技術の急激な発展に対しては，倫理的な危機感も持たれるようになった。1970年代に生命をめぐる倫理的問題を検討する学問・制度・社会運動として形成されたバイオエシックスが世界的に広がってきたこととも無関係ではあるまい。

バイオエシックスは，1970年に免疫学者ヴァン・レンセラー・ポッター（Van Rensselaer Potter）によって，地球環境の危機の克服と人類生存のための科学として提唱された[(6)]。だが，次第に議論は拡張され，生命をめぐる議論へと展開していった。環境問題から生命に対する倫理まで幅広い議論が展開されたが，次第にバイオエシックスは生命をめぐる倫理としての性格を強めていった。バイオエシックスが扱う対象範囲をめぐる議論が白熱するなか，ジョージタウン大学ケネディ倫理学研究所によって，『バイオエシックス百科事典』が刊行された。そして同書の刊行によって，バイオエシックスとは，生命科学や先端医療の発展によって引き起こされる生命をめぐる倫理的問題を扱う学際的な学問領域として定着するようになった［小松 2005: 7; 廣野 2010: 139－142］。

バイオエシックスが1970年代に形成される以前から，医療の現場では生命を扱う上での倫理があった。つまり医療倫理である。そしてバイオエシックスの歴史は医療倫理の展開と不可分に結びついてきた。実際，皆吉［2010: 42－46］によれば，バイオエシックスが形成される史的転換点について，バイオエシックス史の研究者のあいだでは医療倫理との関係から論じられることが常となっている[7]。そして皆吉［2010: 42－46］が指摘するバイオエシックスと医療倫理との関わりは，日本における生命倫理学の展開にも共通していることであろう。

米国で形成されたバイオエシックスは，日本においては，1977年に青木清によって生命倫理（学）として翻訳され，紹介された。そして1980年代の脳死・臓器移植の問題を通じて脚光を浴びるようになった［田代 2004: 91－92］。だが正確には，バイオエシックスと生命倫理（学）は同じものではない。むしろ生命倫理（学）とは，バイオエシックスの日本への文化の翻訳作業と土着化によって生みだされてきたものである。たとえば，バイオエシックスが生命倫理（学）として日本で紹介された際には，しばしば自己決定中心主義など，バイオエシックスの持つ個人主義的・功利主義的側面が厳しい批判に晒されてきた。そこで日本の文化的風土に即した生命倫理（学）が希求された。日本の生命倫理(学)の展開からも明らかなことは，バイオエシックスが世界的に広がるなかで，土着化の作業を経て，多様な展開を持ってきたということである。

ところで，日本で批判の対象となったバイオエシックスの持つ個人主義的・功利主義的側面は，米国の社会風土を背景とした結果であった。より具体的に言えば，キリスト教の神学者や宗教者が参加していた初期のバイオエシックス議論に対し，後年になって特定の宗教的価値観に立脚することのないよう，普遍化が希求されたためであった［田代 2004: 101－103］。つまりバイオエシックスが形成された過程では，すでに生命をめぐる領域が制度的に分化しており，宗教人だけでなく世俗の専門家も語ることが可能になっていた。さらに，バイオエシックスが形成されるにあたっては，宗教人が排除され，脱宗教化されてきたということである。その結果法制度としてのバイオエシックスは，宗教的に倫理的であることとは一致しない状況が生まれてきた。

しかしながら，1980年代後半から米国ではバイオエシックスと伝統的宗教が新たな関係を模索するようになった。だが，新たな関係の模索は，宗教に再びバイオエシックスを統合しようとする試みではない。制度的分化を前提としながら，相対的に自律した領域として宗教的資源をバイオエシックスに活用しようとする試みである［田代 2004: 109］。つまり生命をめぐる世俗化の結果生まれた法と倫理の乖離を，宗教的資源を活用することで克服しようと考えたのである。こうした米国のバイオエシックスの展開は，近代の世俗主義国家が抱えた倫理的問題を，領域の組み替えによって克服を図ろうとするポスト・モダン的な状況の縮図と言えるだろう。

以上のように，バイオエシックスの形成と広がりを概観することで，2つの点が明らかになった。ひとつは，バイオエシックスが世界各地に広がり，土着化するなかで，多様な展開の仕方が生まれてきたという点である。2つには，アメリカの事例に示されるように，バイオエシックスの形成が近代の世俗主義国家が抱える問題構造の縮図であるという点である。だが，問題は両者の関係である。日本の生命倫理（学）は，生命をめぐる倫理的問題を扱う学問・制度・運動としてのバイオエシックスとの共通性を持ちつつ，土着化の結果として固有性を同時に保ってきた。と同時に生命倫理（学）の場合には，世俗国家が抱える問題という点についても，ある程度共通しているのではないかと思われる。では，イスラームに立脚した政治体制を敷く革命後のイランにおける「バイオエシックス」は，バイオエシックスの展開としてどのような共通性と固有性を持っているのだろうか。加えて，バイオエシックスや生命倫理（学）と同様に，法と倫理の問題を抱えているのだろうか。そこで，イランの「バイオエシックス」の展開について焦点を当てていきたい。

3　イスラーム・バイオエシックス研究に向けて

イスラームの立場から形成されてきた「バイオエシックス」として，イスラーム・バイオエシックスがある。それは，研究者であると同時にオピニオンリーダーでもあるアブドゥルアズィーズ・サチェディナ［2009］らを中心に，これまで主にスンナ派の立場から学問領域として，また運動として精緻化されてきた［Sachedina 2009］。端的に言えば，そうした研究は，２つの方向に分かれる。

第一に，生命をめぐる本質的な議論についての研究である。クルアーンやハディースをはじめとしたテクストを通じて，イスラームの立場で生命についてどのような見解が蓄積されてきたのかを明らかにしようとしてきた。第二に，生命科学の技術・研究の個別の問題についての研究である。クローンやヒト胚，体外受精といった新たな医療技術・生命科学研究の問題に対する議論が，ムスリムのあいだでどのように議論されてきたのかを明らかにしようとしてきた。こうした先行研究は，イスラーム・バイオエシックスが，イスラームという伝統宗教が普遍的に担ってきた領域に位置づけられることと，現代的には超国家的な議論で展開してきたことを明らかにしてきた。

しかしながら，イスラーム・バイオエシックスの議論と国家の制度がどのように結びついてきたのか，あるいは国家とのあいだでどのような齟齬が生まれてきたのかという点については，それほど十分な研究の深化が見られない。つまり制度として確立されることで倫理的問題を抱えてきたバイオエシックスと，イスラーム・バイオエシックスが，どのような共通性と固有性を持っているのかという点が，十分に明らかにされてこなかったということである。それに対し本章ではイランの事例を通じて，実証的なアプローチでイスラーム・バイオエシックスとバイオエシックスの共通性と固有性について検証したい。

現代イランにおいて「バイオエシックス」が制度面で活発化したのは，後述するように2000年代以降である。つまり比較的近年の現象である。革命後の国家が，社会制度の「イスラーム」化を促進してきた。しかし生命という宗教が扱う根源的な問題については，意外にも，それほど深化してきたわけではないということである。またすでに述べた「バイオエシックス」と深く関わってきた医療倫理についても，制度化を含め活発化されたのは，1990年代以降の現象である。しかしイランにおいて医療をめぐる倫理的問題群が，それまで確固たるイスラームの領域の問題としてあったわけではない。むしろ医療倫理という領域は，宗教職能者であるイスラーム法学者だけでなく，医師も扱う領域として分化してきた。

イランにおいて医療倫理が医師の領域として形成され始めた端緒は，1963年に遡る。その年に，テヘラン大学のマフムード・ナーセロッディーン・エッテマディヤーン（Prs. Maḥmūd Nāṣer al-Dīn E'temādiyān）が『医療倫理と慣例（Prs. *Akhlāq va Adab-e Pezeshkī*）』を出版したことである［Zahedi, Emami Razavi and Larijani 2009: 41］。同書の出版は，イランにおける医療倫理の紹介として重要な意味を持っていた。もっとも，同書の出版がイランの医療倫理の形成の嚆矢となったものの，それによって制度面の整備が進んだわけではなかった。医療倫理は，医師や患者個人に帰属するものであった。だが重要な点は，生命をめぐる問題について医師が語ることを可能にさせたという点である。つまり，生命をめぐる問題について宗教的なアプローチだけでなく，非宗教的なアプローチも可能とさせたということである。

もちろんイスラーム法学者は個人の倫理観を支える上で重要な役割を担ってきた。イスラーム法学者の見解に従うことが，個人にとって倫理的であるためである。そのため，それまでになかった新たな製品や技術が登場した際には，イスラーム法学者に一般信徒がその利用のイスラーム法上の合法／非合法性を尋ねることもしばしばある。それはモッタヘデによる革命以前の下級のイスラーム法学者に関するエスノグラフィックな記述にも見られる［Mottahedeh 1985: 347－348］。加えて，法学権威制度も個人の倫理形成に大きな役割を担っていた。法学権威制度は，一般信徒と法学権威とのあいだにある習従関係を指す。この制度が個人の倫理形成と関係しているのは，理念的には個人が家庭・社会生活の諸側面で法学権威の見解を仰ぐ必要があるためである。第5章でみたように法学権威であるイスラーム法学者は，手紙や代理人を通じて，一般信徒からの質問に答えることが慣習化されてきた。またモンタゼリー師の『医学の法令（Prs. *Aḥkām-e Pezeshkī*）』ように，医療をめぐる法学解釈集が出版される場合もある。さらに，マザーヘリー師のように，あらかじめ『諸問題の解説集』に医療をめぐる法学解釈を記す法学権威もいる。

しかしながら，イスラーム法学者によって与えられる見解が信徒としての宗教的な倫理性を示すものであったとしても，その見解が個人の抱える問題にとって解決であるとは限らない。特に抱える問題が技術的に解消できる場合に，この矛盾が起こりやすい。たとえば，非婚姻関係での人工授精や体外受精の問題である。イランでもそれらは技術的には可能であり，実際に行なわれている。だが，多くの法学権威は，非婚姻関係での人工授精や体外受精を姦通（zinā）として禁止している［Clarke 2008: 35－41］。

つまり，伝統的なイスラーム法学の枠組みで医療倫理や生命倫理について検討しようとすると，実社会の要請と乖離してしまう可能性も少なくないということである。そのためサチェディナは，ムスリム諸国における生命倫理を検証する際に，ファトワーを検証する必要性の低さを指摘している［Sachedina 2009: 8－10］。そしてイスラーム法学者が現代の医療問題群に関して十分な専門的知識を持ち合わせておらず，ファトワーが古典的なイスラーム法学の手続き論研究の範疇を脱しえないことを理由として挙げている。

確かにサチェディナ［Sachedina 2009: 8－10］の指摘は，革命以前の「宗教学院」への入学者を引き合いに出せば，強い妥当性がある。しかし革命以降に入学したイスラーム法学者に関して言えば，高等学校の卒業が入学要件に加えられた［Shīrkhānī and Zāre‘ 1384: 45; 桜井 2001: 93］。また筆者のイスラーム法学者の知人のなかには，文系・理系双方の大学出身者も少なからずいる。さらに近年では，イスラーム法学者にあって各分野の専門的知識を備えたモウズーシェナースィー（Prs. mowẕū’shenāsī）とよばれるエキスパートの育成も盛んに行なわれてきた。そのため学術研究分野の専門的知識にイスラーム法学者がアクセスする機会が提供されてきた。たとえば，「科学と宗教の対話のための国際会議」である。その国際会議は2006年5月1日から4日に第1回会議が，当時の議会議長であったゴラーム・アリー・ハッダード・アーデル（Prs. Golām ‘Alī Ḥaddād ‘Ādel）の主導の下，テヘラン大学で開かれた。会議には，テヘラン大学の科学者と哲学者だけでなく，イスラーム法学者も主要なメンバーとして参加した［cf. Bohannon 2006: 292］。

このように，イスラーム法学者に学術研究分野の専門的知識へのアクセス機会が提供されてきた背景には，科学分野での発展が国家にとって死活問題となる実情がある。そのことは実際に先述の会議の趣旨が，法学者の理科系学問への知識を高め，イスラームと科学の共存をめざすところにあったことからも指摘できる(8)。つまり国家によるイスラーム法学者の取り込みの産物として，学術研究分野に対する専門知識が高められてきたということである。

他方で，イスラーム法学者側から学術研究分野の専門的知識へアプローチしようとする姿勢も見られる。その姿勢とは，新たな研究・技術に対する知識を高めようとする姿勢だけではない。新たな研究・技術に対するイスラーム法解釈の手続き方法に対して思索を深めようとする姿勢である。たとえば，イスラーム法学の専門学術雑誌『法学（Prs. *Feqh*）』に寄稿されたクローン技術の問題に関する諸宗教・諸宗派研究所（Prs. Markaz-e Moṭāle‘āt-e Adyān va Maẕāheb(9)）の研究員ハサン・エスラーミー（Prs. Ḥasan Eslāmī）の論考である［Eslāmī 1384］。その論考では，人間のクローン技術の問題を扱っている。彼は2003年にムスリム世界連盟（Prs. Rābiṭa al-‘Ālam al-Islāmī）主催の「イスラーム法学会議」でイスラーム法上禁止事項に定められたことに関して，解釈に至った典拠とロジックを解説するとともに(10)，シーア派法学の立場からの理論の再構築を試みようとした。

このように近年，生命科学をも含めた科学技術の専門知識に対するイスラーム法学者のアクセス機会が増えてきた。加えて，イスラーム法学者のあいだでも科学技術の倫理的問題への関心が寄せられるようになってきた。もちろん，こうした近年の現象は，医療倫理や生命倫理に関して国家レベルで制度化・組織化と深く結びつくものであろう。

4　ハーメネイー指導体制期における生命倫理の制度・組織化

前節で述べたように，医療倫理は革命以前からすでにイランへ紹介されてきた。しかし国家レベルで制度化や組織化が進められたわけではなかった。加えて，革命以降のホメイニー指導体制期においても，医療倫理については相対的に未着手の状態にあった[(11)]。だが，1989年に始まるハーメネイー指導体制期になると，医療倫理や先端医療研究や技術をめぐる「バイオエシックス」の制度化が徐々に図られるようになった。制度化のプロセスとしては，まず医療倫理について行なわれた。

1991年に保健医療教育省がテヘラン大学医学部との協力によって，『医療倫理——医学史概略を添えて（Prs. *Akhlāq-e Pezeshkī: Be Enẕemām-e Mokhtaṣarī az Tārīkh-e Pezeshkī*）』を発行した。それは革命後に行政レベルで医療倫理に関心が払われた最初のケースであった。そして，同書の発行以降，政治的に医療倫理への関心が高まった。同年には，イランで初めてとなる，現代の医療倫理問題を扱った学術誌『薬と精製（Prs. *Ṭebb va Tazkīye*）』も発行され，1993年にテヘランで第1回国際医療倫理会議が開催された［Zahedi, Emami Razavi and Larijani 2009: 41］。そして医療倫理が制度化される決定的な機会が，その国際会議を開いた同じ年に訪れた。「医療倫理学研究所」の設置である。この研究所は保健医療教育省が医療倫理の促進を目的に設置したものであるが，実質的には政策立案に深く関わる政策機関であった。［Aramesh 2007; 2009: 322; Zahedi, Emami Razavi and Larijani 2009: 42］[(12)]。そしてイスラーム国家の下で医療倫理の制度化の試みは，医療倫理の「イスラーム」化も模索するようになった。その結果，イスラーム法学者を倫理審査機関に組み入れ，医療倫理とイスラームとの統合が行なわれた。

倫理審査機関の代表は，1998年に発足した「医学研究国家委員会（Prs. Komīte-ye Mellī Akhlāq-e Zīstī）」である。この委員会は，保険・衛生省など政府機関によって組織され，メンバーにイスラーム法学者が含まれる［Larijani, Zahedi and Malek-Afzali 2005: 1064－1065］。この国家委員会の下部組織には，40を超えるイラン全土の医療系学部のある大学によって組織される「医学研究に関する地域委員会（Prs. Komītehā-ye Manṭaqe-ye Akhlāq dar Pazhūheshhā-ye ʻOlūm-e Pezeshkī）」がある。この地域委員会は個々の大学での研究プロジェクトに関する倫理審査を行なう。これらの委員会の構造から明らかなことは，イスラーム法学者が全体の倫理責任を負うものの，個々の案件について実際に審議するわけではないということである。もちろん制度的には，医学的研究についてはイスラーム上，「合法」のお墨付きを与えていることになる。このような実際には個々の案件について審議しないものの，制度にイスラーム法学者を組み込むことで，イスラーム的な「合法」性を与える方法は，「バイオエシックス」の制度についても共通している。

先端医療や生命をめぐる研究領域に関する倫理，つまり「バイオエシックス」の制度化は，イスラーム評議会で脳死および臓器移植を容認する法案が可決された2000年に本格化していった[(13)]。2000年に，保健医療教育省によって，先端医療や生命をめぐる研究領域に関するガイドラインとして「研究倫理に関する26原則（Prs. Oṣūl-e 26 gāne Akhlāq dar Pazhūhesh-e Keshvar）」が作成された。このガイドラインは，基本的には，世界医師会など国際機関が発行している生命倫理のガイドラインとそれほど変わりはない。だが，名目上，イスラーム法学者が修正を加えたということになっている［Larijani, Zahedi and Malek-Afzali 2005: 1065－1067; Zahedi and Larijani 2008: 631］。また2002年には，そして2005年には，保健医療教育省と旧「医療倫理学研究所」によって，通称「研究に関する六つの倫理ガイドライン（Prs. Rāhnamāhā-ye Shesh-gāne-ye Akhlāq dar Pazhūhesh）」とよばれる臨床試験，未成年者に対する研究，遺伝子研究，胚研究，移植研究の六分野に関する生命科学研究のガイドラインが作成された［Larijani and Zahedi 2007: 45－46］。

このような国家を挙げた「バイオエシックス」の制度化とともに，2003年の胚移植や2005年の治療的妊娠中絶などの医療技術が議会の承認を得ることになった。そして議会によって承認された新たな医療技術はイラン社会で飛躍的に広がりを見せてきた。**図10**はイランにおける脳死移植件数の推移を示したものである[(14)]。2000年に脳死および臓器移植について議会の承認が得られる以前に関しては，1994年に初めて脳死移植が行なわれて以降，移植提供者は年数人の範囲にとどまっていた。しかし議会の承認が得られた2000年には20人に増加して以降，提供者数は増加の一途をたどり，43人であった2001年から430人であった2011年の10年間に10倍にまで増えてきた。ちなみに2010年に日本で行なわれた脳死移植提供者が113件であることを考えると，イランでの脳死移植提供者数が多いということがわかるだろう。

しかしながら，新たな医療技術が「イスラーム」に裏打ちされた制度の上

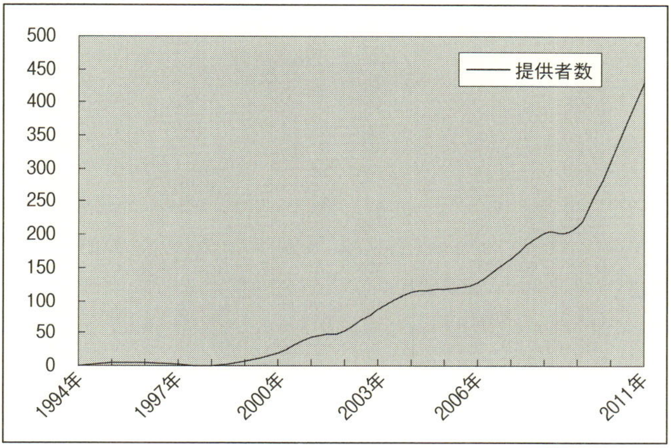

図 10　イランにおける脳死移植提供者数の推移

で合法であるといっても，イスラーム法学者の多数派の見解として合法であるというわけではない。むしろハーメネイー最高指導者が合法と判断することが，イスラーム法学上の「合法」と定められたにすぎない。ハーメネイー指導体制期の「バイオエシックス」の制度化に大きく貢献してきたバーゲル・ラリージャーニーとファルザーネ・ザーヘディーも認めるところである［Larijani and Zahedi 2007: 401－404］。たとえば，脳死について，イランにも多数の支持者をもつスィースターニー師やイラン国内で影響力のあるサーフィー・ゴルパーイェガーニー師は脳死を人の死と捉えていない(15)。結局のところ，イランにおける「バイオエシックス」の制度はハーメネイー最高指導者の見解が反映されたにすぎないのである。

小　　結

本章では，法と倫理との関係に着目し，イランの「バイオエシックス」制度を事例に検討してきた。

イランでも革命以前から，医療倫理の展開に示されるように，生命をめぐる領域は，宗教人だけでなく，医師も語ることのできる領域として，制度的な分化が起こってきた。革命後になっても，政治・社会制度がイスラームに統合される一方で，生命をめぐる領域は国家にとって長いあいだ未着手の領域であった。しかしハーメネイー指導体制期になると医療倫理や「バイオエシックス」をめぐる領域が可視化できるようになった。と同時に，国家の主導する「イスラーム」に「医療倫理」や「バイオエシックス」を制度として統合しようとする動きも起こってきた。

そうした国家が主導する「バイオエシックス」の制度は，ハーメネイー最高指導者をはじめとした少数派の見解であった。また国家に協力的なイスラーム法学者の見解とも必ずしも一致しておらず，国家支持派のあいだでも十分な合意形成が行なわれているわけではなかった。だが，ハーメネイー最高指導者ら少数派の見解は，脳死移植の件数の増加に見られるように現実社会の実情に適っていた。

イランの「バイオエシックス」の展開は，複雑なイスラーム的倫理の構造を生み出してきたと言えるだろう。たとえば，脳死をとりあげてみよう。脳死を認めない法学権威に従う個人にとって，宗教的倫理に従うことは脳死を認めないことになるだろう。だが，彼／彼女の倫理に反し，法制度はイスラームの名の下に脳死を認める。つまりイスラーム国家によって施行される法がイスラーム的倫理を保証するわけではなく，ただ社会的に合法であることにすぎない。また脳死を認めない法学権威に従う個人が脳死を認めたとしても，彼／彼女をイスラーム的倫理に欠いていると誰も責めることはできない。というのも，国家は法がイスラームに適っていると主張するためである。もちろん，全ての法学権威の見解が一致している案件に関する法の場合には，法はイスラーム的倫理を保証するだろう。また法がハーメネイー最高指導者の見解を常に反映していることからすれば，彼に従う者にとっては，法は常にイスラーム的倫理を保証し続けるものであろう。

以上のように革命後のイラン，ハーメネイー指導体制以降，「イスラーム」に基づいて運営されている法と，個人の信仰に基づいた倫理のあいだに隔たりが生まれてきた。このような法と倫理の関係は，アサド［2006b］が描いたように世俗国家における法と倫理と「宗教」の構造的配置と同じである。こうした法と個人の倫理とのあいだに生まれる隔たりが，イスラームを信仰の問題として捉えることを可能としてきた一因であると考えられる。そしてこの法と倫理の構造的配置は，イランという現代の「宗教国家」を表象する上で，皮肉的である。米国のバイオエシックスの場合，法と倫理の問題は，生命をめぐる問題について脱宗教化することで生まれてきた。他方，イランの場合では，問題は生命をめぐる問題を宗教的領域に統合しようとしてきた結果生まれてきた。つまり目的に明確な差異がありながらも，行き着く先は同じという皮肉な結果である。

世俗主義国家とイラン国家とのあいだに政教関係の相違がある。しかしイラン国家は世俗国家と同様に法と倫理の問題を共有する，近代国家のひとつにすぎないと言えるだろう。そしてそれはまた近代というプロジェクトが多元的に展開しつつも，同じ方向に進むという皮肉でありつつ，未来を共有し合える希望でもある。

第 9 章　イスラーム外交の転換
——イデオロギー外交から文化外交へ——

はじめに

これまで革命後のイランにおける宗教界の展開について，イラン国内との関わりを中心に検証してきた。本章では，イラン国外のシーア派コミュニティとの関係について検証していきたい。というのも，イスラーム体制が発足するなかで，イスラームはひとつの重要な外交戦略の要素となったと考えられてきたためである。しかしハーメネイー指導体制へと移行するなかで国家と宗教界の関係が再編されてきたことからすれば，当然ながらイラン外交におけるイスラームの位置づけや役割も変容してきたと考えられる。

そこで本章では，ハーメネイー指導体制下におけるイラン外交とイスラームとの関係と国外シーア派コミュニティへの影響について検討していきたい。

1　革命後のイラン外交とイスラーム・ファクター

革命の勃発は，国内政治の大転換点であっただけでなく，外交方針の大転換でもあった。「東でもなく，西でもなく（Prs. na sharq, na gharb）」というスローガンのもとに行なわれた，外交方針の転換である。

イランでは，1950 年代以降，東西冷戦構造を背景としながら，米国によるシャー政権の支援が行なわれてきた。1970 年代には，サウジアラビアと並び，イランは「米国の中東における憲兵」と称されるほどに，米国と緊密な関係を築いた。しかしホメイニー師は米国を「大悪魔」と敵視する姿勢を示した。もっとも，革命直後のイランでは，西側諸国と一定のつながりが維持された。それは，「東でもなく，西でもなく」というスローガンをめぐる解釈の多義性に由来していた。たとえば，革命直後に発足したバーザルガーン暫定内閣は，そのスローガンを完全な独立を保ちつつ，東側の脅威や影響力をチェックするために西側との関係を維持すべきと解釈した。それゆえ暫定政権下においては，米国とも良好な関係にあった［Behrooz 1990: 16－17; Murray 2010: 26－27］。また革命後最初の大統領であったバニーサドルの政権下においても，米国との関係は悪化していったものの，西側ヨーロッパ諸国との協力関係が模索された［Behrooz 1990: 19］。しかしイラン・イラク戦争を背景に，イスラーム共和党の独裁が 1981 年に完成すると［富田 1993: 37－38］，1984 年までイランは急激に国際社会から孤立していった。その背景には，西洋諸国との外交問題だけでなく「革命の輸出」とその失敗による周辺諸国との緊張関係の強化があった［Behrooz 1990: 20］。

「革命の輸出」とは，ホメイニー師によるイラン革命の「被抑圧者の解放」を，イラン国外のムスリム・コミュニティでも実践しようとする試みであった。周辺の湾岸諸国では，イラク系のイスラーム主義運動の影響を受けていたシーア派政治運動と結びつきながら，大きな影響を与えた[(1)]。湾岸諸国では，ホメイニーが代理人に任じたイスラーム法学者の政治活動家を介して，既存の政治体制に揺さぶりをかけた。特にバハレーンやクウェイトで顕著に見られた。

バハレーンはスンナ派のハリーファ首長家による君主制国家であるが，国民の多数派はシーア派であり，政治経済的に劣位に置かれていた。イラン革命後には，ホメイニー師の代理人を務めたハーディー・ムダッリスィー師（Hadī al-Mudarrisī）がシーア派系住民を扇動し，1979 年 7 月－9 月にかけて反政府デモを行なった。彼は 9 月にバハレーンから国外追放されると，テヘランで「バハレーン解放イスラーム戦線」を組織し，1981 年にはバハレーン政府転覆を画策した［cf. Louër 2008: 158－161］。一方，クウェイトでも，ホメイニー師の代理人に任じられていたアッバース・ムフリー師（Ar. ʻAbbās al-Muhrī）を中心に，シーア派の政治運動が高揚した[(2)]。コム，ナジャフでホメイニー師に直接薫陶を受けた彼は息子アフマド・ムフリー師（Ar. Aḥmad al-Muhrī）とともに，1979 年のホメイニーの帰国直後から支持を表明するとともに，クウェイト政府への抗議行動を表面化させた。結果，1979 年 9 月にムフリー師親子はクウェイトから追放されたものの，ホメイニー師からの厚遇を受け，イランを活動拠点に定めた［cf. Louër 2008: 167－172］。

しかしながら，湾岸諸国の例からも明らかなように，「革命の輸出」は実際には既存の政治体制の転覆につながるような，十分な成果を得ることができなかった。加えて，安全保障の観点から，イランの脅威に対抗して，サウジアラビア主導で湾岸協力会議（Gulf Cooperation Council）が設立された。イラン・イラク戦争において，周辺アラブ諸国によるイラク支援を招き，地域内での対イランの結束を強化することになった［Louër 2010: 77］。結局，イラン・イラク戦争を背景に，1980 年代半ばになるとイランは水面下で東西諸国だけでなく，周辺アラブ諸国との関係を結び，孤立路線からの修正を余儀なくされた［富田 1993: 194－199］。加えて，ハーメネイー指導体制が発足すると，内政のみならず，外交においてもイスラーム主義路線からの転換が図られた。

ところで，イスラーム主義路線から転換が図られたハーメネイー指導体制のイラン外交においては，「イスラーム」的側面はどのような方針転換を迫られたのだろうか。湾岸諸国のシーア派のあいだでは，それぞれの国家ごとに土着化した政治運動が 1980 年代以降継続していった［Louër 2008: 225－263; 2010: 81－87］。またイラン国家と対立するイラン在住のイスラーム法学者とのつながりがある一方で，イラン国家そのものとの関係が希薄であることも知られている。つまり，イラン外交における「イスラーム」的側面が，「革命の輸出」とは異なり，相対的に脱政治化されていった，あるいは廃棄されていったことが推測できる。

しかしながら，少なくとも国家にとって国内的には「イスラーム」性は重大な案件であった。それは，すでに述べたようにハーメネイー指導体制下において，国家が宗教界を支配構造に組み込んできたことからも察することができるだろう。それゆえ外交においても，単純に「イスラーム」性が廃棄されたとは考えにくい。むしろ国内の展開から察するに，国家の利益に適うかたちで宗教界が再編成されてきたことを考えると，外交における「イスラーム」性をめぐっても同様の展開を迎えてきたことが予測されうる。そこで，ハーメネイー指導体制下におけるイラン外交とイスラームとの関係について，宗教界に焦点を当てながら論じていきたい。

2　ハーメネイー指導体制下における宗教界再編と布教機関

「布教活動（tablīgh）」は，宗教の拡大のひとつとして位置づけられる宗教界にとっての義務である(3)。19 世紀においてもイラン・イラクを中心に環インド洋海域世界にわたる布教活動が行なわれてきた。そのためイラクのナジャフの法学権威たちによって，インドのラクナウやムンバイに派遣されたイスラーム法学者も少なくなかった［cf. 黒田 2008: 190－191］。だが「布教活動」といっても，一般的な意味での新たな信徒を獲得というよりはむしろ，実質的に各地にあるシーア派コミュニティにおいて既存の信徒に対する宗教的指導を中心に行なってきた。こうした「布教活動」は，すでに見たように，1940 年代になるとコムに居住していた大法学者ホセイン・ボルージェルディー師によってヨーロッパや北米にまで活動の範囲を広げていった。

1980 年代以降になると，イラクのナジャフ在住の法学権威による個人的な「布教活動」は，各地のコミュニティの需要と実情に合わせて行なわれる傾向が強くなった。その代表として 1980 年代のフーイー師や 1990 年代以降のスィースターニー師による活動が挙げられる［Walbridge 2001b: 239］。1980 年代半ばイラクへのフムスなどの宗教税の送金が困難になった。すでに述べたように，フムスの使用目的は，第一には宗教の拡大であり，法学生の奨学金や宗教学習施設の運営費に当てられてきた。しかしフーイー師は，イラク国外，特に米国やヨーロッパなどの中東にとっての遠隔地のコミュニティにおいては，宗教税を各地のコミュニティで実情に合わせて再分配する見解を出した。その結果，ミシガン州などでは，モスクやイスラミック・センターの建造が増加し，当該社会においてシーア派の存在がより一層可視化されるようになった［cf. Walbridge 1996: 63; Walbridge 2001b: 239］。

フーイー師やスィースターニー師などのイラクのナジャフ在住の法学権威

に加え，イランのコム在住の法学権威による「布教活動」も行なわれてきた。たとえば，イランで活動の制限が加えられてきた，サーデク・ロウハーニー師である。モスタファー・カズウィーニーが彼の代理人を務め，カリフォルニア州オレンジ郡のイスラミック・センターを拠点に活動を行なってきた［cf. Takim 2009: 148］。また彼の弟で，モハンマド・シーラーズィー師の娘婿にあたるハサン・カズウィーニー師も，ミシガン州を中心に活動を行なってきたことが知られている［Louër 2008: 266－267］(4)。

しかしながら，イランのコムの場合，ホセイン・ボルージェルディー師の没後，それまでの法学権威による個人的な布教活動に加え，コムの宗教界では布教者の養成所や広報活動施設の整備など，組織的な布教活動が開始された。そのため革命後のイラン外交とイスラームの関係として，「革命の輸出」と並んで，桜井［2001］によって，「布教活動」と宗教教育が指摘されてきた。イデオロギー外交と，こうしたイスラームをソフトパワーとした外交を区別するために，ここでは後者をイスラーム文化外交とよぶことにする。

イスラーム文化外交の担い手は，主に外交官とイスラーム法学者たちであった。外交官の場合，在外大使館に併設されたイラン文化センターを通じて行なわれてきた。そこでは，ペルシア語講座，イスラーム関係講座，各種講演会などの文化活動が行なわれ，革命の理念の普及が努められてきたという［桜井 2001: 96］。一方，イスラーム法学者の場合には，3つの方法で布教活動が行なわれてきた。第一に，短期的な布教活動であり，ムスリムが結集しやすい時期にイスラーム法学者が世界各地のシーア派コミュニティに派遣されてきた。たとえば，ムスリム全般が日の出から日没まで断食をはじめとした斎戒を行なうイスラーム暦9月のラマダーン月である。またシーア派の第3代イマーム，フサインとその従者が680年に殉教したことに対する哀悼儀礼が行なわれるイスラーム暦1月のムハッラム月や2月のサファル月である。派遣された彼らは，当該派遣先で礼拝の指導や説教などを行なってきた［桜井 2001: 96］。第二に，長期的な布教活動である。各地のシーア派コミュニティにマドラサやイスラーム学習センターが開設され，宗教教育が活性化されてきた［桜井 2001: 96－97］。最後に，再帰的な「布教活動」であり，各地のマドラサで学んだ法学生から優秀な者を選抜し，コムに留学させてきた［桜井 2001: 97]。

イラン外交と結びついた「布教活動」は，近隣のシーア派人口を抱えるアラブ諸国，また南アジア諸国や中央アジア諸国に加え，シーア派人口が極めて少ない，あるいはほとんどいない地域にまで及ぶ［桜井 2001: 95－96］。また大使館のない米国でも，イラン外交と結びついた組織的な「布教活動」が行なわれてきた。たとえば，米国の旧パフラヴィー財団の後任として，イランの「ホメイニー被抑圧者殉教者財団」の影響下に置かれてきたアラヴィー財団である。ニューヨークを拠点に，革命後ヒューストンやワシントンに宗教施設を開設し，ペルシア語教育とイスラーム文化の普及が図られてきた。加えて，北米各地のシーア派コミュニティに資金援助を行なってきた［Takim 2009: 52－53; 193］。そのため米国政府からの懸念も強く，2009 年にモスクが当局によって制圧されるという事件も起こっている［13 Nov. 2009 *Fox News*］(5)。

ところで，組織的な「布教活動」が世界中で行なわれてきた背景には，イラン側の組織的な変化も関係してきた。たとえば，留学生の受け入れ態勢の組織的な変化である［桜井 2001: 97］。1980 年代には，留学生は主に「ホッジャティーイェ学院」や「ハータム・アンナビー学院（Prs. madrase-ye Khātam al-Nabī）」で学んできた。しかし 1990 年代中頃になると，「エマーム・ホメイニー学院（madrase-ye emām khomeynī）」が開講され，留学生の大半がそこで学ぶようになった。近年では，2009 年に科学研究技術省の認可を受けて設置された「ムスタファー国際大学」が留学生の受け入れを一手に引き受けることになった［cf. 桜井 2014 : 52－68］。また留学生の選抜についても，ハーメネイー最高指導者が直轄するイスラーム学世界センター（Prs. Markaz-e Jahān-e ʻOlūm-e Eslāmī）が開設されると，同機関が留学生の選抜試験を統括するようになった。さらにイランへの宗教留学がそれほど一般的ではない地域では，大使館やイラン文化センターが留学希望者を募ってきた。このようにハーメネイー指導体制下における留学生の受け入れ態勢に変化が及んできた。

こうした組織的な布教活動が留学と密接に関係してきた背景には，両者の統合が布教の戦略として結びついてきたことがある。たとえば，イスラーム法学者の専門雑誌『ホウゼの夜明け（Prs. *Pegāh-e Ḥowze*）』に掲載された布教戦略論にあたる「海外布教と戦略的な計画の必要性（Prs. Tablīghāt-e Khārejī va

Ẕarūrathā-ye Barnāme-ye Rīzī-ye Rāhbardī)」を見てみよう[(6)]。

同論稿よると，布教活動の要員には，イスラーム法学者に加えて宗教留学生も想定されている。そしてイスラーム法学者の布教活動として3つの戦略的なパターンが提起されている。まずイスラーム的知識について十分ではないものの，布教活動地域に人的コネクションを持つイスラーム法学者を派遣するパターンである。次に，高度なイスラーム的知識を備えた布教者を，国外のイラン人コミュニティや布教者の母語と同一言語の近隣諸国に派遣しようとするパターンである。そして最後に，布教対象地域からイランのホウゼに留学させ，帰国後に布教対象地域にマドラサを建設し，漸次イランからイスラーム法学者を教員として派遣するパターンである。実際に同戦略がどの程度実施されてきたのかは明らかではないものの，先に述べた留学生受け入れの組織的変化などを加味すれば，「布教活動」がイスラーム法学を学ぶ留学生教育と密接に関係していることを示唆している。

それでは，留学生の受け入れ態勢の変化以外にも，ハーメネイー指導体制下における布教活動に変化が及んできたのだろうか。そこでイスラーム法学者の派遣事業の，ハーメネイー指導体制下の展開や近年のイラン国外における留学生の送り出しの実情について目を向けてみたい。

3　布教活動機関の国家への直接統合

第5章でみたように，革命前の宗教界のイスラーム法学者の派遣組織の関係組織は，革命後に「ホウゼ布教局」に接収されていった。「ホウゼ布教局」は，イラン全土に体制派のイスラーム法学者を派遣し，体制のプロパガンダの役割を果たしてきた。しかし「ホウゼ布教局」は，ラディカルなホメイニー師の熱烈な支持勢力によって運営されていた。たとえば，刊行物責任者であったアバーイェ・ホラーサーニー[(7)]師である。彼を中心とした動的法学派は，後に「改革派」の一翼を担う中央政治の統制経済派と結びついた［cf. 富田 1993: 41］。彼らのような動的法学派は，ハーメネイー最高指導者を支える保守派にとっての弊害であった。そのため，ハーメネイー師の最高指導者就任後には，彼らは「ホウゼ布教局」から追放されることになった。

ハーメネイー指導体制下において，布教活動に変化が見られたのは「ホウゼ布教局」の人員配置だけではなかった。イラン国外への布教活動の機能が政府の強い影響下に移行されたことがより大きな変化と言えるだろう。「ホウゼ布教局」は1990年代初頭以降，布教活動をイラン国内向けに特化していった［cf. Shīrkhānī and Zāre‘ 1384: 82］。そして国外の布教活動は，「イスラーム文化および諸関係機構（Prs. Sazmān-e Farhang va Ertebāṭāt-e Eslāmī/ Islamic Culture and Relations Organization，以下ICROと記述）」が担うようになった［cf. Shīrkhānī and Zāre‘ 1384: 82］[(8)]。

ICROは，ヒジュラ太陽暦1374（1995/6）年に設立された。名目的には政府から独立した「非政府組織」であるものの，その実態は非政府組織とは言い難い。まずその設立は最高指導者ハーメネイーの指示によるものであることである。加えて，設立の翌年ヒジュラ太陽暦1375（1996/7）年以降，政府予算から財政支援を受けてきたことである。つまり実質的には，イラン国家と強く結びついてきたことがうかがえる。

さらに世界各地にあるイラン政府系機関との事業の連携も図られてきた。**表8**はICROの各支部を示している。このうち独立支部は，ICROが単独で事務所を構えている場所を示す。また大使館／領事館文化部兼任は，各地にあるイラン大使館の文化部がICROの事業を兼任していることを指す。さらに文化センター兼任は，イラン・イスラーム共和国文化センターが兼任している場合を指し，大使館に併設された文化センターの場合も含んでいる。表からわかるように，ICROはイラン国外に66の事業拠点を持つものの，その半数は大使館や文化センターとの連携によって成り立っている。大使館や文化センターは，イランの文化外交の窓口である。それゆえICROがそれらと結びついてきたということは，いかにイランの文化外交，そしてイスラーム法学者の派遣事業と結びついてきたのかも明らかであろう。

イラン政府機関と連携したICROは，イラン・イスラーム文化の発信と文化交流事業を中心に活動を行なってきた。前者は，たとえば，出版活動や国際文化博覧会の実施あるいは参加[(9)]が挙げられる。出版活動では，イスラーム共和国憲法の各国語の翻訳書，イスラーム関係の書籍の中国語翻訳書やシーア派の初代イマーム・アリーの伝記である『ナフジュル・バラーガ（*Nahj*

表8　ICROの事業拠点

	独立支部		大使館／領事館文化部兼任		文化センター兼任
1	ウィーン（オーストリア）	1	アジズアベバ（エチオピア）	1	ロンドン（イギリス）
2	バクー（アゼルバイジャン）	2	エレバン（アルメニア）	2	ダッカ（バングラディッシュ）
3	カーブル（アフガニスタン）	3	タシュケント（ウズベキスタン）	3	サラエボ(ボスニア・ヘルツェゴビナ)
4	ティラナ（アルバニア）	4	ベルリン（ドイツ）	4	クエッタ（パキスタン）
5	プレトリア（南アフリカ）	5	ドバイ（アラブ首長国連邦）	5	カラチ（パキスタン）
6	ローマ（イタリア）	6	アブダビ（アラブ首長国連邦）	6	ラホール（パキスタン）
7	ベラルーシ	7	マドリード（スペイン）	7	ムンバイ（インド）
8	ダッカ（バングラディッシュ）	8	ジャカルタ（インドネシア）	8	ダルエッサラーム（タンザニア）
9	サラエボ(ボスニア・ヘルツェゴビナ)	9	ソフィア（ブルガリア）	9	デリー（インド）
10	ペシャワール（パキスタン）	10	イスラマバード（パキスタン）	10	パリ（フランス）
11	ハイデラバード（パキスタン）	11	ドシャンベ（タジキスタン）	11	ザグレブ（クロアチア）
12	ラワルピンディー（パキスタン）	12	イスタンブール（トルコ）	12	クウェイト・シティ（クウェイト）*
13	アシュカバード（トルクメニスタン）	13	北京（中国）	13	バンコク（タイ）*
14	アンカラ（トルコ）	14	モスクワ（ロシア）	14	ベオグラード（セルビア）*
15	チュニス（チュニジア）	15	ハルツーム（スーダン）		
16	ルサカ（ザンビア）	16	フリータウン（シエラレオネ）		
17	ハラレ（ジンバブエ）	17	マニラ（フィリピン）		
18	コロンボ（スリランカ）	18	ナイロビ（ケニア）		
19	ダマスカス（シリア）	19	カイロ（エジプト）		
20	ストックホルム（スウェーデン）	20	ラゴス（ナイジェリア）		
21	ダカール（セネガル）				
22	アクラ（ガーナ）				
23	カザン[i]				
24	アスタナ（カザフスタン）				
25	ビシュケク（キルギス）				
26	ドーハ（カタル）				
27	ベイルート（レバノン）				
28	クアラルンプール（マレーシア）				
29	タラーブルス（リビア）				
30	ナヒチェヴァン[ii]				
31	サナア（イエメン）				
32	アテネ（ギリシア）				

*　大使館併設の文化センター
[i]　タタールスタン共和国（ロシア）
[ii]　ナヒチェヴァン自治共和国（アゼルバイジャン）
（出所）　http : //www.icro.ir/index.aspx?siteid=261&pageid=20501 を基に筆者作成。

al-Balāgha)』の翻訳書などが出版されてきた［15 Jul. 2010 *ABNA*; 31 Dec. 2010 *ABNA*; 19 Sep. 2011 *ABNA*］。また関連財団の「イスラーム思想財団（Bonyād-e Andīshe-ye Eslāmī）」によって広報誌も発行されてきた［17 Aug. 2011 *ABNA*; 26 Aug. 2011 *ABNA*; 1 Sep. 2010 *ABNA*］。翻訳書は，国際ブックフェアなどへの参加を通じて，国外のムスリムに発信されてきた(10)。また文化交流事業として，国外の高等教育機関との学術協定や海外政府との文化協定の締結(11)，国外の国際会議の参加あるいはICRO主催の国際会議の開催も行なわれてきた(12)。さらに文化交流事業は，必ずしもムスリムの間で行なわれてきたわけではない。たとえば，ロシア正教会や正教徒であるアッシリア人との対話といったように(13)，イスラーム以外の宗教との文化交流，いわゆる他宗教間対話も企図されてきた。

こうした文化交流事業と並行して，実態についてそれほど報道されることがないものの，ICROは布教活動も行なってきた。ICROの布教活動については，機構関係者のインタヴューや演説記事，布教者の体験談から確認できる［e.g. 27 Jul. 2010 *IRNA*(14)］。ICROで国外に派遣される布教者は，コムで数年に一度開催されている選抜試験を経て決定されてきた［Shīrkhānī and Zāre‘ 1384: 82］。そしてICROの活動は，近年ますます活発化してきた。それはアフマディーネジャード政権発足以来，ICROへの政府資金援助は漸次増加してきたことからもうかがえる。ヒジュラ太陽暦1389（2010/1）年度でおよそ，ICROの年度予算は約5千万USドルに達していた。そして2010年10月に就任したモハンマド・バーケル・ホッラムシャード(15)新機構長の下で，ヒジュラ太陽暦1390（2011/2）年度の予算として，前年の3倍にあたる1500億トマーン（約1億4555万USドル(16)）を申請してきた［24 Oct. 2010 *Fars News Agency*; 30 Jan. 2011 *Fars News Agency*］。アフマディーネジャードは，1981年8月30日に暗殺されたラジャイー以来の非イスラーム法学者の大統領であった。彼は就任当初からイスラームをめぐる独自の解釈を示すなど，宗教界を軽視する態度が問題にされてきた(17)。しかしICROへの資金援助に示されるように，実際には宗教界の活動と結びついた事業強化が図られてきた。

宗教界の布教活動が国家の政策と直接結びついてきた例は，ICRO本体にとどまらない。ICROの2大関係機関である「イスラーム諸宗派近接世界協会（Majma‘-e Jahānī Taqrīb-e Madhāheb-e Eslāmī，以下 MJTME と記述）」と「お家の人世界総会（Majma‘ Jahānī Ahl al-Beyt，以下 MJAB と記述）」である。

MJTME は，イスラーム内の宗教間対話を目的としてハーメネイー最高指導者の命で，ヒジュラ太陽暦 1369（1990/1）年に設立された[(18)]。ホメイニー指導体制下においても，パン・イスラームは主張されてきた。しかし諸宗派の連帯が主張される一方で，諸宗派間の融和に欠き，実質的には失敗に終わった［Buhta 2000: 282－284］。他方，ハーメネイー指導体制下では，諸宗派間の融和が図られてきた［Buhta 2000: 284］。MJTME は，その政策を代表しており，ハータミー政権樹立後には，イランで初めてイスラーム諸国会議機構がテヘランで開催された。

他方，MJAB の活動を代表するものとしてムスリム同士の国際集会事業が挙げられる。なかでも「総会」は，世界各地のシーア派コミュニティの相互交流を促進してきた[(19)]。「総会」は世界各地のシーア派コミュニティの代表者によって，1990 年以降 4 年ごとに開催されてきた。また第 1 回会議以降，漸次参加者および参加国が増加し，規模を拡大してきた[(20)]。「総会」は，各地の一般信徒の代表者同士による意見交換の場として機能してきた。同時に，世界各地のコミュニティの代表者を任命することで，MJAB は世界各地のシーア派コミュニティをイランに結びつける，新たなネットワーク形成を形成してきた。

この他にも，MJAB は，布教者の養成と派遣も行なってきた［23 Apl. 2009 *Fars News Agency*; 15 Feb. 2011 *Aftab*[(21)]］。また通信社「アフルルバイト・ニュース・エージェンシー（AhlulBayt News Agency）」を含めた宗教関連のメディア運営も行なってきた。さらに，イスラーム関連の教育研究事業も行なわれてきた[(22)]。

こうした MJAB の運営にあたって評議会制をとっているなかで，その幹部レベルの人材は，ICRO と一部重複している。たとえば，ICRO の前機構長メフディー・モスタファヴィー[(23)]，その前任者マフムード・モハンマディー・エラーキー（Maḥmūd Moḥammad‘Erāqī）は，MJAB の現評議員を務めている[(24)]。したがって MJAB と ICRO の両組織は人材面からも強いつながりを持つ特徴がある。また MJAB の幹部レベルの人材面に関していえば，ハーメネイー最高指導者の側近であるという傾向が強い。たとえば，メフディー・

モスタファヴィーも，1997－2006年まで外務大臣顧問，最高指導者事務局国際部次官を務めてきた。加えて，レバノンのヒズブッラーの指導者ハサン・ナスルッラー（Ḥasan Naṣr Allāh），ハーシュミー・シャーフルーディー前司法権長らもハーメネイー最高指導者と近しい[(25)]。

ICROやMJABに示されるように，ハーメネイー指導体制下においては，宗教界の布教活動は国家の戦略と密接に結びついてきた。加えて，布教活動を担う組織が国家の管轄下に置かれてきた。それでは，このような国家戦略と結びついた布教活動，また留学生獲得は，世界各地のシーア派コミュニティにどのような影響を与えてきたのだろうか。

4　フィールドにおけるイスラーム外交の反響

インドのマハーラシュトラ州の州都ムンバイには，いくつかの12イマーム派のシーア派コミュニティが点在している（**図11**参照）。19－20世紀前半にイスマーイール派から現在のイランと同じ12イマーム派に悔悛したホージャや，歴史的な12イマーム派コミュニティである。なかでもムンバイの世界遺産のひとつチャトラパティ・シヴァージ・ターミナス駅からほど近い，ドングリ地区はムンバイにおけるシーア派の中心となっている。ポルトガルの影響を受けた歴史的な建造物も多いドングリ地区は，周辺の地区とともにムンバイのムスリム・コミュニティのひとつである。しかし他の地区と異なり，相対的にシーア派ムスリムが多数居住している。そして同地区を代表するモスクこそが，「イラン人のモスク」ともよばれるムガル・モスク（mughal masjid）である[(26)]。

筆者が同モスクを初めて訪れたのは，2012年11月であり，第3代イマーム，フサインの殉教を哀悼するシーア派最大の宗教儀礼が行なわれる時期であった。すでに述べたように，同時期は，イスラーム法学者が活発に派遣される時期のひとつにあたり，ムガル・モスクにも日ごとに異なるイスラーム法学者が訪れていた。彼らは，マジュレスとよばれる服喪集会を開くなかで，殉教語りとともに説教を行なっていた。それらはすべてマハーラシュトラ州の公用語であるマラーティー語で行なわれていた。筆者はマラーティー語に

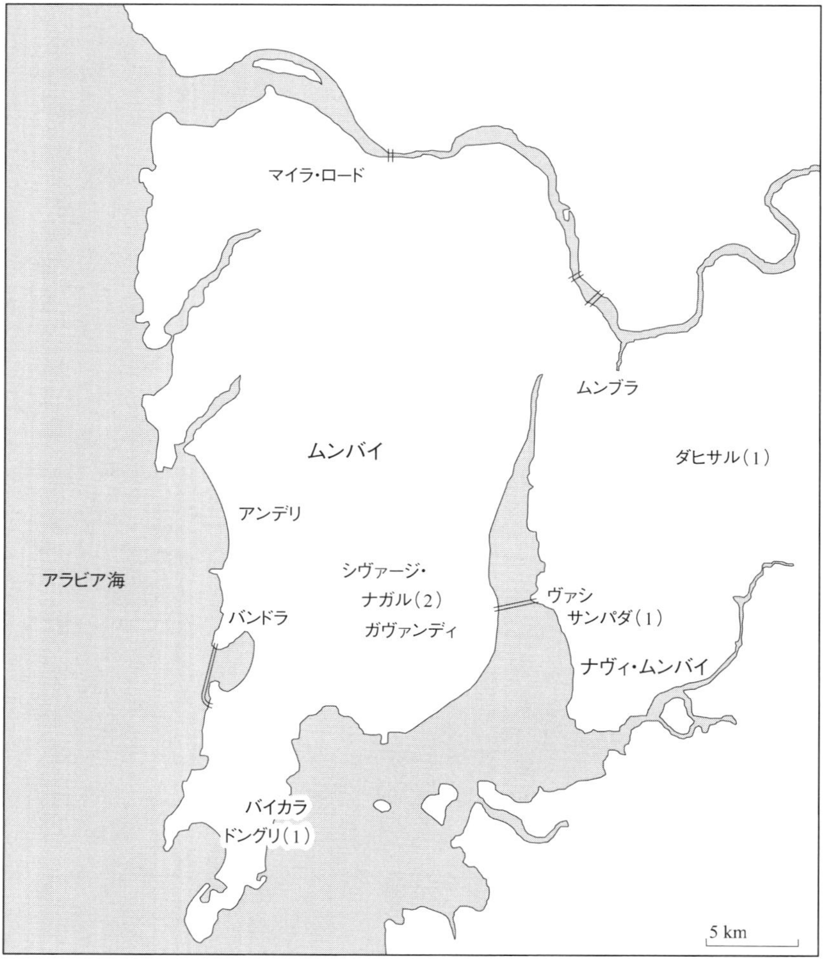

図11　ムンバイ市周辺のシーア派コミュニティ

疎かったので，ペルシア語やアラビア語で彼らにインタヴューを試みた。タイトなスケジュールでムンバイの各シーア派コミュニティを回っているため，なかなかインタヴューを受けてもらえなかったものの，幾人かにインタヴューを行なえた。そのなかで特徴的であったのが，彼らがマハーラシュトラ州の各地から国外に留学しているということであった。またシリアのダマスカスで学んでいた一人によれば，ハーメネイー最高指導者のダマスカス事務所を通じて派遣されてきたとのことであった。

また筆者はモスクの管理人にもインタヴューを行なった。管理人のホセイニー氏は，母親がイラン系ということもあり，ペルシア語でのインタヴューが可能であった。筆者がイスラーム法学者の派遣について彼に尋ねた。筆者はセンシティブな問題であり，答えてくれないのではないかと予想していた。しかし彼は筆者の予想に反し，あっさりと答えてくれた。彼によれば，イスラーム法学者の派遣は，すべてイラン大使館を通じて行なわれており，彼から要請する場合もあるものの，基本的には大使館からの申し出があるということであった。彼によれば，大使館がイスラーム法学者の派遣を斡旋してくれるために，非常に便利であることを教えてくれた。筆者は，管理人事務所にホメイニー師とハーメネイー師の写真が飾ってあることに着目し，政治的なつながりについても尋ねてみた。すると彼は政治的なつながりを否定するとともに，両者の写真を飾っていることに彼自身は特に関心はなく，以前の管理人の時代から飾られているだけであると答えていた。

ホセイニー氏や派遣されてきた法学者の発言から，ICRO や MJAB が組織化されてきたものの，イラン大使館が実質的には布教活動の窓口として機能していることがうかがえた。また説教や殉教語りを行なうイスラーム法学者を要請するマイノリティ・コミュニティにとって，イラン政府と結びついたイスラーム法学者の派遣サービスは重宝されているようである。だが，必ずしもイラン国外のシーア派コミュニティにとって，イラン政府がイスラーム外交に力を注ぐことがメリットであるとは限らない。それを示す例として，米国のカリフォルニア州ロサンゼルス近郊にあるナビー・モスクがある。

ナビー・モスクは，イラン系移民のムーサヴィー氏を中心に建設された。同モスクには，普段は近郊のイラン系住民を中心に訪れていたが，モスクで行なわれるプログラムによってはオレンジ郡など遠方からも訪れていた。同モスクを訪れる以前に，調査のための情報を収集していた際に，そのウェブサイトに代表者ムーサヴィー氏の釈放を求める旨の記述があった。筆者が

2010年3月に訪れた際には，同氏はすでに釈放されていた。同氏にインタヴューを行なったところ，同氏の拘束は明らかに不当であるとともに，容疑のひとつはイラン政府とのつながりであった。同氏の個人口座に振り込まれたハッジのために資金について，脱税容疑をかけられ同氏は拘束された。加えて，取り調べの際に，同氏の兵役の終了証明やイランの運転免許証をもとに，イラン政府とのつながりが疑われたという。同氏が拘束された時期は，すでに述べたアラヴィー財団の関連モスクの制圧のように，米国当局からイラン政府との関連が疑わしいイスラーム組織への捜査が強化された時期であった。

このようにイラン政府によるイスラーム外交が強化されてきた結果，イラン政府とは関係のないムスリムの活動に対しても警戒される動きが起こってきた。つまり，イランのイスラーム外交は，必ずしも国外のシーア派コミュニティに恩恵を与えてきたわけではない。

5　イラン化するシーア派・イスラーム教育
――ムンバイの事例から――

では，国家戦略と結びついたもうひとつの活動，すなわち留学生獲得活動は，世界各地のシーア派コミュニティにどのような影響を与えてきたのだろうか。そこでひとつの事例として，ムンバイのシーア派イスラーム教育の展開を見てみたい。

2014年2月－3月までの筆者による調査の結果，ムンバイ市とタネ川をはさんだ対岸のナヴィ・ムンバイ市には，12イマーム派のイスラーム法学者教育を行なうマドラサ（高等教育施設）が5箇所あることがわかった（**図11**を参照，地区名の後の数字が地区のマドラサの数を表わす）。これらのうち，ドングリ地区にある「アミール・アル＝ムウミニーン学院（madrasa amīr al-mu'minīn）」がもっとも創設時期が古かった。次に同学院の設立と期を同じくしていたのが，ムンバイのムスリム・スラムとして知られるシヴァージ・ナガル[(27)]にある「ヌール・フダー学院（madrase-ye elmīye al-Nur al-Hudā）」であった[(28)]。しかし両学院とも1980年代初頭に創設されたにすぎず，シーア派コミュニティとして一定の知名度を誇るムンバイとしては意外であった。さらに残りの3つのマドラサに関して言えば，2000年代以降に設立されたばかりであった。

新たなマドラサが創設されるまで約20年の歳月があった背景には，新自由主義経済市場への移行加速にともなう，1980年代後半からのヒンドゥーとムスリムとの緊張関係があることがうかがいしれた。1980年代後半に，マハーラシュトラ州で支持を拡大したヒンドゥー至上主義政党シヴ・セーナーが「ヒンドゥー性（Hindtuva）」の名のもとに，反ムスリム的傾向を強めた。また1992年には，ウッタル・プラデーシュ州にある『ラーマーヤナ』の主人公ラーマの生誕地に建設されたバーブリー・マスジド（「バーブルのモスク」の意）が暴徒化したヒンドゥーに破壊され，ヒンドゥーとムスリムの宗派対立がインド全土に広がった。この事件を背景にムンバイでも暴動が起こり，前述のシヴ・セーナーは組織的にヒンドゥーを支援した［cf. 竹中 2001］。暴動は1993年には一旦は収束したものの，宗教間対立の名残は，「イマーム・ハーディー学院」に色濃く残っていた。

「イマーム・ハーディー学院」はムンブラ郊外のダイサルにある。2008年に創設された頃は，ナヴィ・ムンバイ市内で建物を借りていたものの，2011年に先述の場所に移転した。そこは元々フーイー財団により一般の初等教育から高等教育までを扱う総合教育施設の建設が試みられた場所であった。しかし代表のカルベ・サーデク氏によれば，当局により建設許可が白紙に戻されたという。そのため同学院の敷地内の多くの建造物は，時が止まったかのように放置され，廃墟と化していた（**写真7**）。そして同学院はそのなかの概ね完成していた一棟の2－4階部分を利用していた。その未完成の1階部分には建設当時に使用されていた資材や道具が廃棄されたままになっていた（**写真8**）。

インドの社会政治的不安定さと折り合いをつけながら進んできたムンバイのマドラサを牽引してきた指導者，つまり講師陣の来歴に目を向けると，イランのコムの留学生教育が重要な役割を担ってきたことがわかる（**表9**参照）。マドラサの講師の出生地は，ウッタル・プラデーシュ州やジャンムー・カシミール州など様々なシーア派コミュニティである。そこからラクナウなどインド各地のマドラサで初等教育，つまり入門課程から中級課程を学んでいる(29)

写真7　イマーム・ハーディー学院

（出所）　2014年2月19日，筆者撮影。

写真8　1階部分

（出所）　2014年2月19日，筆者撮影。

（図12参照）。なかには直接イランのコムで入門課程を学ぶものもいる。しかしながら，いずれにせよ最終的には，どのマドラサの講師もコムへの留学を経験していた。そしてナジャフへの留学経験があったのは，サッダーム・フセイン政権以前のナジャフに留学したアーベディー氏に限られていた。もちろんアーベディー氏を除いた講師陣がマドラサで学んでいたのは，1980年代後半以降であり，サッダーム・フセイン政権下にあってナジャフへの留学が困難であった時期にあたる。そこで近年の状況を講師陣に尋ねたところ，スィースターニー師との関係が深いマドラサではナジャフへの留学生も少なからずいることがわかった。しかしそれでも留学先の中心は，やはりコムであった。

コムが留学先の中心である背景には，経済的，教育的観点によるメリットがあるためでもあった。もちろんナジャフの場合にも，スィースターニー師と関係の深いマドラサの出身者には，同師による援助があるため経済的な保証は得られる。だがコムの場合でも，法学権威から奨学金や，修了課程のみを学ぶ学生の場合には「ムスタファー国際大学」を窓口にコムで講師の職を斡旋してもらう方法がある。標準課程までの学生の場合，デリー

表9　マドラサ講師の来歴

	名前	年齢	出身	父の職業	初頭教育地	留学先
1	アフメドアリー・アーベディー	ND	ウッタル・プラデーシュ州ファイザーバード	8代続く法学者家系	ND	ナジャフ，コム
2	モフセン・ナーセリー	41	ジャンムー・カシミール州ラダック（のちにムンバイに移住。父の職業の関係）	法学者（父はムガル・マスジドの礼拝導師）	——	コム（11年）
3	アリー・アッバース	40	ムンバイ（ドングリ地区）	商人	ムンバイ（ナジャフィー・ハウス）	コム（8年）
4	ミールザー・ホセイン・アミーニー	37	ジャンムー・カシミール州カルギル	農家	——	コム（18年）
5	ナジーブ・ヘイダル・ラザヴィー	48	ビハール州シーワーン	ND	ラクナウ	コム（6年）
6	サラート・フセイン	32	ウッタル・プラデーシュ州ジャウンプール	農家	スルタンプール	コム（12年）
7	カルベ・サーデク	44	ウッタル・プラデーシュ州スルタンプール	地主	ムンバイ（ナジャフィー・ハウスで4年間）	コム（19年）
8	タンヴィール・ラザヴィー	35	ビハール州パトナ	ND	ワーラーナシー（ヴァラナシ）	コム（7年）

*　NDは情報不足を示す，また年齢は2014年2月末時点に基づく。

やムンバイで行なわれる選抜試験に挑むという。そのため経済的な観点からナジャフが必ずしも優れているというわけではない。また入門課程や中級課程の途上でコムに留学をする場合には，教育上のメリットもある。

マドラサの教育カリキュラムは，形式的に固定化されてきた。アラビア語文法学，論理学，イスラーム法学，法源学といった大枠については，ほぼ形式的に固定化されている。またマドラサで用いるテキストに関しても，イラン革命前後のテキストを比較しても，それほど大きな変動はない。さらにアラビア語文法学の『千行詩』のように，中世以来テキストが確立されている場合もある。もちろん第5章で述べたように，アラビア語文法学を修得する際に，補助テキストとして新たなテキストも開発されてきた。しかしそれらはあくまでも補助的な役割であり，中心となるテキストについては，イラン革命と近年の一般のマドラサの状況を比較しても変わらない。しかし近年，少しずつ状況が変化している。

筆者がムンバイのマドラサについて調査を行なうなかで，2つのマドラサでは，アラビア語文法学のテキストとして『千行詩』が用いられていなかっ

図 12　講師陣の出生地と修学地

た。そして『千行詩』の代わりに，『アラビア語入門（Ar. *Minhāj al-Lugha al-ʻArabīya*）』を用いていた。そうしたマドラサでは，「ムスタファー国際大学」のカリキュラムとテキストを用いていた。さらにカリキュラムに則り，ペルシア語を学ぶ講義があっただけでなく，講義もペルシア語で行なわれていた。そのためウルドゥー語に疎い筆者も学生にインタヴューが可能であった。ペルシア語に対して，南アジアのムスリムの言語であるウルドゥー語は，細かな説明の際に限られていた。

ムンバイのイスラーム教育において，ペルシア語の重要性は，「ムスタファー国際大学」のカリキュラムを採用していたマドラサに限ったことではなかった。ウルドゥー語で講義を行なう他の3つのマドラサのうち2つでも，ペルシア語学習に当てる時間が設けられていた。それゆえムンバイからイランへの留学には，言語的にもスムーズに進むとともに，イラン留学を意識した教育プログラムが実施されていると言えよう。

小　結

本章では，ハーメネイー指導体制下におけるイラン外交とイスラームとの関係について論じた。

イラン外交とイスラームとの関係は，革命政権樹立後から国家のイデオロギー外交の端緒として重要な役割を担った。しかしイラン・イラク戦争を背景に，イデオロギー外交からリアリスト外交への転換が図られ，イラン外交におけるイデオロギー的な「イスラーム性」は影を潜めた。リアリスト外交はハーメネイー指導体制にも引き継がれた。しかしハーメネイー指導体制下になると，イラン外交における「イスラーム性」は，イスラーム文化外交として新たな展開を見せ始めた。

まず筆者はイスラーム法学者の派遣事業に焦点を当てて，宗教界とイラン国家の関係について検討した。イスラーム法学者の派遣事業は，留学生教育以上に，積極的に国家の管理下に置かれるようになってきたことが明らかとなった。また世界各地のシーア派コミュニティ間を横断するネットワーク形成にも，イラン国家が積極的に関わってきたことも明らかとなった。従来宗教界が担ってきた役割を国家に移譲させようとする試みは，ハーメネイー指導体制の国家と宗教界の関係からすれば当然であるとも言える。

イスラーム文化外交がイラン国家と結びついてきたことには，イラン国外のコミュニティにとってメリット，デメリット双方の側面があった。まずメリットから述べれば，国外のシーア派コミュニティでは，安定的にイスラーム法学者の派遣が行なわれてきたことである。そこでは布教戦略論にもあったように，ネイティブのイスラーム法学者の派遣が行なわれてきた。そのため派遣されたイスラーム法学者とコミュニティの住人が意思疎通のできる環境が整えられてきた。他方，デメリットについて言えば，シーア派であることが密接にイラン国家と結びつけられるようになったことである。米国の事例は，それをもっとも顕著に示していると言えるだろう。すでに述べたように，実際にイラン国外のシーア派コミュニティを結びつける試みをイラン国家が試みてきたことからすれば，予測できうる「誤解」とも言える。むしろ「誤解」を与えるほどに，イラン外交のイスラーム文化外交は機能してきた。それゆえイラン外交におけるイスラームの活用の試みは，一定の成果をあげてきたと評定できるだろう。

加えて，イラン，特にコム市がイスラーム教育のネットワークの中心として機能することで，シーア派におけるイスラーム教育の伝統が書き換えられてきた。中世から連綿と引き継がれてきたイスラーム教育におけるアラビア語学の学習法に代わって，「ムスタファー国際大学」の学習プログラムやアラビア語学の学習法が新たに広がってきた。その背景には，イランでイスラーム教育を受けるということが教育面だけでなく，経済面でも整備されてきたことが挙げられる。こうしたイスラーム教育の現場から言えるのは，イスラーム文化外交が世界各地のシーア派コミュニティの維持存続に対してイランの重要性を高めてきたということであろう。

終章　宗教界とイスラーム体制の未来

はじめに

49歳という若さでイランの最高指導者に就任したハーメネイー師も，いまや70代半ばを迎えた。ハーメネイー指導体制を支え，国家の指導的地位にあるイスラーム法学者の多くも，高齢化している。国家の指導者層の高齢化が進むなか，イランにおける宗教と国家の関係にはどのような未来が待ちかまえているのだろうか。終章では，本書の議論を振り返りながら，後継者問題を主眼に置き，イスラーム体制と宗教界の未来について考えてみたい。

1　2つの大統領選挙と国家の健在性

文化人類学者クリフォード・ギアーツは，19世紀バリ島の小王国ヌガラの政治構造について研究を行なった［ギアーツ 1990］。また同じく文化人類学者モーリス・ブロックは，マダガスカルのメリナにおける割礼儀礼について通時的な研究を行なった［ブロック 1994］。ともに文化人類学においては，儀礼についての現代の古典にあたる。ギアーツ［1990］は王族，貴族，民衆と連続していく儀礼体系の模倣と規範の細分化を手掛かりに，政治構造の全体を舞台で演じられる劇の比喩をもって，ヌガラを劇場国家とよんだ。片やブロック［1994］は，メリナの割礼儀礼が通時的に形式的な固定性と反復性を持つことを明らかにした。そこから彼は儀礼空間で用いられる儀礼的コミュニケーションの固定性が，儀礼をとり行なう者の権力に作用することを明らかにした。つまり両者はともに，儀礼をめぐる権力について検討を試みたという共通性をもつ。そして両者の儀礼論は，筆者にとっては，イスラーム体制における選挙に対するひとつの隠喩であるように思われる。

イランにおける選挙は，それを通じて国家の権力を増幅させる儀礼である。選挙では常に，監督者評議会により候補者が選別され，選挙活動と投票の結果，新たな政府の担い手が決定されるというプロセスを経る。選挙において立候補者の争点は，経済政策や政治的自由などに絞られ，争点にそれほどヴァリエーションがあるわけではない[(1)]。いわば選挙の形式としてはほとんど固定化されている。わずかな内容の変化や不手際にもかかわらず，参加者にとって儀礼の意味が損なわれなければ，儀礼は成功したことになる。儀礼と同様に，選挙活動や集計の際に不正があろうとも，選挙の参加者にとっての選挙の意味が損なわれなければ，選挙は成功したことになる。だが同じ選挙の手順であったとしても，参加者に意味が受け入れられなければ，選挙は失敗したことになる。つまり人為的ミスの少ない選挙を繰り返したとしても，疑問を抱かせるような結果であれば，人々は立ち上がり，選挙は失敗したことになる。選挙が成功に終わるためには，不正よりも参加者が妥当だと思う意味を充足させることこそが重要なのだ。

2009 年に行なわれた第 10 期イラン大統領選挙の結果は，イラン全土に大きな波紋をよび起こした。選挙は実質的には，国家が推す現職のアフマディーネジャードと，国家の改革を求める「改革派」が推す元首相ミールホセイン・ムーサヴィーの二強対決の様相を呈していた。しかし開票が始まってからわずか数時間後，アフマディーネジャードの再選が発表された。接戦ではなく，圧勝であった。ミールホセイン・ムーサヴィーの支持者は，選挙の「不正」を訴え，「私の票はどこにいったのか」と結果に対して怒りを表わした。投票用紙不足，選挙速報で伝わる候補者の得票数が不審な増加を見せただけでなく，時には減少すらおこったこと，複数の投票所では住民を上回る投票が行なわれ投票率が 100% を超えたことなど，選挙をめぐる疑惑は多岐にわたった。テヘランをはじめ複数の主要都市で大規模なデモが起こった。デモの参加者がミールホセイン・ムーサヴィー陣営のイメージカラーである緑色の何かを身にまとったことから，「緑の運動」と呼ばれた。監督者評議会も，ミールホセイン・ムーサヴィーら[(2)]の異議申立てを聞き入れ，選挙の「不正」の調査にあたった。だが，監督者評議会も一部の「不正」を認めたものの，選挙のやり直しに値しないという判断を示した。監督者評議会の決定は，ミールホセイン・ムーサヴィーらに譲歩したものであったものの，抗議運動はやむことはなかった。そのため国家は対抗デモを組織するとともに，治安維持部隊および民兵組織を動員し抗議運動に対して徹底的に弾圧を加え，騒動の鎮圧にかかった。

他方，2013年に行なわれた第11期イラン大統領選挙は平穏のうちに終わった。新大統領には，投票全体の50.7％を得たハサン・ロウハーニーに決まった。数時間ごとに行なわれる選挙速報で，ロウハーニーが全体の50％前後の得票数を獲得していることが伝えられた。イランの大統領選挙では，全投票数のうち過半数を超える立候補者がいない場合には，決選投票が行なわれる。ロウハーニーは1回の投票で大統領に決定するか否かは，全投票箱の集計結果を精査しなければ定かではないところだった。つまり投票の集計経過は非常にドラマチックな展開を見せていた。筆者も伊勢で開かれた学会に参加しながら，興奮混じりにその行く末を見守った。

それでは，2013年の大統領選挙において「不正」はなかったのだろうか。答えは否である。前回に「不正」とよばれた事態は，この選挙でも起こっていた。たとえば，各地方の投票箱の集計結果と全体の集計結果の不一致である。6月15日に発表された全体の有効票数は，3545万8747票であった。かたや6月26日に筆者が閲覧した内務省の各選挙区で候補者が獲得した得票総数は，3557万4211であった。つまり10万票以上の差が生じているのである。また投票日にはテヘランの投票所で夕方頃から長蛇の列ができ，投票締め切り時間が当初午後6時であったが，徐々に延長され，最終的には11時にまで延長された。さらにアムーレシュ市の99％の投票率のように，95％の投票率を超える地方都市も少なくなかった〔14 Jun, 2013 *Fars News Agency*〕[(3)]。さらに107％のチャールース市や112.5％のヌール市のように，投票率が100％を超える都市もいくつかあった〔14 Jun, 2013 *Fars News Agency*; 15 Jun, 2013

Fars News Agency[4]］。つまり「不正」は2013年の大統領選でもあったということになる。しかし2013年には，選挙後に「不正」を訴えるデモは起きなかった。

この対照的な2つの大統領選挙から明らかなことは，選挙自体に「不正」があろうが，参加者——特に選挙に対して懐疑的な参加者——にとっての選挙の意味が充足されていれば，「不正」は問題にはならない。一定の政治勢力の競合を背景に行なわれてきた選挙は，体制に対する国民の参加を促し，国民を国家に統合する機能を担ってきた。と同時に，対照的な2つの大統領選挙は，イランの政治構造を理解するためには，本書で宗教界に焦点をあて国家の支配構造について検討してきたように，選挙の主催者である国家についても分析を深めていく必要があることを裏づけるものでもあった。

2　イスラーム体制下における社会－宗教界－国家関係

2－1　社会と宗教界の関係

まずイラン社会と宗教界の関係について振り返ってみよう。

イランにおいて宗教界は，その社会に根を張りながら存立してきた。イスラームの実践が，イスラーム法学者と一般信徒の相互の結びつきのなかから展開してきたことは，宗教界が社会に根を張りながら存在してきたことを顕著に示していた。第2章では，一般信徒のイスラーム実践とイスラーム法学者との関係について検討した。筆者は一般信徒のイスラーム実践を，フーコー的な規律のプロセスとして捉えるのではなく，実践の持つ奥深さと実践者の動機に重きを置き，真剣な「遊び」として捉えた。そして法学権威事務所で行なわれる「占い」や服喪儀礼，また一般信徒による宗教集会へのイスラーム法学者の派遣を事例にしながら，一般信徒の宗教実践場に少なからずイスラーム法学者が関わってきたことを明らかにした。こうした実践から垣間見えたことは，イスラーム実践が，現代のイランにおいて宗教的階層を超越しながら展開するものでもありえるという点であった。

もちろん第3章でとりあげた法学権威の「聖性」をめぐる一般信徒とイスラーム法学者のあいだの表象の差異に見られるように，宗教的階層による実践の瑣末な差異はある。たとえば，法学権威が起こす「奇蹟」をめぐって，フィールドの一般信徒とイスラーム法学者によるテクストのあいだには少なからず捉え方の差異があったことはその一例である。一見すれば2つの実践の形態が存在するとともに，階層的な差があるようにもみえるが，それは実践をめぐる本質的な差異とは言えないのではないだろうか。法学権威に対する尊崇という実践をめぐって，イスラーム法学者と一般信徒が理念を共有していたことからすれば，それは実践をめぐる捉え方の差異にすぎなかった。つまり実践に対する発話やイデオムの差異の一方で，実践をめぐる方向性や由来そのものは共通していた。

こうしたイスラームの実践の場面で一般信徒とイスラーム法学者が相互に深く結びついてきたこれまでの関係は，今後も再生産されていくのだろうか。第4章で見たように，少なくとも宗教界の側から見れば，両者の関係の再生産は試みられていくだろう。第4章では，法学権威事務所のイスラーム法の相談所としての機能の再生産構造について検討した。イスラーム法の相談は法学権威の役割として，イスラーム法上もっとも重要な役割である。しかし実際には法学権威一人で一般信徒の相談に応じられるわけではない。そこでイスラーム法学者のスタッフが彼の代理として一般信徒の相談にあたる。そして彼らが法学権威の修了課程の講義を通じて解釈方法を学ぶことで，法学権威の代理としてのクオリティが確保されてきた。また講義を行なうということそのものが法学権威を再生産するプロセスであった。法学権威は，第2章，第3章でも見たように宗教界と社会を結びつける上で非常に重要な存在であった。その法学権威の再生産がイスラーム法学者の教育に内在化されているということは，今後も宗教界の側から社会との結びつきを再生産しようとする試みは続けられていくことが予測される。

2-2　国家と宗教界の関係

では，次に国家と宗教界の関係について振り返ってみよう。

イスラーム共和制が採用され，イスラーム法学者が政治的に重要な役割を担うようになったことは，国家が安定的な支配を行なう上で，宗教界の支配を必然のものとさせてきた。ホメイニー師が最高指導者であった時期には，彼のイスラーム法学者としての権威を利用しつつ，既存の宗教界内の勢力の切り崩しが図られた。第5章で見たように，1960－1970年代のコムのホウゼ運営に関わってきたシャリーアトマダーリー師はホメイニー師の「法学者の統治」に異を唱えた。シャリーアトマダーリー師の中央政治への影響力は，彼を自宅軟禁下に置くことで解消されたものの，宗教界での彼の影響力を防ぐものではなかった。そこでホメイニー師は宗教界の支持勢力である中堅イスラーム法学者組織「講師協会」とともに，ホウゼの組織運営化を試みた。そして組織運営化の過程で，同じく1960－1970年代のコムのホウゼ運営に関わってきた穏健派のモハンマド・レザー・ゴルパーイェガーニー師との協力関係を結んでいった。また有力な指導者に欠いたホラーサーニのホウゼでは，ホメイニー師の代理人によって組織運営化が試みられた。つまり国家による宗教界支配の試みは，イスラーム共和体制発足直後から行なわれてきたということがわかるだろう。

もちろんホメイニー師は自身が法学権威でもあるように，イスラーム法学者としても一定の影響力をもっていた。実際，ホメイニー師の最高指導者の地位は，政治的指導者の地位に加え，19世紀半ば以降の宗教界の新たな「伝統」にならった宗教的指導者の地位であった。そのためホメイニー指導体制期において国家による宗教界支配が試みられたものの，彼のイスラーム法学者としての影響を背景にした強権性をそれほど発揮せず，交渉が行なわれた。しかし1989年にホメイニー師の後継者として，当時大統領であったハーメネイー師が最高指導者に就任すると事態は大きく変わっていった。

ハーメネイー師は最高指導者就任時には，イスラーム法学者としては中堅に位置づけられていた。彼の年齢とイスラーム法学者としての経験からすれば当然でもあったが，イスラーム法学者としての尊称も，中堅のホッジャト・アル＝エスラーム・ヴァ・アル＝モスレミーンであった。言うまでもなく中堅イスラーム法学者と評定されたハーメネイー師が最高指導者についたのは，国家内で彼が政治的な指導者として適任であると評定されたからであろう。実際，国家内でハーメネイー師よりも政治手腕に長け，明らかにイスラーム法学者としての学識が高い人物は考えにくかったのではないだろうか。だが，その妥協の結果，彼が最高指導者となることで，最高指導者の地位は政治指導者の地位に限定されることになった。と同時に，それまで最高指導者が兼ねていた（イラン国内における最高の権威をもつ）宗教的指導者の地位は，宗教界上層部の国家に協力的な法学権威に委ねられることになった。

指導者の二元論は，ホメイニー師による憲法修正の指示以来，すでに国家内で露見していた。しかしそれでも指導者の二元論は，ハーメネイー師の最高指導者就任後も国家を悩ます大きな問題であった。ひとつの解消案として，ハーメネイー師を法学権威として国民でもある一般信徒に紹介する方法があった。しかしそれは国民の信仰生活に重大な影響を及ぼしかねないとして反発を受けた。もうひとつの解消案として，政治的な知識を兼ね備えた最高指導者の地位を，法学権威よりも高い宗教的指導者の地位と定めようとする試みもあったものの，それほど抜本的な解決案であったわけではなかった。

2つの解決案をめぐる議論が国家内で平行線をたどるなか，国家が推奨した法学権威アラーキー師が1994年末に死去した。そこで国家側のイスラーム法学者組織によって，推奨する法学権威の一人としてハーメネイー最高指導者が紹介された。ハーメネイー師が法学権威として紹介されたのは，時代に応じて政治的な手腕も法学権威の資質のひとつであるべきとする国家側の主張を反映したものであった。政治的な思惑が明確に示されたハーメネイー師の法学権威としての紹介は，予想通り国内での批判も強かった。そこでハーメネイー師が国内の法学権威としての役割を自ら辞退することで，いったん事態の収拾を図りつつ，水面下で国家をあげて指導者の二元論の解決の模索が続けられた。

第6章で述べたように，ハーメネイー師は近年では法学権威として宗教界でも盤石な地位を築くようになった。また1994年末に国家側が主張した政治的な手腕もイスラーム法学者の資質として評価されるようになってきたことを指摘した。革命以降，イスラーム法学者が政治的に重要な役割を担うなかで，「知」の体系が社会的に再編成されてきた当然の結果とも言える。その背景には，第7章で述べたように，暴力的措置だけではなく，ホウゼの制度的な再編成を通じて，国家に協力する中堅イスラーム法学者を運営面で配置することが可能となったことがある。また彼らによって運営される運営組織によって法学権威が法学生に支給する奨学金を制度化させることで，法学権威に対する監視も強化されてきた。だが，法学権威の側にとっても，経済的負担の大きな「公式」の奨学金制度に参加することは，一般信徒から支持を受けたイスラーム法学者として権威を誇示するメリットもあった。

かくしてハーメネイー師のイスラーム法学者としての権威の脆弱性にもかかわらず，国家は宗教界に対して一定の影響力を及ぼせるようになった。また国家への協力を通じて，中堅のイスラーム法学者は合理的にイスラーム法学者としての名声を得られるようになってきた。そして，このように社会と密接に結びついた宗教界を国家は「保守派」のイスラーム法学者と利害関係を一致させることで支配下においてきた。それゆえ宗教界と結びついたハーメネイー最高指導者を頂点とする現体制の支配は，盤石な支配体制を築き上げてきたと言えるだろう。

3　イスラーム体制と宗教界の未来

それでは，今後も社会と宗教界，また国家の関係は本書で見たように継続していくと言えるのだろうか。筆者はこの問いに対しては，宗教界と社会の関係，宗教界と国家の関係それぞれについて，今後も同様に展開していくことは困難であるとの見解を持っている。

まず宗教界と社会の関係について，宗教界の側から社会との密接な結びつきを再生産しようとする試みは，すでに述べたとおりである。しかし筆者は，社会の側から宗教界との密接な結びつきを積極的に再生産する試みがなされていくのかについては，大いなる疑問を抱いている。

イスラーム体制が発足した結果，イラン社会，特に首都テヘランを中心とした大都市で，一般信徒のイスラーム離れが進んできたことは否めない。また消費主義的で個人主義化されたイスラームの実践が進んできた。その背景には，イスラームが私的理性に関わる信念の問題へと転換してきたことがあった。

第8章では，バイオエシックスを事例に，近代国家としてのイスラーム体制と世俗国家との関係について検討した。イスラームの理念に適った国家・

社会運営を掲げる国家体制にあっても，合法であることと，イスラーム的に倫理的であることとが必ずしも一致しない状況が生まれてきた。国家が多元的に展開するイスラーム的解釈を単一の国家の公共的原則として，固定的なイスラーム的規範を創出することを企図してきたためであった。つまりイスラーム体制は公共的原則と私的理性の区別を強いるという点において，世俗国家と共通性をもつ。国家によって固定化されてきた規範は，イラン社会の実利を反映してきた側面はある。だが，それは少なくとも宗教権威のコンセンサスといったある程度の包括性をもった宗教的価値に基づいて形成されたというよりも，功利主義的な国家の解釈に基づいていた。個人のイスラームに基づいた倫理が公共性との連続性を失うことで，個人にとってのイスラームは私的理性をめぐる信念の問題へと転換することになった。

もちろんイスラームがイラン社会において，社会的な役割を失うことはないだろう。私的な社会関係の創出の媒介として，イスラームが新たな社会的役割を獲得していくことは，第2章で見た新たなイスラームの実践の形態として宗教集会が社会関係の再統合に寄与していたことからもうかがえる。また，そうした実践は，革命以前には大都市テヘランを中心としていたが，革命後地方都市が拡大するなかで，広範な広がりを見せてきた。だが，大都市から地方都市への広がりは，近年の大都市で発生してきた脱イスラーム化やイスラームの個人主義化が地方にまで広がりを見せる可能性を示唆するものでもある。それゆえ社会と宗教界との関係は，これまでの関係の再生産ではなく，ますます再編されていくことが予測されうる。

社会と宗教界との関係が再編されていくことは，当然ながら国家と宗教界の関係も再編されていくことを意味している。というのも，イラン国家による宗教界政策は，宗教界が社会と結びついてきたために持つ政治的な重要性を支配することにもあったためである。仮に個人主義化の結果が宗教界と社会との結びつきの希薄化につながっていくとすれば，当然宗教界の政治的な重要性も低下していくことが予見できる。と同時に，国家内でイスラーム法学者が政治エリートとしての地位を低下させていくことも予見できる。つまり国家内部のパワーバランスの変化の可能性は大いにありうるということである。

近年予断を許さない状況が宗教界に訪れていることは，国家と宗教界の関係の再編の予兆である。宗教界をとりまく近年の予断を許さない状況とはマドラサの公立化問題である。それは国家の宗教界支配の新たな試みであるとともに，マドラサを国家の直接的影響下に置こうとするものであった。ホウゼ教育の直接的な国家管理下への編入に対しては，宗教界からの反発は大きかった。比較的国家に協力的であったサーフィー・ゴルパーイェガーニー師でさえも，猛烈に反対姿勢を示すほどであった。そのため全体的に見れば，マドラサの公立化は，今のところなしえていない。しかし近年でもなおサーフィー・ゴルパーイェガーニー師が宗教界に対する国家の不介入を訴え続けており，予断を許さない状況が続いている［e.g. 13 Mar. 2013, *ISNA*］。そして留学生教育という側面では，すでにマドラサの国家管理が進んできた。第9章でも述べた「ムスタファー国際大学」の存在である。

すでに述べたように，「ムスタファー国際大学」は2009年に科学研究技術省の認可を受けて設置された。同大学には，すでに2013年5月時点で約120か国，3万人の学生が在籍している［23 May 2013, *ABNA*］。またコムの本校に加え，分校が60か国にわたって設置されており，2013年には東京にも支部が設置された。第9章で述べたように，ハーメネイー指導体制下になると留学生教育は，「エマーム・ホメイニー学院」が設置され，同校が担ってきた。しかし「ムスタファー国際大学」が設置されると，「エマーム・ホメイニー学院」は，「エマーム・ホメイニー専門教育大学（Prs. Mojtama‘-e Āmūzesh-e ‘Ālī-ye Emām Khomeynī）」と改称し，同大学の大学機関の一施設となった。そして「ムスタファー国際大学」が世界各地のシーア派コミュニティからの留学生教育，さらにはそれぞれのコミュニティにおけるイスラーム教育に作用してきた影響力は，第9章で述べたとおりである。

イスラーム教育機関の大学化は，イラン以外ではすでに近代以降進められてきた。エジプトのカイロにあるスンナ派の最高学府アズハル学院の大学化は，その先駆けである。それゆえイスラーム教育機関の大学化は，ひとつにはイスラームにおける近代化のプロセスであるとも位置づけられよう。しかしイランでは，革命以降もホウゼは国家から独立し，国家も直接的な介入ができなかった。これまで国家によって直接的な介入がなされてこなかったことを考えれば，いまさらホウゼ教育が国家管理下に置かれようとしていることは，単にイスラームの近代化のプロセスだけであるとは言い難い。ハーメネイー師や国家側のイスラーム法学者が高齢化し，後継者問題が現実味を帯びてきたなかで打ち出された政策であることを考えれば，イスラーム体制の新たな方向を示唆するものであろう。

ハーメネイー師は最高指導者就任時にイスラーム法学者としての権威に乏しかった一方で，若さゆえに現在まで最高指導者を務めることができた。次の最高指導者も長期体制を企図するのであれば，中堅の若手イスラーム法学者から選出されることであろう。そうなれば，ハーメネイー師が最高指導者に就任した際と同じ問題が，国家に降りかかることは想像するに難くない。つまりイスラーム法学者としての資質不足という問題である。その際，国家はハーメネイー師の最高指導者就任以来行なってきたような宗教界政策によって事態の解消を図れるだろうか。筆者はそれについては否定的な見方を持っている。

まずハーメネイー師のイスラーム法学者としての資質不足は，すでに見たように段階を踏み，ある程度の時間をかけて行なわれてきたという点である。しかし第10期イラン大統領選挙後の大規模な民衆の抗議運動が示すように，体制への国民の風当たりは確実に強まってきている。また制限が加えられているとはいえ，宗教界の「改革派」も着実に存在し続けている。ハーメネイー師の最高指導者就任に際して，体制指導部と袂を分かった彼らも，結局はハーメネイー師と同程度の世代にすぎなかった。つまりハーメネイー指導体制発足後の騒乱は，中堅のイスラーム法学者世代同士の権力抗争にすぎなかった。しかしハーメネイー師の後継者が中堅の若手イスラーム法学者から選ばれたとして，新たな体制指導部は熟練した「改革派」のイスラーム法学者の批判に十分に対処できるだろうか。その答えは，否である。したがって，最高指導者の資質不足に対して長期的に解消できるほど，国家に十分な余裕があるとは考え難い。もちろんイスラーム法学者として十分な資質を備えた人物を後継者に選出する方法もあろう。だが，最高指導者が短命に終わることで，不安定な支配となる別のリスクが生じる。それゆえ最良の手段は，言うまでもなく国家が宗教界を完全に統制下におき，いかなる後継者であっても宗教界からの批判を出させないことである。

宗教界におけるイスラーム法学者の権威はホウゼ教育と深く結びついてきた。マドラサの大学化は，ホウゼ教育をイスラーム教育として国家の管理下に置くことである。そこでは宗教界独自のルールではなく，国家のルールも適用可能であろう。つまりマドラサの大学化は，国家がイスラーム法学者の権威を操作可能にするためのひとつの方策である。それゆえ国家が現状留学生教育にとどめているマドラサの大学化を，段階的に一般のマドラサにまで適用させていくことは想像に難くない。

マドラサの大学化のように国家による宗教界の直接的な統制は，一見すればより強固な支配体制の構築となろう。しかし国家によって宗教界が直接支配されることは，国家とそれを支えるイスラーム法学者集団との利害関係の一致が解消されていくことを意味している。国家と宗教界が拮抗しているからこそ，国家の利害を代弁するイスラーム法学者が政治的な権力を持つことができた。そのため宗教界が国家に従属することで，イスラーム法学者の政治的な影響力が低下することは避けられない。そうなれば国家を支えるイスラーム法学者集団は国家との直接的な利害関係ではなく，国家内の権力集団という一段低い利害関係に組み込まれることになる。

イスラーム体制が樹立されてから30年以上が過ぎた。国家は，社会と結びついた宗教界を間接的に支配することで国民の利害と国家の利害を複雑に結びつけた支配体制を築いてきた。それこそが支配体制を存続させてきた要因であろう。しかし宗教界と社会の関係，国家と宗教界の関係は現在進行形で再編されつつある。その変化のなかでイスラーム体制と宗教界の未来は岐路に立たされつつあると言えるだろう。

注

▒序章

（1） ホメイニー派は憲法制定のための専門家会議選挙で勝利し，革命直後に発足したバーザルガーン暫定政権がフランス憲法を手本に大統領に強い権限が付与された憲法草案を退け，モハンマド・ホセイニー・ベヘシュティー（Moḥammad Ḥoseynī Beheshtī d.1981）を中心とした修正憲法案を作成した［cf. 富田 1993: 30, 54－55］。

（2） 同時期の革命諸勢力の政治権力闘争については，Bakhash［1985: 71－239］を参照。また淘汰された革命諸勢力の反イスラーム共和体制運動の概要については，富田［1993: 106－107］およびエフテシャーミー［Ehteshami 1995: 11－13］。

（3） 例外的に，ソ連との関係が深かったイラン共産党であるトゥーデ党（hezb-e tūde）が 1983 年まで政党として認められていた。

（4） 統制経済派と自由経済派の対立については，富田［1993: 39－42］を参照。

（5） ホメイニー指導体制下における党派政治の展開については，アハヴィー［Akhavi 1987］やベフルーズ［Behrooz 1991］などを参照。

（6） 経済，外交，文化政策に対する各勢力のアジェンダの詳細については，シアヴォシ［Siavoshi 1992: 27－49］および吉村［2005: 245］を参照。

（7）「急進派」が政治舞台で周縁化するまでには 2 つのプロセスがある。まず 1990 年に実施された第 2 期専門家会議選挙に際し，最高指導者の半直属機関である監督者評議会による候補者資格審査で「急進派」議員が大量に排除され，国家側の絶対安定多数が確保された。次に，第 3 期議会（1988－1992 年）で，全議席の 3 分の 1 以上を占めた「急進派」が大々的に主張した経済的不正利益取得者の取り締まりが，結果的に一部の「急進派」議員の不正を明るみに出すことになり，第 4 期議会（1992－1996 年）選挙で全議席の 6 分の 1 以下へと大幅に議席数を減らす大敗を招いた［吉村 2005: 246－259］。なお第 4 期議会選挙については，以下の文献を参照［cf. Sarabi 1994; Maddy-Weitzman（ed.）1998: 308; Matsunaga 2006: 157－180］。

（8） もちろん国家側の批判は，文化面に限らず，社会・経済の諸問題にも及ぶ。これについては，吉村［2005: 261］を参照。

（9） 第5期議会選挙については，以下の文献を参照［e.g. Fairbanks 1998;Maddy-Weintzman（ed.） 1998: 310－312; Matsunaga 2006: 189－228］。

（10）「改革派」勢力の政治運営の失敗とその展開については，Matsunaga［2006: 230－289］を参照。

（11） 第 2 回地方議会選挙の詳細については，以下の文献などを参照［e.g. 佐藤 2004; 鈴

木 2007; Ehteshami and Zweiri 2007: 36, 157]。

(12) Prs. Maḥmūd Aḥmadīnejād. アフマディーネジャードの来歴については，エフテシャーミー・ズウェイリー［Ehteshami and Zweiri 2007: 51－57］を参照。ただし，彼らがが指摘するような，彼と 1980 年代に宗教界の守旧派として政治不介入の立場にあったホッジャティーエ協会との繋がりなどいくつかの点については，推測の域をでないということを注意する必要がある［cf. Ehteshami and Zweiri 2007: 55］。

(13) 第 7 期議会選挙の展開と「原理派」の台頭については，佐藤［2004］を参照。また第 9 期イラン大統領選挙の展開とアフマディーネジャード陣営の選挙活動については，佐藤［2005］およびエフテシャーミーとズウェイリー［Ehteshami and Zweiri 2007: 42, 58－59］を参照。

(14) そのうちゴラームアリー・ハッダード・アーデル元国家議長とモハンマドレザー・アーレフ元副大統領の 2 候補については，選挙戦終盤の 6 月 10 日にそれぞれ選挙戦から撤退した。

(15) 1989 年の憲法改正によってイスラーム評議議会（Prs. majles-e shūrā-ye eslāmī）に改称された。それ以前は，国民評議議会（Prs. majles-e shūrā-ye mellī）である。

(16) これら以外にも，アブーターレビー［Abootalebi 2000］やブランバーグ［Brumberg 2000］などの研究も参照。また民主化を後押してきた左派勢力の展開については，以下の文献などを参照 ［e.g. Brumberg 2001; Milani 2001; Abrahamian 2004; Corin（ed.）2004］。

(17) イランの市民社会の展開については，以下の文献などを参照［e.g. Banuazizi 1995; Kazemi 1996; Monshipoori 1999; Boroumand and Boroumand 2000; Farhi 2001］。

(18) こうしたイスラーム知識人の思想は，「近代性の表層的な排除・拒絶，あるいは形式的な受容を乗り越えて，科学の進歩によりもたらされた哲学的基盤を踏まえ，人間の宗教認識の構造を明確にすることによって，それまで絶対視されていた様々な対象を相対化していく」［坂梨 2005: 7］ことを目的として始まった。その一連の思想の展開及び内容については，以下の文献を参照［cf. 坂梨 2005; Boroujerdi 1994; Matin-asgari 1997; Menashri 2001; Sadri 2001; Matsunaga 2008］。

(19) ただし 1989 年の憲法改定作業過程で，当時議会議長を務め，次期大統領に就任するラフサンジャーニー師が大統領の権限の拡大を主張し，大統領による 3 名の副大統領の任命権を獲得するなど一定の権限は拡大された［cf. Edāre-ye Koll-e Qāvānīn 1375: vol.2 587－667, vol.3 1497－1512］。

(20) ゾロアスター教，ユダヤ教，キリスト教諸派を指す。

(21) 1989 年の憲法改正によって，新設されたポスト。従来最高裁判所長官が実質的な司法府の最高責任者であったが，司法権長が司法府の最高責任者の役割を担うようになった。なおイランの司法機構制度には，各種裁判所や検察組織を束ねる司法府の長官に当たる司法権長以外にも，大統領に指名権が委ねられている司法大臣が存在する。

司法省は，司法府の官房業務および一般職員の採用業務を担当するにとどまる。

(22) 元々は正規軍のクーデタおよび左派ゲリラ組織の武力行使に対抗することを目的に，1979年5月5日，ホメイニーの指示により設立された非正規軍であった。バーザルガーン暫定内閣時に発足したため，バーザルガーン大統領が支配下に置こうと争奪戦が繰り広げられたが，ホメイニーの指示により，初代革命防衛隊指導者として穏健なハサン・ラーフーティー師（Prs. Ḥasan Lāhūtī）に委ねられ，その後ラフサンジャーニー師，ハーメネイー師が務め，ホメイニー師の支持勢力による支配確立に寄与した。また1982年に革命防衛省の設置後正規軍となり，1989年の憲法改正を通じて国軍と同様に国防省の監督下に置かれた。

(23) 大統領の権限として，国防軍需省の大臣を指名する権限が付与されている。この省は，軍の指令機関ではなく，あくまで軍の兵站部門の責任機関である。

(24) 1989年の憲法改正を経て，それまでの国防最高評議会に代わる国家安全保障の最高機関として設置された。その結果，176条に定められているように，大統領に委託された権利となった。しかしながら，同評議会の決定事項を実施するためには，最高指導者の承認が必要とされ，制度的には最高指導者を頂点とした構造は保持された。

(25) こうした論者の目的は，何故民主化が進まないのかを本質的な政治文化論に基づいて議論を行なうオリエンタリスト，あるいはオリエンタリズム論批判以降に再登場するネオ・オリエンタリストとは異なり，比較政治の立場からいかに国家が頑強な支配構造を確立することで，国家が存続してきたのかを明らかにすることにある。

(26) http : //khabaronline.ir/print/155446/culture/religion?model=WebUI.Models.Details.DetailsPageView Model（2014年5月20日閲覧）

(27) アラビア語ではそれぞれ，スィカ・アル＝イスラーム（Thiqa al-Islām），フッジャ・アル＝イスラーム（Ḥujja al-Islām），フッジャ・アル＝イスラーム・ワ・アル＝ムスリミーン（Ḥujja al-Islām wa-l-Muslimīn），アーヤトゥッラー（Āya Allāh），アーヤトゥッラー・ウズマー（Āya Allāh al-'Uẓmā）である。

(28) ほかにも以下の文献などを参照［e.g. Akhavi 1983; Arjomand 1986; Arjomand（ed.）1988; Keddie（ed.）1983］。

(29) たとえばハーメネイー最高指導者を法学権威として推奨しようとした1994年末の政治事件のように，宗教界を巻き込んだ政治事件をめぐる実証研究は蓄積されてきた。

(30) イランの検閲システムなど表現の制約があるために，記述についてはイデオロギー的な背景を考慮しながら，注意を払う必要は当然ある。しかしそれらの情報を他の記述との参照を通じて精査することで，十分に二次資料として活用できる。

第1章

(1) サファヴィー朝によるイスラーム法学者の招聘政策は同朝成立直後から行なわれていた。そのため16世紀初頭から政策が成功したと思われていた。しかしニューマンらの研究によって，政策が軌道に乗り出すのは，16 世紀半ばからであることに改められつつある［cf. Newman 1993］。

(2) ハディースについて，シーア派とスンナ派では大きな違いがある。スンナ派では，預言者ムハンマドの言行・慣行に限定している。しかしシーア派では，預言者ムハンマドの言行・慣行に加え，歴代のイマームの言行・慣行もハディースに数えられる。またシーア派では，シーア派に敵対した人物が伝承者となっている預言者ムハンマドのハディースを除外している。

(3) ナジャフもしくはカルバラーに移住したとされる［大塚ほか編 2002: 813］。

(4) ①神の唯一性（Ar. tawḥīd），②（神の）正義／公正（Ar. ‘adl），③諸預言者の存在（Ar. nubūwa），④（シーア派において預言者ムハンマド没後の共同体の指導者であったと考える）イマームの存在（Ar. imāma），⑤最後の審判（Ar. ma‘ād）の総じて「宗教の根源（Ar. uṣūl al-dīn）」とよばれる特に重要な信仰箇条については，一般信徒自身の確信が必要とされ，ムジュタヒドに従うことは禁じられている。一般信徒がムジュタヒドに従う義務があるのは，総じて「宗教の枝葉（furū‘ al-dīn）」とよばれる議論の余地のある法学の諸問題，つまり外面の行為である［cf. 富田 1997: 44 − 45］。

(5) 聖廟には神から与えられた恩寵があるとされ，その周辺に埋葬されることには大きな宗教的な意味があった。そのため埋葬を希望するものが跡を絶たなかった。そこで共同墓地の拡充も積極的に行なわれた［Nakash 1994: 185 − 194］。近代イランからのアタバートへの死者の埋葬については，守川［2007］を参照。

(6) フムスの歴史的な議論については，サーシェディーナやクリーブを参照［cf. Sachedina 1988; Gleave 2004］。

(7) ワクフ制度の変化と宗教界の財政基盤への影響については，アハヴィーを参照［cf. Akhavi 1980: 55 − 59］。

(8) これらの改革は，シャーの強権的な権力構造を背景としていた。白色革命は，軍と警察・情報機関中心の物理的な抑圧機構と，強大な組織へと成長していた官僚機構を通じて行なわれた。また 1957 年にはモサッデク政権に対する反省から，CIA や FBI，さらにモサドの協力によって国家情報安全機関（SAVAK）が創設された。さらに，軍や SAVAK を探るための情報機関が設置され，相互のチェックにより，情報機関を巧みに操作した［新井・八尾師 2002: 442］。

(9) 綿でできた長袖のゆったりした服で，足元まで覆い隠れるアラブの男性の民族衣装。

(10) 黒い布でできており，目以外の顔や頭を覆い隠す，アラブの女性の民族衣装。

(11) 全身を覆う黒いアラブの女性の民族衣装。

(12) 南アジアの民族衣装のひとつで，サルワール（ゆったりしたズボン）とカミーズ（ゆったりしたシャツ）からなる。

(13) 長いスカーフで，ムスリム女性の場合，頭部を覆いヒジャーブの役割をなす。

(14) イスラームにおいては，巡礼と参詣には大きな違いがある。巡礼は，もっぱらマッカ（メッカ）巡礼を指し，ハッジ（Ar. ḥajj）とよばれる。他方，参詣は，特定の聖所や墓所を訪れることを指し，ズィヤーラ（Ar. ziyāra）とよばれる。

(15) 一説には，1918年とある［e.g. 嶋本 2007: 23］。

(16) 1928年3月にコムで起こった事件を指す。イラン暦新年の参詣にファーテメ・マアスーメ廟に訪れたレザー・シャーの王妃の一行が十分にヴェール着用の伝統を遵守しなかったことで，居合わせたバーフェキー師に叱責を受けた。激高したシャーが軍事顧問タイムール・ターシュに命じ廟周辺を包囲し，タイムール・ターシュが土足で廟内にあがりこみ，廟内に逃げ込んだバーフェキー師を引きずり出し暴行を加えた

(17) 1924年から発生した国家のアヘン禁止令に対する反対運動で，エスファハーンの有力ウラマー家系など宗教界上層部を巻き込んだ暴動となったものの，エスファハーンの軍事当局によって平定された［cf. Akhavi 1980: 40－41］。

(18) 1935年にモハンマド・タキー・サブザヴァーリーがヘジャーブ廃止を痛烈に非難し，彼に賛同者と警官隊との小競り合いに発展した。翌日には軍と群衆の間で衝突が起こり60名以上の死傷者を出した。これを聞きつけた周辺農村から武装した農民がゴウハルシャード・モスクに立てこもったのに対し，シャーは徹底弾圧を支持し，軍がモスクに突入するとともに，機関銃を乱射し鎮圧を図った。事件の結果，マシュハドのイマーム・レザー廟の代理管理人であり，マシュハドの宗教界に影響力を持ったミールザー・モハンマド・ヴァリー・ハーン・アサディーが事件に連座したかどで逮捕された［吉村 2011: 108］。

(19) Moḥammad Ḥojjat Kūhkamarī. 1893－1953.1.19. 父親の元で初等教育を受けた後，ナジャフで学ぶ。1930年にコムに移住し，ハーエリー・ヤズディー師に学んだ。

(20) 革命後のイランの文献では，ホセイン・ボルージェルディー師の死後にホメイニーもまた法学権威としてホウゼの運営に参加していたという「言説」的記述が多々見られる［e.g. Shīrkhānī 1386: 36］。しかし革命以前の文献を見ると状況が異なる。革命以前の文献では，彼が法学権威とみなされていなかっただけでなく，その候補でもみなされていなかった［cf. Nīkbakht 1382: 34－35］。それゆえ近年の記述は言説にすぎない。

(21) ホメイニー師の追放をめぐっては，本来は死刑であったものの，モハンマド・レザー・ゴルパーイェガーニー師やシャリーアトマダーリー師らが軍事法廷でホメイニーが法学権威であると助命嘆願した結果であるという説がある［cf. Momen 1985: 254］。しかし実際には，前述の説は反王政運動が活発化した1970年代に半ば神話的に語られた噂にすぎない［cf. Gieling 1997: 786］。

■第2章

(1) グリューネバウムの議論は二元論として批判的に検証されていった。しかし彼自身の議論の構造は単純な二元論というわけではなく，「大伝統」と「小伝統」が時に入

れ子構造へと展開していくことを指摘するなど，両者の複雑な関係を指摘する奥が深い議論となっている。

(2) 筆者はシルケやジゴンによるアサドらへの異議は妥当であると理解している。しかし彼らの異議の根拠については，筆者は批判的である。彼らの異議は，日常生活でモラルの断絶（矛盾）に直面したとき，複数の価値体系を用いて独自の秩序の再編成を行なう人々の営みに発している。しかし「独自の秩序の再編成」は，発話において現われた非整合性を「問題」とみなした彼らによる説明にすぎないと見ることもでき，十分な異議と言えるかは疑問符がつく。

(3) テヘランのエマーム・サーデク大学に基づけば，2013年8月時点では他にも多数の法学権威が紹介されている（http : //www.isu.ac.ir/Farsi/Links/Maraje.htm）。それに基づけば，エブラーヒーム・アミーニー師（Ebrāhīm Amīnī），ハーシェム・バフターイー・ゴルパーイェガーニー師（Hāshem Baḥṭā'ī Golpāyegānī），アリー・アスガル・ラヒーミー・アーザード師（Alī 'Aṣghql Raḥīmī Āzād），モハンマド・レイシャフリー師（Moḥammad Reyshahrī），モハンマド・ヤスレビー師（Moḥammad Yathrebī）も法学権威としての活動を行なっている。また筆者が2012年9月に行なった調査では，コムで元「急進派」の議員であったバヤート・ザンジャーニー師（Asad Allāh Bayāṭ Zanjānī）も，事務所を構えていた。

(4) ハイデリー［Haideri 2006: 15－16］によれば，この他に「紙片の要素（Ẕāt al-Riqā'）」という名前で一般的に知られている，特定のイスラーム法学者のみが可能な6片の紙を用いた「占い」もある。筆者がこの方法についてイスラーム法学者のスタッフに尋ねたところ，一般的な方法ではないだけでなく，この方法を知らないと答えるものも少なくなかった。

(5) Ar. Allāhumma 'anī Tafa'altu bi-Kitābi-ka wa tawakkaltu 'alay-ka fa-'arinī min Kitābi-ka mā Huwā Maktūbun min Sirri-ka al-Maknūn fī Ghayb-ka

(6) Ḥoseynīye. 第3代イマーム，フサインの殉教を記念する建物で，殉教を哀悼するために殉教語りであるロウゼ・ハーン（Prs. Rowẕe Khān）と殉教者の痛みを追体験するために行なわれる平手で胸を打つスィーネ・ザン（Prs. Sīn-e Zan）などが行なわれる。こうした建物はアラビア語ではフサイニーヤ（Prs. Ḥusaynīya）とよばれ，インドやパキスタンではイマームバーラとよばれる。イランのホセイニーイェはカージャール朝以降ではタキーイェ（Prs. takiye）とよばれる場合も多く，なかには殉教劇（Prs. ta'ziye）を開催する場合もある。［大塚ほか編 2002: 894］

(7) 集会や会合一般についても同じくジャラセ（Prs. jalase）とよばれる。ここでは女性の宗教集会を意味するものとして，便宜的に「集会」とした。

(8) これらのうち，サークルに関して言えば，必ずしもイスラーム文化と関係のあるサークルだけではない。バックギャモンのサークルやチェスのサークルなどもあった［cf. Mottahedeh 1985］。しかしながら，ここではイスラーム文化と関係のあるサークルに限定して話を進めたい。

(9) 近年の「集会」でも，祈願や殉教語りよりもクルアーンの読誦や解釈が中心となりつつある［cf. Torab 1996; Kamalkhani 1993; Osanloo 2009］。

▩第3章

(1) 「奇蹟」に相当する語は，ムウジザ（Ar. mu'jiza）とカラーマ（Ar. karāma）がある。前者は，対立する相手の挑戦を不可能にすることであり，神によって果たされた奇蹟を指す。他方，後者は神によって神に近しい者に与えられた恩寵を意味する［大塚ほか編 2002: 303］。スンナ派の場合では，前者は預言者が行なうものであり，後者は聖者が行なうものである。

(2) ムスリム社会における「聖者」とキリスト教的な聖者概念とを同一視することの問題点，あるいは「聖者」の代替となる用語の検討については，東長［1999: 210－214］，赤堀［1996: 118; 2004: 240－244; 2005: 24－28］などを参照。

(3) モーメンによれば，シーア派の場合にはムウジザは預言者だけでなく，イマームについても適用される［Momen 1985: 190］。しかしミールアズィーミーが隠れイマームが起こす奇蹟については，カラーマという用語を用いているように，近年のイランにおいてはイマームの奇蹟もカラーマと表現される場合もある［Mīr-'Aẓīmī 1386: 69－144］。

(4) マルアシー・ナジャフィーの誕生については，7月23日とする説もあるが，Rafī'ī［1380: 17］は，彼の父の2つの著書に基づいて否定し，7月21日が正しいと指摘する。また Amānī［1382: 938］やマルアシー・ナジャフィー図書館のウェブサイトでも7月21日とあった。そこで，本論文では，近年では7月21日とする説が強いことから，彼の誕生を1897年7月21日とした（cf. http : //www. marashilibrary.com/biographi.html）。

(5) ナジャフでは，当時の法学権威であったディヤー・アッ＝ディーン・イラーキー師，アフマド・カーシフル・ギター師らに学んだ。

(6) アブドゥッナビー・ヌーリー師（Prs. 'Abd al-Nabī Nūrī 1925/6没），ホセイン・ナジュマーバーディー（Prs. Ḥoseyn Najm-Ābādī 1928/9没），ミールザー・ターヘル・タンカーブニー師（Prs. Mīrzā Ṭāher Tankābnī 1941/2没），メフディー・メフディー・アーシュティヤーニー師（Prs. Mīrzā Mehdī Āshtiyānī 1953/4没）らに，イスラーム法学，法源学，イスラーム哲学，神学を学んだ［Amānī 1382: 939］。

(7) Ar. Sayyid Jalīl Abū Ismā'īl Ibrāhīm ibn Abī Ja'far Muḥammad ibn Abī Ṭālib al-Muḥsin ibn Abī al-Ḥasan Ibrāhīm al-'Askarī ibn Mūsā al-Thānī Abī al-Subḥa ibn Ibrāhīm al-Murtaḍā ibn Sayyid-nā wa Mawlā-nā al-Imām Mūsā ibn Ja'far.

(8) Ar. Abū Ja'far Muḥammad ibn Abī Ṭālib al-Muḥsin ibn Abī al-Ḥasan Ibrāhīm al-'Askarī ibn Mūsā al-Thānī Abī al-Subḥa ibn Ibrāhīm al-Murtaḍā ibn Sayyid-nā wa

Mawlā-nā al-Imām Mūsā ibn Ja'fa.

(9) レザー・ハーンとは，パフラヴィー朝初代君主レザー・シャーのことである。またヘジャーブが暴かれていた時代とは，1936年1月に「女性解放」宣言にともなって行なわれた，ヘジャーブの非合法化が実施されていた時期を指す。ヘジャーブの非合法化に至る経緯については，吉村［2011: 107－110］を参照。

(10) マアスーメ廟には，ドームを備えた廟本体と，男性の一般信徒向けに広がった空間とそれを囲む門，さらにそれらを取り囲む外門によって構成されている。ここで指しているのは，廟本体のことではなく，外門の周辺のことであると思われる。

(11) 各々の世紀とは，ヒジュラ太陰暦での世紀を指す。つまり14番目の列とは，ヒジュラ暦14世紀を指している。

(12) シーア派初期の神学者，法学者。948年に生まれる。バグダードで学ぶ，アブー・サフル・ナウバフトや，ムウタズィラ学派の思想の影響を多分に受ける。当時のシーア派最高のムタカッリム（神学者）として知られ，後にヒジュラ暦5世紀の知的革新者（ムジャッディド）と認められる。イジュティハードやキヤースの導入には消極的であったが，単独の経路しかもたない伝承をも法源として利用する伝承主義者たちを厳しく批判した。1022年に没した［大塚ほか編 2002: 447］。

(13) サファヴィー朝後期の有力な法学者である彼は，1627年サファヴィー朝の首都エスファハーンでイスラーム知識人の家系に生まれる。父はエスファハーン学派のムハンマド・タキー・マジュリスィーである。アッバース2世期に頂点に達したイルファーン的傾向と袂を分かち，伝承の蒐集に専念し，シーア派法学の百科大全とよばれる大ハディース集『光の大洋（*Biḥār al-Anwār*）』を編纂した。その後スライマーンによりエスファハーンのシャイフ・アル＝イスラームに任命され，スーフィーやスンナ派の排除などを含め，強い政治的・社会的影響力を行使した。一方シーア派の信仰箇条を解説した一般向けの著作多数をペルシア語で著し，同派をイラン地域で普及させることにもっとも貢献したイスラーム知識人の一人とされる［大塚ほか編 2002: 911］。

(14) 最後の審判に際して行なわれる，神に罪の赦しを請うためのとりなしのこと。

(15) 中庭や外部空間に向かって大きなアーチを開口させた，ひときわ天井の高い半戸外空間のことを指す［大塚ほか編 2002: 105］。

(16) 預言者ムハンマドの娘であり，初代イマーム，アリーの妻，ファーティマ・ビント・ムハンマドを指す。

(17) 論理学の教材として伝統的にもっとも有名な著作。シーラーズの最高法官タフターザーニー（Sa'd al-Dīn Mas'ūd ibn 'Umar ibn 'Abd Allāh al-Harawī al-Khurāsānī al-Taftāzānī 1390没）が著わした『論理学の洗練（*Tahdhīb al-Manṭiq*）』に，15世紀の法学者ムッラー・アブドゥッラー・ヤズディーが注釈を加えたもの。2部構成になっているものの，第2部の神学の部分については基本的に用いられず，第1部の論理学の部分だけが用いられる［Nasr 1987: 172, 179n5］。

(18) シーア派の第3代イマーム，フサインの息子で，カルバラーの戦いで死去した。

(19) 法学権威の一人。1853年にイランのシーラーズに生まれる。カルバラーで育ち，同地で学問を開始する。サーマッラーへの移動し，ムハンマド・ハサン・シーラーズィー師に学んだ。ムハンマド・ハサン・シーラーズィー師の死後も，サーマッラーに留まり，同地で教鞭を執るが，後にカルバラーへ移住した。1920年にカルバラーで亡くなり，同地に埋葬された［Momen 1985: 322］。

(20) ヒジュラ暦1266（1849/50）年に，現在のイランアーゼルバーイジャーン地方の中心都市タブリーズから北西部にあるマランドに生まれた。イラクのナジャフで教育を受け，同地を活動拠点とした。1922年7月7日に死去［al-Ṭihrānī 1404: vol.2 800］。一般的には，法学権威には含まれないが，al-Ṭihrānī［1404: vol.2 800］によれば，ムハンマド・タキー・シーラーズィー師の死後，ヒジュラ歴1339（1920/1）年に，法学権威が執筆する想定問題解決集を著し，アゼルバイジャン地方の法学権威になったと言われている。

(21) 生年は定かではないものの，カルバラーで教育を受けた法学者であった。［al-Ṭihrānī 1404: vol.2 805］1892年6月12日死去した。一般的には法学権威には数えられないものの，ティフラーニー［al-Ṭihrānī 1404: vol.2 805］によれば，想定問題解決集を著わし，特にインドの一般信徒を中心に法学権威として尊敬を集めた。

▩第4章

(1) 『諸問題の解説集』は，ペルシア語では他に『諸事集（Prs. *Resāle-ye Amalīye*）』と名づけられている。イラクの廟都市に居住する法学権威がアラビア語で執筆する際には，たとえばスィースターニーのように『正しき方法（Ar. *Minhāj al-Ṣaliḥīn*）』と名づける場合が多い。ただしそれらがペルシア語に訳された場合，あるいはイランに居住する信徒に向けて出版される際には，『諸事集』あるいは『諸問題の解説集』という題名がつけられる。

(2) 両者の他にもファトワーを日常生活空間に埋め込まれたイスラームを示す資料と考える貴重な研究としては，Masud, Messick and Powers［(ed.) 1996］などが挙げられる。

(3) 嶺崎［2009］が検証した「イスラーム電話」は，質問者がメッセージを吹き込むと，質問番号が与えられ，質問者はその翌日に自動オペレーターに従い質問番号を入力し，法学者の返答を聞くことが出来るシステムになっている。

(4) 法律相談所としての側面については，ヌーリー・ハマダーニー師，モハッケク・キャーボリー師，ムーサヴィー・アルダビーリー師それぞれのコム事務所と，ランキャラーニー師のテヘラン南事務所を中心に2007年－2010年にかけて断続的に行なってきた調査に基づいている。調査の際には，筆者は一般信徒の相談を受け付ける法学者スタッフの隣に座していた。相談は直接の来訪と手紙，電子メール，さらには電話によって行なわれていた。しかし電話は，嶺崎［2003a; 2003b; 2009］が扱った「イスラーム電話」のように返答メッセージを吹き込む方法ではないため，スタッフの返答しか聞くことができなかった。

（5） 事務所によっては，手紙やインターネットを通じた相談への返答書を作成することを目的とした法学者スタッフが別にいることもあったが，本部・支部事務所にかかわらず事務所によっては，相談に直接応じる法学者スタッフが返答書の作成をこなす場合も見受けられた。

（6） ただし筆者が調査を行なった2008年のラマダーン月では，午前の執務時間に相違はないものの，午後の執務時間は日没後から午後9時ごろに行なわれていた。

（7） 本章の事例は，個人の保護をはかる観点から，別々の相談者と相談内容をかけあわせながら描写している。

（8） このように個別の問題について，従っている法学権威とは別の法学権威の解釈に従うことをペルシア語ではロジュー（Prs. rojūʻ）と言う。ロジューが可能となるのは，法学権威が他の法学権威の解釈に従ってもよいという見解を示した場合にのみ，シーア派法学上では合法となる。［cf. 富田 1997］

（9） ハーメネイー師は『諸問題の解説集』を執筆しておらず，『特に重要な案件についてのファトワー』をその代替物として参照されている。

（10） 『固き絆』はペルシア語ではアル＝オルヴェトルヴォスカー（al-ʻOrve al-Vos̱qā）であるが，一般的に法学者の間ではオルヴェ（ʻOrve）の略称でよばれる。

（11） ここで法学生から質問が寄せられたものの，正確に聞き取ることができず，ここでは書いていない。

（12） ハディース。なお同ハディースについては，西洋におけるシーア派法学研究において特に重要とみなす議論もある［cf. Takim 2010］。

第5章

（1） シャリーアトマダーリー師自身は80年1月にモスレム人民党との関係を解消した。

（2） レザー・シャー期にホウゼ教育を教育省の設定したカリキュラムに統一しようという試みがなされた［cf. Akhavi 1980: 45－55］。しかし実際には効力を発揮せず，ホウゼ教育の独自性は継続していった。

（3） こうした教育プログラムを経て，自身の判断でイスラーム法を適用できるムジュタヒドとよばれる段階に達することができるのは，男子学生に限っている。コムでは1973年に始めて，女子のためのマドラサが設立されるようになり，1975年では，150人の生徒を抱えるほどの需要があった［Fischer 1980: 84］。しかしシーア派の法学上，女性はムジュタヒドの段階に到達することはできないため女学生の場合には修了課程で学ぶ機会はない。

(4) アーフンド・フラーサーニー師によって執筆された法源学に関する書物。

(5) ハンブルク・イスラミック・センターは，イランの国内政治に対して重要な役割を担う法学者を輩出した。たとえば反王政運動期には，ベヘシュティー師や第7期および第8期イラン大統領，モハンマド・ハータミーらが在籍した。

(6) ペルシア語誌として成人向けの『イスラーム学(Prs. *Maktab-e Eslām*)』の他，子供向けの『喜びの伝言(Prs. *Payām-e Shāde*)』，青年向けの『新世代(Prs. *Nasl-e Now*)』が発行されていた。またアラビア語誌として『導き(*al-Hadī*)』が発行されていた［Fischer 1980: 84］。

(7) ホラーサーンのホウゼには，男子が学ぶマドラサが86校あり，女子が学ぶマドラサが36校ある。学生および法学者は約1万3千名，留学生が約2500名，女子が約2650名におよぶ。ホラーサーンのホウゼでは入門課程が5年であり，6年あるコムのホウゼとはカリキュラムが異なっている。またホラーサーンのホウゼも革命以降，運営の組織化が図られてきた［Pasandīde 1385: 66, 69, 72］。

(8) ただしホラーサーンのホウゼに属するマドラサでは，入門課程が他のホウゼに比べ1年短い5年となっている［Pasandīde 1385: 72－73］。また桜井［2001: 93］は，イラン革命以降には標準課程を修了するまでに8年程度を要すると指摘しているが，これは標準段階内に設けられた前期課程2年までを指していると思われる。

(9) 筆者が2007年2月にモフィード大学で大学の運営者にインタヴューを行なったところ，近年では一般の学生の受け入れも行なわれていた。それゆえ近年ではホウゼ教育との連携だけではなく，一般の大学としても機能している。

(10) 国家のプロパガンダを目的とした布教活動は，在外公館に勤務する外交官によっても行なわれてきた。彼らは在外大使館に併設されるイラン文化センターにおいて，ペルシア語講座，イスラーム関係講座やその他各種講演会などの文化活動を通じて，イスラーム革命の理念の普及を図ってきた［桜井 2001: 96］。

(11) ‘Abbās Vā‘eẓ Ṭabasī. 1936年生まれ。ホラーサーンのホウゼの中心，マシュハドで学んだ。ヒジュラ太陽暦1336（1957/8）年にホメイニーとの面識を持ち始めた。1963年にコムを訪れ，ホメイニー師と面会し，マシュハドでのホメイニーの代理人となる忠誠を誓った。その後，ホメイニー主導の反王政運動に参加した。イラン革命後には，憲法制定のための専門家会議議員に選出されたほか，第1期から第3期にかけて専門家会議議員を務めた（http : //www.vaeztabasi.com/ Waez.htm）。

▒第6章

(1) 存命中という条件に関してはホメイニー師の没後，その彼を手本としていた一般信徒が継続してホメイニー師に習従することを求めたために，存命中の法学権威の許可によって物故者への習従が認められている［Gieling 1997: 779］。

(2) Calmard［1991: 554］は，12イマーム派であることに代えて公正（Prs. ‘edālat/ Ar.

ʻadāla）を挙げる。

(3)　法学者の称号の史的展開については，Amanat［1988］が詳しい。ただ現代でも地域間で法学者の称号には差異がある［cf. 黒田 2008: 184］。

(4)　法学権威が国策に反する法見解を出すことが国家にとって脅威ではあったが，それは潜在的なものにとどまり，実際に80年代後半にホメイニー師を脅かしたのはラディカルな若手の中堅法学者であった。これについては［Arjomand 2009: 33－35］を参照。

(5)　イラン・イラク戦争（1980年－1988年）中，レバノンで米国兵士らが拘束され，人質となった際，イラン政府と米国政府の間で，イランが人質解放への協力を見返りに，米国からの武器を輸入することが秘密裏に結ばれた。この武器輸入によって米国政府が得た利益は，ニカラグアの反体制ゲリラ（コントラ）に供与されていた。米国とイランとの秘密交渉については，モンタゼリー師の娘婿の弟メフディー・ハーシェミーを中心とした政府外交への批判勢力が米国との秘密交渉を暴露し，まずイラン国内にパンフレットの形で，続いてレバノンの週刊誌『シラーア（Ar. *al-Shirāʻa*)』に流し，記事となり明るみに出た。

(6)　法学権威の政治的役割を重視する法学権威論は，法学権威であったホセイン・ボルージェルディー師の死後に検討され始めた［cf. Lambton 1964: 120; Calmard 1991: 548－549］。

(7)　たとえば，テヘランの金曜礼拝説教師ジャンナティー師が，アラーキー師没後の金曜礼拝において政治的指導力を法学権威の特に重要な条件として挙げている［cf. 富田 1997: 51］。

(8)　たとえば，1993年にモハンマド・レザー・ゴルパーイェガーニー師が死去した際，ハーメネイー師が葬儀を主宰することを遺族が拒否する事件が挙げられる。富田［1997: 41］によれば，法学権威の葬儀を主催することは後継者であることを意味すると考えられており，遺族がハーメネイーの葬儀主催を拒否したことは，モハンマド・レザー・ゴルパーイェガーニー師の後継者としての資格がないと主張したことになる。結局葬儀は，モハンマド・レザー・ゴルパーイェガーニー師の娘婿サーフィー・ゴルパーイェガーニー師によって執り行なわれ［富田 1997: 56］，サーフィー・ゴルパーイェガーニー師は2003年頃から法学権威としての活動を始めた［Aḥmadī 1386: 400］。

(9)　同じ点について，富田［1997: 42］は，イラン国外で法学的な知識の高さが知られていたのは，ランキャラーニー師だけであったと指摘している。ただフーイー師没後にもイラン国内で法学権威としての名声を高めたマカーレム・シーラーズィー師［Ehteshami 1995: 51; 富田 1997: 41］，アラーキー師の実質的な後継者であったバフジャト師らが推薦法学者リストに挙がっているように，発表に含まれていた法学者の水準はイラン国内に限れば概して高かったと考えられる。

(10)　2008年9月7日にヴァヒード・ホラーサーニー師の事務所で，2008年9月18日にショベイリー・ザンジャーニー師の事務所で筆者がいつから法学権威になったのかとそれぞれの法学者の職員に質問をしたところ，ヴァヒード・ホラーサーニー師は1978年頃から，ショベイリー・ザンジャーニー師は事務所開設に関しては1993年頃からという返答を得た。また2008年9月8日に行なったバフジャト師の事務所とのインタヴューによれば，曖昧ながら彼がムジュタヒドとなり信徒がバフジャト師に質問を寄せ始めたときという回答が寄せられたように，1994年末以前からであった。

(11) 国内政治への影響だけでなく，アルジョマンドは事件がイランの外交に及ぼした影響についてもふれている［cf. Arjomand 2009: 174－177］。

(12) 1989年の憲法改正以前，最高裁判所長官は司法権の実質的な最高責任者にあたる。

(13) 政治的静謐主義の立場をとる法学権威は，沈黙を守ることで国家に対抗するとともに，婚姻を通じて反体制派を標榜する関係を築いているという指摘もあるが［cf. Buchta 2000: 88－91］，議論の根拠が乏しい。

(14) 作成した表については，コム市内で8名の法学生に意見を求めた。

▩第7章

(1) このリヤールからUSドルへの換算は，Buchta［2000: 100］に基づく。

(2) コムのホウゼにおける教育面の変化については，桜井［2001: 92－99; 2006: 217－220］および黒田［2007: 341－342］を参照。

(3) マドラサの管理をめぐり，国家管理の問題が現在進行形で展開している。ホメイニー学院（Madrase-ye Emām Khomeynī）のように一部のマドラサは国立学校となり，国家の管理下に置かれているが，法学権威を中心として根強い反発が起こっている。そのため現状においては，大多数のマドラサは国家と独立している一方で，一部が国家管理下に置かれるようになったことを注記しておかねばならない。

(4) Aḥmad Āẕarī-Qommī. 元講師協会員。講師協会の初期メンバーであり，反王政運動にも参加し，革命後は専門家会議議員やコム選出の国会議員を務めた。憲法改正会議の一員でもあった。しかし1997年にハーメネイー師批判を行ない，自宅軟禁となり，1999年に死去した［Menashahri 1999: 231］。

(5) http : //www.jameehmodarresin.org/index.php?option=comcontent&task=blogcategory&id=77&Itemid=107（2009年11月30日閲覧）

(6) フムスの徴収をめぐる法学権威の見解は統一されていなかったことを注記する必要がある。「イマームの取り分」に限定して徴収するのか，無条件で「サイイドの取り分」と「イマームの取り分」双方を徴収するのか，あるいは貧窮したサイイドに直接に手渡しできないなどの条件付で双方を徴収するかのいずれかの立場に分かれている。

(7) これに関し，筆者が2008年9月28日にコム市内で法学者に行なったインタヴューでは，1995年以前に関してもフムスであると指摘していた。他方筆者が2008年10月7日にコム市内で法学者に行なったインタヴューによれば，政府予算における文化・教育予算に基づくと指摘していた。しかし少なくともそれは議会で承認される政府予算には明確には計上されていないものの［cf. Edāre-ye Koll Qānūnīn 1375: vol.1 137－173, 425－486, vol.2 763－831, 1104－1163］，最高評議会に対する政府予算からの財政支援については一部の報道記事で体制派法学者が認めている［cf. 29 Dec. 2009 *Aṣr Īrān*］。

（8） 1996年から法学権威となった［Sankari 2005: 265］。ただしウェブサイトの動向からは1997年と考えられている［Rosiny 2003: 67］。

（9） 最高評議会管轄下のマドラサには，イスラーム史やイスラーム哲学といった講義があり，法学および法源学を中心としながら，イスラーム的学問を教育する場である一方，管轄外の伝統あるマドラサでは伝統的なカリキュラムである法学と法源学を徹底的に教育する場である。そのため両者のあいだでは学習状況の判断基準が異なる。また修了課程（Prs. dars-e khārej）に在籍する学生については学科試験がないため明確な規準はなく，一律に満額が支給される。

（10） 標準モデル世帯とは一世帯4人家族を指し，現金給与所得額はパブリック・セクターとプライベート・セクターを合算した額である［cf. Bānk-e Markazī-e Jomhūrī-ye Eslāmī-ye Īrān 2009: 75］

▒第8章

（1） たとえば，ファリバ・アーデルハーは，イスラームをめぐる公共空間の変容と個人の信仰実践の変容について，精緻な分析を行なっている［Adelkhah 2000: 113－138］。彼女によれば，イスラームをめぐる公共空間は，革命後，国家によるイスラーム宗教界への統制が強化されたことで，組織化が進展してきた。そして，イスラームをめぐる公共空間が変容するなかで，個人の実践も変容してきた。そしてイラン・イラク戦争後の消費文化の進展も相まってパッケージ化された宗教商品の消費が広がり，実践面での個人主義化が引き起こされてきた。

（2） 世俗化論の現代的展開については，山中［2005: 17－24］を参照。

（3） アサドは倫理ではなく道徳という言葉を多用しているが，多くの場合において両者の用法に違いは見受けられない。むしろ誰しもが従わねばならない究極的な原理というカント的な道徳の意味と混同しないために――エジプトのサフワトによるシャリーア改革案の場合においては，道徳はカント的な意味と明言されているが――ここではあえて倫理としておく。

（4） エジプトの近代化における実定法の採用と法と倫理の分離については，アサド［2006 a］がよりわかりやすく説明を行なっている。

（5） ここでは革命後のイランにおける個人の倫理とイスラームとの関係を明らかにすることが本稿の目的であり，それ以前の両者の関係については別稿に譲りたい。

（6） もっともバイオエシックスという言葉そのものの起源は，1927年にプロテスタントの牧師であり神学者であったフリッツ・ヤール（Fritz Jahr）によって，ギリシア語の「生命（bios）」と「慣習（ethos）」をかけあわせて作られた造語 Bio-Ethik に遡る。ただしヤールは，バイオエシックスを「全ての生命がもつ尊厳」であり無条件に受け入れなければならない定言命法として提唱した［Lolas 2008: 120］。

（7） 皆吉［2010: 42－46］によれば，先行研究におけるバイオエシックス形成史の転換点は 3 つに大別でき，いずれも医療倫理と深い結びつきを持っている。第一に人体実験規制の制度化であり，第二にインフォームド・コンセントの確立や医師－患者関係の変化など 1960 年代の米国の医療をめぐる社会運動であり，第三に先端医療の登場と新たな問題群の発生といった従来の医療倫理の限界である。

（8） ただし科学者の一部からは，両者の共存に疑問を呈する立場があることも確かである［cf. Bohannon 2006: 292］。

（9） 近年では「諸宗教・諸宗派大学（Prs. Dāneshgāh-e Adyān va Maẕāheb）」に名称と組織形態を変更している。

（10） 参加者であった前アズハル総長であった故ムハンマド・サイイド・タンターウィー師（Ar. Muḥammad Sayyid al-Ṭanṭāwī 2010 没），サウジアラビアの大ムフティーであったアブドゥルアズィーズ・ブン・アブドゥッラー・バーズ師（Ar. ‘Abd al-‘Azīz ibn ‘Abd Allāh Bāz），ユースフ・カラダーウィー（Ar. Yūsuf al-Qaraḍāwī）ら現代の著名なイスラーム法学者らの法裁定の論理構造が解説されている。

（11） ホメイニー期においては，先端医療問題として 1988 年に腎臓の臓器移植が採用されたことがあった［Zahedi *et al.* 2008: 18］。

（12） 1993 年に設立された際には，保健医療教育省の一部であったが，2004 年にテヘラン大学医学部に編入され，「医療倫理と医学史研究所（Prs. Markaz-e Taḥqiqāt-e Akhlāq va Tārīkh-e Pezeshkī）」に名称を変更した［Aramesh 2009: 322; Zahedi, Emami Razavi and Larijani 2009: 42］。

（13） イランにおける先端医療技術などの近代科学技術の発展は，国際的な科学技術の知識の構造と深く結びついてきた［Fischer 2009］。つまり近代の構造にイスラーム国家であるイランも組み込まれていることを証左するものであり，フィッシャーの目的意識は，近代国家としてのイラン国家を論じる筆者の意図とも部分的に重なり合うと言える。

（14） Kāẓemeynī and Ḥeydarī［1383: 6］および http://www.irodat.org/irodat_en.htm（2013 年 3 月 30 日閲覧）を基に作成。

（15） http://www.sistani.org/index.php?p=616687&id=1249&perpage=23（2013 年 3 月 30 日閲覧）

第 9 章

（1） イラク系のイスラーム主義運動とは，ムハンマド・バーキル・サドル師の影響を受けたイラクのダアワ党やムハンマド・シーラーズィー師の政治思想に影響を受けたシーラーズィイーン（Ar. Shīrāzī'īn）のことを指す。

（2） アッバース・ムフリーについては，ホメイニーと義兄弟や義理の親子とする記述が散見される［e.g. 富田 1993: 170; Marschall 2003: 31］。しかしながら，ホメイニー師とは縁戚関係にはなく，縁戚関係としては，1976年に没したナジャフのマフムード・シャーフルーディー師（ホセイニー・シャーフルーディー師の父）につながる［cf. Louër 2008: 167－168］。

（3） e.g. http : //www.hawzah.net/Hawzah/Magazines/MagArt.aspx?LanguageID=1&id=32859&SubjectID=81997

（4） またサーデク・シーラーズィー師の場合，カリフォルニア州ロサンゼルスに代理人を派遣し，米国のシーア派信徒に宗教コンテンツを中心とした「イマーム・フセイン・テレビ（IMAM HUSSEIN TV）」という衛星放送局を開設してきた。

（5） http : //www.foxnews.com/story/0,2933,574768,00.html

（6） http : //www.hawzah.net/hawzah/Magazines/MagArt.aspx?MagazineNumberID=3965&id=24838

（7） Moḥammad'Abā-ye Khorāsānī. 1939/40年，マシュハド近郊の村落サルアーブ（Sar-Āb）に生まれた。イラン革命後，第1期専門家会議でホラーサーンから選出されるとともに，コムでホメイニーの代理を務めた他，一時的には，マシュハドの金曜礼拝説教師を務めた。また第6期イスラーム評議議会の議員を務めた。2004年に死去。

（8） cf. http : //www.hawzah.net/Hawzah/Marakez/MarkazView.aspx?MarkazID=12209&LanguageID=1

（9） スリランカでのイスラーム芸術展の開催［11 Aug. 2008 *Fars News Agency*］，国際クルアーン展への参加［19 Aug. 2010 *ABNA*］などが挙げられる。

（10） ICROの国際ブックフェア等への参加の例としては，レバノンのベイルート，イラクのバスラの国際ブックフェア，上海の貿易博覧会への参加が挙げられる［15 Jul. 2010 *ABNA*; 1 Nov. 2011 *ABNA*］。（http : //abna.ir/data.asp?lang=1&Id=215694）

（11） ボスニアのペルシア語教育を行なう単科大学の支援［14 Jun. 2011 *ABNA*］，イスラーム思想財団と中国の大学との学術提携［8 Aug. 2011 *ABNA*］などが挙げられる。

（12） ギリシアで開催されたパレスチナ関係の国際シンポジウムへの機構長の参加［4 Jul. 2011 *ABNA*］，防衛における女性の役割をめぐるシンポジウムの開催（http : //abna.ir/data.asp?lang=1&Id=206467）などが挙げられる。

（13） ［7 Oct. 2011 *ABNA*］（http : //abna.ir/data.asp?lang=1&Id=198157）

（14） http : //www.hawzah.net/Hawzah/Magazines/MagArt.aspx?MagazineNumberID=6786&id=81161,http : //www.hawzah.net/Hawzah/Magazines/MagArt.aspx?MagazineNumberID=6919&id=83461

(15) Moḥammad Bāqer Khorramshād. ヒジュラ太陽暦 1342（1963/4）年東アゼルバイジャン州生まれ。エマーム・サーデク大学で，社会学の博士号を取得し，フランスに留学［24 Oct. 2010 *Fars News Agency*］。

(16) 2011 年 2 月 19 日のイラン中央銀行の為替換算（1US$=10306Rls）に基づく（http : //www.cbi. ir/ExRates/rates_en.aspx）。

(17) たとえば，2005 年に起きた球戯場での女性の観戦許可をめぐる彼の発言に対し，宗教界上層部が反対の見解を示し，最終的にハーメネイーが仲裁に入り，宗教界上層部の見解が支持される事件が起こった。

(18) http : //taghrib.org/farsi/pages/tex2.php?tid=19，また同組織については平野［2013］を参照。

(19) MJAB の第 1 回「総会」が 1990 年に開かれた一方で，MJAB そのものがいつ発足したのかは定かではない。

(20) http : //www. hawzah.net/Hawzah/Marakez/MarkazView.aspx?MarkazID=12216&LanguageID=1

(21) http : //www.ahlulbaytportal.com/fa.php/page,196A13620.html, http : //www.hawzah.net/Hawzah/News/ NewsView.aspx?LanguageID=1&NewsID=86681&NewsType=1

(22) cf. http : //www.ahlulbaytportal.com/fa.php/page,196A13620.html

(23) Mehdī Moṣṭafavī. ヒジュラ太陽暦 1332（1953/4）年，テヘラン生まれ。ヒジュラ太陽暦 1363－1369（1984－1991）年度までオーストリア大使，ヒジュラ太陽暦 1369－1376（1990－98）年度まで外務大臣次席補佐官，ヒジュラ太陽暦 1376－1384（1997－2006）年度まで外務大臣顧問，最高指導者事務局国際部次官を務め，ヒジュラ太陽暦 1384（2005/6）年に副外務大臣を務め，ICRO の機構長を務めた（http : //www.ahlulbaytportal.com/fa.php/page,11805A11523.html）。またアフマディーネジャードの顧問を務めた（http : //abna.ir/data.asp?lang=1&Id=194084）。

(24) http : //www.ahlulbaytportal.com/fa.php/page,Unit2546.html?PHPSESSID=f87b4d79afafbc9b18e91fca 3d5eb9f3

(25) http : //www.ahlulbaytportal.com/fa.php/page,Unit2545.html,http : //www.ahlulbaytportal.com/fa.php/ page,Unit2546.html

(26) 「イラン人のモスク」という愛称は，同モスクが 20 世紀初頭にイラン人商人によって建設されたことに由来する。

(27) シヴァージ・ナガルのムスリム・スラムとして史的展開と実態については，コントラクターの研究を参照［Contractor 2012］。

(28) 筆者が 2014 年 2 月 18 日に「ヌール・フダー学院」で同校の講師サイイド・ナジーブ・ヘイダル・ラザヴィー氏およびサラート・フセイン氏とのインタヴューに基づく。

(29) インドのマドラサには，近年の「アミール・アル＝ムウミニーン学院」のように，入門課程をコルカタとハイデラバードの系列校で行ない，中級課程のみを同校で行なうというように，系列校システムにより教育課程を分けているものもある。しかし筆者が行なった調査では，講師陣が学んだ1980－90年代には，インド国内で教育課程ごとにマドラサを渡り歩くという例は見られなかった。

▩終章

（1） ブロック［1989］の研究では，儀礼的コミュニケーションと日常的コミュニケーションの非連続性が強調される。しかしヨルダンの金曜礼拝説教師の研究を行なったアントーンは，形式な固定性を認める一方で，日常と儀礼的コミュニケーションの関係を明らかにした［Antoun 1989］。そのため選挙で扱われるトピックとイランの人々の日常との間に関係があっても，なおブロックの儀礼議論は有効である。

（2） 選挙速報で時間帯によって得票数が減少したモフセン・レザーイーも同じく異議申し立てを行なった。

（3） http : //www.farsnews.com/newtext.php?nn=13920325000412

（4） httep : //www.farsnews.com/newtext.php?nn=13920325000596, http : //www.farsnews.com/newtext.php?nn=13920326000290

参考文献

日本語文献

赤堀雅幸，1996，「聖者が砂漠にやってくる――知識と恩寵と聖者の外来性について」『オリエント』38(2)：103－120.

――――，2004，「イスラームの聖者と聖者のイスラーム――民衆信仰論の一環として」『宗教研究』341：229－250.

――――，2005，「聖者信仰研究の最前線――人類学を中心に」赤堀雅幸・東長靖・堀川徹編『イスラームの神秘主義と聖者信仰』〈イスラーム地域研究叢書 7〉東京大学出版会：23－40.

アサド，タラル，2004，『宗教の系譜――キリスト教とイスラムにおける権力の根拠と訓練』中村圭志訳，岩波書店.

――――，2006a，「法・道徳・宗教を考える――エジプトの近代化を振り返って」『一神教学際研究　別冊』：15－28.（http：//doors.doshisha.ac.jp/webopac/bdyview.do?bodyid=BD00011918&elmid=Body&lfname=r001000010103.pdf）

――――，2006b，『世俗の形成――キリスト教，イスラム，近代』中村圭志訳，みすず書房.

新井政美・八尾師誠，2002，「現代のトルコ・イラン」永田雄三編『西アジア史Ⅱ』山川出版社.

大塚和夫，1989，『異文化としてのイスラーム――社会人類学的視点から』同文館.

――――，2000，『近代・イスラームの人類学』東京大学出版会.

大塚和夫・小杉泰・羽田正編，2002，『岩波イスラーム辞典』岩波書店.

加賀谷寛，1969，『イランの 12 イマーム派のイマーム・ザーデ崇拝』『オリエント』12（3－4)：191－205.

鎌田繁，2005，「神秘主義の聖者とイマーム派のイマーム」赤堀雅幸・東長靖・堀川徹編『イスラームの神秘主義と聖者信仰』〈イスラーム地域研究叢書 7〉東京大学出版会，115－136.

ギアツ，クリフォード，1990，『ヌガラ――19 世紀バリの劇場国家』小泉潤二訳，みすず書房.

黒田賢治，2008，「近現代 12 イマーム派法学者の肖像――イラン・イラクにおける法学者の修学過程」『イスラーム世界研究』2(1)：183－202.

ゲルナー，アーネスト，1991，『イスラム社会』宮治美江子・堀内正樹・田中哲也訳，紀伊國屋書店.

小杉泰，1985，「イスラーム法――研究領域と原典資料」『イスラム世界』23/24: 104－118.
――――，1994，『現代中東とイスラーム政治』昭和堂.
――――，2002，「イスラーム人生相談所」大塚和夫編『現代アラブ・ムスリム世界――地中海とサハラのはざまで』世界思想社，13－45.
――――，2006，『現代イスラーム世界論』名古屋大学出版会.
小松美彦，2005，「なぜ「宗教と生命倫理」なのか」小松美彦・土井健司編『宗教と生命倫理』ナカニシヤ出版，3－23.
坂梨祥，2004，「イランの「イスラーム新思考」――政教一元論への新たな視覚」『現代の中東』37: 2－18.
佐藤秀信，2004，「「新保守」の台頭――第7期イラン国会議員選挙経過と展望」『イスラム世界』63: 78－99.
――――，2005，「第9期イラン大統領選挙――革命原理派の権力奪取へ」『中東研究』489: 53－79.
桜井啓子，2001，『現代イラン――神の国の変貌』岩波書店.
――――，2006，『シーア派――台頭するイスラーム少数派』中央公論新社.
――――，2014，『イランの宗教教育戦略――グローバル化と留学生』山川出版社.
嶋本隆光，1987，「19世紀のコム（Qom）市――王朝の庇護と宗教都市の発展」『オリエント』30(1): 72－89.
――――，2007，『シーア派イスラーム――歴史と神話』京都大学出版会.
鈴木均，2007，「イランにおける地方議会制度と地方自治意識の発展――ハータミー期における展開とその法律的条件について（<特集>イラン世界とその周辺地域－その形成と展開）」『上智アジア学』25: 251－286.
――――，2011，『現代イランの農村都市――革命・戦争と地方社会の変容』勁草書房.
竹中千春，2001，「暴力の政治過程――1992－93年ボンベイ暴動」日本比較政治学会編『民族共存の条件』早稲田大学出版部，49－78.
田代志門，2004，「生命倫理の「世俗化」とその帰結――宗教倫理と世俗倫理のあいだ」『カトリック社会福祉研究』4: 91－119.
東長靖，1999，「「多神教的」イスラム――スーフィー・聖者・タリーカをめぐって」歴史学研究会編『社会的結合と民衆運動』〈地中海世界史5〉青木書店.
富田健次，1993，『アーヤトッラーたちのイラン』第三書館.
――――，1997，「ヴェラーヤテ・ファギーフ体制とマルジャエ・タグリード制度」『大分県立芸術文化短期大学研究紀要』35: 39－58.
――――，2003，「解説2　十二イマーム・シーア派法学の展開とホメイニー」ルーホッラー・ムーサヴィー・ホメイニー『イスラーム統治論・大ジハード論』富田健次編訳，平凡社，312－348.
平野淳一，2013，「現代イランにおけるイスラーム連帯運動の新局面「イスラーム諸学派近接世界アカデミー」と「近接の使信」の事例から」『中央大学アジア史研究』37: 41－76.
廣野喜幸，2010，「医の倫理からバイオエシックスへの転回」小松美彦・香川知晶編『バイオエシックスの構築へ――生命倫理を問い直す』NTT 出版，137－162.
ブロック，モーリス，1994，『祝福から暴力へ――儀礼における歴史とイデオロギー』田辺繁治・秋津元輝訳，法政大学出版局.
ホイジンガ，ヨハン，1973，『ホモ・ルーデンス』高橋英夫訳，中央公論新社.
松永泰行，2002a，「イラン・イスラーム共和国における選挙制度と政党」『中東諸国の選挙制度と政党』〈(財) 日本国際問題研究所研究報告書〉：4－19.（http : //www.alpha-net.ne.jp/users2/ymalphan/matsunaga_iran-election-law.pdf 2010 年 4 月 10 日閲覧）
――――，2002b，「イスラーム体制下における宗教と政党――イラン・イスラーム共和国の場合」日本比較政治学会編『現代の宗教と政党――比較の中のイスラーム』早稲田大学出版会，67－95.
丸山大介，2007，「研究創案ノート　初期マートゥリーディー学派のワリー論」『イスラーム世界研究』1(1): 125－134.
皆吉淳平，2010，「「バイオエシックスの誕生」はどのように理解されているのか――米国バイオエシックス研究者の歴史認識とその展望」小松美彦・香川知晶編『メタバイオエシックスの構築へ――生命倫理を問い直す』NTT 出版，41－79.
嶺崎寛子，2003a，「多元的法秩序としてのシャリーアとファトワー――現代エジプトを事例として」『日本中東学界年報』18(1): 1－31.
――――，2003b，「現代エジプトのファトワーにみるジェンダー意識と法文化」『国立女性教育会館研究紀要』7: 69－81.
――――，2009，「生活のなかのイスラーム言説とジェンダー――エジプト『イスラーム電話』にみるファトワーの社会的機能」『アジア・アフリカ言語文化研究』78: 5－41.
守川知子，2007，『シーア派聖地参詣の研究』京都大学出版会.
森本一夫，1999a，「サイイド・シャリーフ論の動向」『中東研究』448: 54－57.
――――，1999b，「サイイドとシャリーフ――ムハンマドの一族とその血統」『イスラーム世界の発展――7－16 世紀』〈岩波講座世界歴史 10〉岩波書店.
――――，2005，「サイイド・シャリーフ研究の原状と展望」赤堀雅幸・東長靖・堀川徹編『イスラームの神秘主義と聖者信仰』〈イスラーム地域研究叢書 7〉東京大学出版会，229－254.
――――，2007，「訳者解説」モハンマド＝ホセイン・タバータバーイー『シーア派の自画像――歴史・思想・競技』森本一夫訳，慶応義塾大学出版会.
諸岡了介，2011，「世俗化論における宗教概念批判の契機」『宗教研究』85(3): 623－643.
山中弘，2005，「世俗化論争と教会――ウィルソン世俗化論を手がかりにして」竹沢尚一郎編『宗教とモダニティ』世界思想社，15－48.

吉村慎太郎，2005，『イラン・イスラーム体制とは何か――革命，戦争，改革の歴史から』書肆心水.

――――，2011，『イラン現代史――従属と抵抗の 100 年』有志舎.

ラムトン，アン K. S., 1976，『ペルシアの地主と農民――土地保有と地税行政の研究』岡崎正孝訳，岩波書店.

リンス，J.／A. ステパン，2005，『民主化の理論――民主主義への移行と定着の課題』荒井祐介・五十嵐誠一・上田太郎訳，一藝社.

欧米語文献

Abdul-Jabar, Faleh, ed., 2002, *Ayatollahs, Sufis and Ideologues: State, Religion and Social Movements in Iraq*, London: Saqi Books.

Abootalebi, Ali, 2000, "The Struggle for Democracy in the Islamic Republic of Iran," *Middle East Review of International Affairs*, 4(3): 43－56.

Abrahamian, Ervand, 1982, *Iran between Two Revolutions*, Princeton and N. J.: Princeton University Press.

――――, 2004, "The Islamic Left: From Radicalism to Liberalism," S. Cronin ed., *Reformers and Revolutionaries in Modern Iran: New Perspectives on the Iranian Left*, London and New York: Routledge Curzon, 268－279.

Adelkhah, Fariba, 2001, *Being Modern in Iran*, Jonathan Derrick tr., New York: Columbia University Press.

Akhavi, Shahrough, 1980, *Religion and Politics in Contemporary Iran: Clergy-State Relations in the Pahlavī Period*, New York: State University of New York Press Albany.

――――, 1983, "The Ideology and Praxis of Shi'ism in the Iranian Revolution," *Comparative Studies in Society and History*, 25: 195－221.

――――, 1987, "Elite Factionalism in the Islamic Republic of Iran," *Middle East Journal*, 41(2): 181－201.

Alamdari, Kazem, 2005, "The Power Structure of the Islamic Republic of Iran: Transition from Populism to Clientelism, and Militarization of the Government," *Third World Quarterly*, 26(8): 1285－1301.

Algar, Hamid, 1969, *Religion and State in Iran, 1785－1906: The Role of the Ulama in the Qajar period*, Berkeley: University of California Press.

Amanat, Abbas, 1988, "In Between the Madrasa and the Marketplace: The Designation of Clerical Leadership in Modern Shi'ism," Said Amir Arjomand, ed., *Authority and Political Culture in Shi'ism*, Albany: State University of New York Press, 98－132.

Amir-Moezzi, Mohammad Ali, 1994, *The Divine Guide in Early Shiism: The Source of Esotericism in Islam*, Streight, D., tr., Albany: State University of New York.

Amnesty International, 1997, *Human Right Violations against Shi'a Religious Leaders and Their Followers* (http : //www.amnesty.org/en/library/asset/MDE13/018/1997/en/2b88da99-ea82-11dd-b05d-65164b228191/mde130181997en.pdf 2009 年 11 月 30 日閲覧)

Ansari, Ali M., 2000, *Iran, Islam and Democracy: the Politics of Managing Change*, London: Royal Institute of International Affairs.

Antoun, Richard T., 1989, *Muslim Preacher in the Modern World: A Jordanian Case Study in Comparative Perspective*, Princeton: Princeton University Press.

Aramesh, Kiarash, 2007, "The Influence of Bioethics and Islamic Jurisprudence on Policy-Making in Iran," *The American Journal of Bioethics*, 7 (10): 42 − 44.

———, 2009, "Iran's Experience on Religious Bioethics: An Overview," *Asian Bioethics Review*, 1(4): 318 − 328.

Arjomand, Said Amir, 1986, "Iran's Islamic Revolution in Comparative Perspective," *World Politics*, 38(3): 383 − 414.

———, ed., 1988, *Authority and Political Culture in Shi'ism*, New York: State University of New York Press.

———, 2003, "Law, Political Reconstruction and Constitutional Politics," *International Sociology*, 18(1): 7 − 32.

———, 2009, *After Khomeini: Iran under his Successors*, New York: Oxford University Press.

Asad, Talal, 1986, "The Idea of an Anthropology of Islam," *Occasional Paper Series*, Center for Contemporary Arab Studies, Georgetown University. (https : //gushare.georgetown.edu/ContemporaryArabStudies/CCAS%20publications/Talal%20Asad%20OP.pdf)

al-Azmeh, Aziz, 1993, *Islams and Modernities*, London: Verso.

Bakhash, Shaul, 1985, *The Reign of the Ayatollah: Iran and the Islamic Revolution*, New York: Basic Books.

———, 1998, "Iran's Remarkable Election," *Journal of Democracy*, 9(1): 80 − 94.

Baktiari, Bahman, 1993, "Parliamentary Election in Iran," *Iranian Studies*, 26(3 − 4): 375 − 388.

———, 1996, *Parliament Politics in Revolutionary Iran: The Institutionalization of Factional Politics*, Gainsville: University Press of Florida.

———, 2002, "The Impact of Election in the Islamic Republic of Iran," *Journal of South Asian and Middle Eastern Studies*, 25(2): 52 − 66.

Banuazizi, Ali, 1995, "Faltering Legitimacy: The Ruling Clerics and Civil Society in Contemporary Iran," *International Journal of Politics, Culture and Society*, 8(4): 563 − 578.

Behrooz, Maziar, 1990, "Trends in the Foreign Policy of the Islamic Republic of Iran, 1979 − 1988," Nikki R. Keddie and Mark J. Gasiorowski eds., *Neither East nor West:*

Iran, The Soviet Union, and the United States, 13 – 35, New Haven: Yale University Press.

————, 1991, "Factionalism in Iran under Khomeini," *Middle Eastern Studies*, 27(4): 597 – 614.

Boroujerdi, Mehrzad, 1994, "The Encounter of Post-Revolutionary Thought in Iran with Hegel, Heidegger and Popper," Şerif. Mardin ed., *Cultural Transitions in the Middle East*, Leiden: Brill, 236 – 259.

Boroumand, Ladan and Boroumand, Roya, 2000, "Illusion and Reality of Civil Society in Iran: An Ideological Debate," *Social Research*, 67(2): 303 – 344.

Brumberg, Daniel, 2000, "Is Iran Democratizing? A Comparativist's Perspective," *Journal of Democracy*, 11(4): 129 – 134.

————, 2001, *Reinvention Khomeini: The Sttuggle for Reform in Iran*, Chicago: University of Chicago Press.

Buhta, Willfred, 2000, *Who Rules Iran? : The Structure of Power in the Islamic Republic*, Washington: Washington Institution for New East Policy.

Calmard, Jean, 1991, s. v. "Mardja'-i Taḳlid," Clifford Edmund Bosworth, et al. eds., *The Encyclopaedia of Islam New Edition*, Vol. 6. Leiden: Brill, 548 – 556.

Chehabi, Houchang E, 2001, "The Political Regime of the Islamic Republic of Iran in Comparative Perspective," *Government and Opposition*, 36: 48 – 70.

Clarke, M, 2008, "Children of the Revolution: 'Ali Khamene'i's 'Liberal' Views on *in vitro* Fertilization," Lloyd Ridgeon ed., *Iranian Intellectuals 1997 – 2007*, 27 – 43, London and New York: Routledge.

Contractor, Qudsiya, 2012, "'Unwanted in my City': The Making 'Muslim Slum' in Mumbai," Laurent Grayer and Christopher Jaffrelot eds., *Muslims in Indian Cities: Trajectories of Marginalisation*, 23 – 42, New York: Columbia University Press.

Corbin, Henry, 1972, *En Islam Iranien: Aspects Spiriuels et Philosophiques, tome3: Les Fideles d'Amour Shi'isme et Soufisme*, Paris: Gallimard.

Cole, Juan R, 1983, "Imami Jurisprudence and the Role of the Ulama: Mortaza Ansari on Emulating the Supreme Exemplar," Nikki R Keddie ed., *Religion and Politics in Iran: Shi 'ism from quietism to revolution*, New Haven: Yale University Press.

Cronin, Stephanie, ed., 2004, *Reformers and Revolutionaries in Modern Iran: New Perspective on the Iranian Left*, London and New York: Routledge Curzon.

Dabashi, Hamid, 1993, *Theology of discontent: the ideological foundations of the Islamic Revolution in Iran*, New York: New York University Press.

Ehteshami, Anoushiravan, 1995, *After Khomeini: The Iranian Second Republic*, London and New York: Routledge.

Ehteshami, Anoushiravan and Zweiri, Mahjoob, 2007, *Iran and the Rise of its Neoconservatives: The Politics of Teheran's Silent Revolution*, London: I. B. Tauris.

Eickelman, Dale F. and James Piscatori, 1996, *Muslim Politics*, Princeton and New Jersey: Princeton University Press.

Fairbanks, Stephen C, 1998, "Theocracy Versus Democracy: Iran Considers Political Parties," *The Middle East Journal*, 52(1): 17–31.

Farhi, Farideh, 2001, "On the Reconfiguration of the Public Sphere and the Chaging Political Landscape of Postrevolutionary Iran," John L. Esposito and Rouhollah K. Ramazani eds., *Iran at the Crossroad*, New York: Palgrave, 57–74.

Fischer, Michael M. J, 1980, *Iran: From Religious Dispute to Revolution*, Cambridge: Harvard University Press.

————, 2009, *Anthropological Futures (Experimental Futures): Technological Lives, Scientific Arts, Anthropological Voice*, Durham: Duke University Press.

Gieling, Saskia, 1997, "The *Marja'iya* in Iran and the Nomination of Kamanei in December 1994," *Middle Eastern Studies*, 33(4): 777–787.

Gheytanichi, Elham, 2001, "Civil Society in Iran: Politics of Motherhood and the Public Sphere," *International Sociology*, 16(4): 557–576.

Gleave, Robert, 2004, s. v. "Khums." Peri J. Bearman, et al. eds., *The Encyclopaedia of Islam New Edition*, Vol. 12. Leiden: Brill, 531–535.

Green, Nile, 2003, "The Religious and Cultural Roles of Dreams and Visions in Islam," *Journal of the Royal Asiatic Society*, 13(3): 287–313.

von Grunebaum, Gustave Edmund, 1976, *Unity and Variety in Muslim Civilization*, reprint, Chicago : University of Chicago Press.

Haideri, Muhammad Baqir, 2006, *Istikhāra: Seeking the Best from Allah (SWT), Significance, Methods and Types in the Light of Fourty Hadith and the Vies of the 'Ulama*, tr., by Saleem Bhimji, Qom: Ansariyan Publications.

Halm, Heinz, 2004, *Shi'ism Second Edition*, tr., by Janet Watson and Marian Hill, New York: Columbia University Press.

Hegland, Mary Elaine, 2009, "Educating Young Women: Culture, Conflict, and New Identities in an Iranian Village," *Iranian Studies*, 49(1): 45–79.

Hen-Tov, Elliot, 2007, "Understanding Iran's New Authoritarianism," *The Washington Quaterly*, 30(1): 163–179.

Hirschkind, Charles, 2001, "The Ethics of Listening: Cassette-Sermon Audition in Contemporary Egypt," *American Ethnologist*, 28(3): 623–649.

Kamalkhani, Zahra, 1993, "Women's Everyday Religious Discourse in Iran," Haled Afshar ed., *Women in the Middle East: Perceptions, Realities and Struggles for Liberation*, Basingstoke: Macmillan.

Kazemi, Farhad, 1984, "The Feda'iyan-e Islam: Fanaticism, Politics and Terror," Said Amir Arjomad ed., *From Nationalism to Revolutionary Islam*, 158－176. New York: State University of New York Press.

———, 1996, "Civil Society and Iranian Politics," Augustus Richard Norton ed., *Civil Society in the Middle East*, vol.2 Leiden: Brill, 119－152.

Keddie, Nikki R, ed., 1983, *Religion and politics in Iran: Shi'ism from quietism to revolution*, New Haven: Yale University Press.

Keshavarzian, Arang, 2005, "Contestation without Democracy: Elite Fragmentation in Iran," Marsha Pripstein Posusney and Michele Penner Angrist eds., *Authoritarianism in the Middle East: Regimes and Resistance*, 63－88. Boulder and London: Lynne Rienner Publishers.

Khalaji, Mehdi, 2006, *The Last Marja: Sistani and the End of Traditional Religious Authority in Shiism*, Washington: Washington Institute for Near East Policy.

Khiabany, Gholam and Sreberny, Annabelle, 2008, "Internet in Iran: The Battle over an Emerging Public Sphere," *Internationalising Internet Studies: Beyond Anglophone Paradigms* eds, M. Mclelland and G. Goggin, 196－214, New York: Routledge.

Lambton, Ann Katharine Swynford, 1964, "A Reconsideration of the Position of the Marja' al-Taqlīd and the Religious Institution," *Studia Islamica*, XX: 115－135.

Lankarani, Grand Ayatollah Haj Sheikh Mohammad Fazel, 1999, *Resalah of Tawdhih-al-Masael*, Tehran: Islamic Cultural Publication.

Larijani, Bagher, Farzaneh Zahedi and Malek-Afzali, H, 2005, "Medical Ethics in the Islamic Republic of Iran," *Eastern Mediterranean Health Journal*, 11 (5/6): 1061－1072.

Larijani, Bagher and Farzaneh Zahedi, 2007, "Ethical and Religious Aspects of Gamete and Embryo Donation and Legislation in Iran," *Journal of Religion and Health*, 46(3): 399－408.

Litvak, Meir, 1998, *Shi'i Scholars of Nineteenth-century Iraq: The 'Ulama' of Najaf and Karbala'*, Cambridge: Cambridge University Press.

Lolas, Fernand, 2008, "Bioethics and Animal Research: A Personal Perspective and a Note on the Contribution of Fritz Jahr," *Biological Research*, 41: 119－123.

Louër, Laurence, 2008, *Transnational Shia Politics: Religious and Political Networks in the Gulf*, London: HURST Publishers.

———, 2010, "The Rise and Fall of Revolutionary Utopias in the Gulf Monarchies," Sabrina Mervin ed., *The Shia Worlds and Iran*, 45－88, London and Minnesota: Saqi.

Maddy-Weizman, Bruce, ed., 1998, *Middle East Contemporary Survey*, XX, Boulder, San Francisco and Oxford: Westview Press.

Mahdavi-Mazdeh, Mitra, 2012, "The Iranian Model of Living Renal Transplantation," *Kidney International*, 82(6): 627－634.

Mahmood, Saba, 2004, *Politics of Piety: The Islamic Revival and the Feminist Subject*, Princeton: Princeton University Press.

Matin-asgari, Afshin, 1997, "Abdolkarim Sorush and the Secularization of Islamic Thought in Iran," *Iranian Studies*, 30 (1－2): 95－115.

Masud, Muhammad Khalid, Brinkley Messick and David S. Powers, ed., 1996, *Islamic Legal Interpretation: Muftis and their Fatwas*, Cambridge: Harvard University Press.

Matsunaga Yasuyuki, 2006, *Struggle for Democratic Consolidation in the Islamic Republic of Iran, 1979－2004*, UMI.

————, 2008, "Mohsen Kadivar, an Advocate of Postrevivalism Ismam in Iran," Lloyd Ridgeon ed., *Iranian Intellectuals: 1997－2007*, New York: Routledge.

Menashri, David, 1999, "Iran (Jomhuri-ye Islami-ye Iran)," Bruce Maddy-Weitzman ed., *Middle East Contemporary Survey*, 24: 231－261, New York: Holmes & Meier.

————, 2001, *Post-Revolutionary Politics in Iran: Religion, Society and Power*, London and New York: Routledge.

Milani, Mohsen M, 1992, "The Transformation of Velayat-e Faqih Institution: From Khomeini to Khamenei," *The Muslim World*, LXXXXII: 175－190.

————, 2001, "Reform and Resistance in the Islamic Republic of Iran," J. L. Esposito and R. K. Ramazani eds., *Iran at the Crossroads*, New York: Palgrave, 29－56.

Moaddel, Mansoor, 1993, *Class, Politics, and Ideology in the Iranian Revolution*, New York: Columbia University Press.

Momen, Moojan, 1985, *An Introduction to Shi'i Islam*, New Haven and London: Yale University Press.

Monshipoori, Mahmood, 1999, "Civil Society, Democracy, and *Velayat-e Faqih*," *Journal of Iranian Research and Analysis*, 15(2): 106－110.

Moslem, Mehdi, 2002a, "The State and Factional Politics in the Islamic Republic of Iran," Eric Hooglund ed., *Twenty Years of Islamic Revolution: Political and Social Transformation in Iran since 1979*, 19－35, Syracuse: Syracuse University Press.

————, 2002b, *Factional Politics in Post-Khomeini Iran*, Syracuse: Syracuse University Press.

Mottahedeh, Roy, 1985, *The Mantle of the Prophet: Religion and Politics in Iran*, New York: Simon and Schuster.

Moussavi, Ahmad Kazemi, 1985, "The Establishment of the Position of Marja'īyyt-i Taqlid in the Twelver-Shi'i Community," *Iranian Studies*, 18(1): 35－51.

————, 1996, *Religious Authority in Shī'ite Islam: From the Office of Muftī to the Insti-*

tution of Marja', Kuala Limpur: International Institute of Islamic Thought and Civilization.
Murray, Donette, 2010, *US Foreign Policy and Iran: American-Iranian Relations since the Islamic Revolution*, New York: Routledge.
Nadjmabadi, Shahnaz R, ed., 2009, *Conceptualizing Iranian Anthropology: Past and Present Perspectives*, New York and Oxford: Berghahn Books.
Nakash, Yitzhak, 1993, "An Attempt to Trace the Origin of the Rituals of *'Ashura'*," *Die Welt des Islams*, 33: 161 – 182.
———, 1994, *The Shi'is of Iraq*, Princeton and New Jersey: Princeton University Press.
Nasr, Seyyed Hossein, 1987, *Traditional Islam in the Modern World*, London: KPI.
Newman, Andrew. J, 1992, "The Nature of the Akhbārī/Uṣūlī Dispute in Late Safawid Iran. Part 1: 'Abdallāh al-Samāhijī's 'Munyat al-Mumārisīn'," *Bulletin of the School of Oriental and African Studies*, 55: 22 – 51.
———, 1993, "The Myth of the Clerical Migration to Safawid Iran: Arab Shiite Opposition to 'Alī al-Karakī and Safawid Shiism," *Die welt der Islam*, 33: 66 – 111.
———, 2000, *The Formative Period of Twelver Shī'ism: Ḥadīth as Discourse Between Qum and Baghdad*, Richmond: Curzon Press.
Omid, Homa, 1992, "Theocracy or Democracy?: the Critics of 'Westoxification' and the Politics of Fundamentalism in Iran," *Third World Quarterly*, 13(4): 675 – 690.
Osanloo, Arzoo, 2009, *The politics of women's rights in Iran*, Princeton & New Jersey: Princeton University Press.
Rakel, Eva Patricia, 2009, *Power, Islam, and Political Elite in Iran*, Leiden and Boston: Brill.
Rosiny, Stephan, 2003, "Internet et la Marja'iyya: L'Autorité Religieuse au Défi des Nouveaus Médias," *Maghreb-Machrek*, 178: 59 – 74.
Sachedina, Abdulaziz Abdulhussein, 1988, *The Just Ruler (al-Sultān al-'ādil) in Shī'ite Islam: The Comprehensive Authority of the Jurist in Imamite Jurisprudence*, New York and Oxford: Oxford University Press.
———, 2009, *Islamic Biomedical Ethics: Principles and Application*, Oxford and New York: Oxford University Press.
Sadri, Ahmad, 2001, "The Varieties of Religious Reform: Public Intelligentsia in Iran," *International Journal of Politics, Culture and Society*, 15(2): 271 – 282.
Sankari, Jamal, 2005, *Fadlallah: The Making of a Radical Shi'ite Leader*, London: Saqi Books.
Sarabi, Farzin, 1994, "The Post-Khomeini Era in Iran: The Election of the Fourth Islamic Majilis," *The Middle East Journal*, 48(1): 89 – 107
Schielke, Samuli, 2009, "Ambivalent Commitments: Troubles of Morality, Religiosity and

Aspiration among Young Egyptians," *Journal of Religion in Africa*, 39(2): 158 − 185.

Schirazi, Asghar, 1997, *The Constitution of Iran: Politics and the State in the Islamic Republic*, John O'Kane, tr., London and New York: I. B. Tauris.

Siavoshi, Sussan, 1992, "Factionalism and Iranian Politics: The Post Khomeini Experience," *Iranian Studies*, 25 (3 − 4): 27 − 49.

Shanahan, Rodger, 2005, *The Shi'a of Lebanon: Clans, Parties and Clerics*, London & New York: Tauris Academic Studies.

Sreberny-Mohammadi, Anabelle and Mohammadi, Ali, 1994, *Small Media, Big Revolution*, Minneapolis: University of Minnesota Press.

Takim, Liyakat Nathani, 2009, *Shi'ism in America*, New York and London: New York University Press.

————, 2010, "Reinterpretation or Reformation? Shi'a Law in the West," *Journal of Shi'a Islamic Studies*, 3(2): 141 − 165.

Thaiss, Gustav Edward, 1978, "Religious Symbolism and Social Change: The Drama of Husain," Nikki R. Keddie, ed., *Scholars, Saints, and Sufis: Muslim Religious Institutions in the Middle East Since 1500*, Berkeley: University of California Press.

Torab, Azam, 1996, "Piety as Gendered Agency: A Study of Jalaseh Ritual Discourse in an Urban Neighborhood in Iran," *Journal of Royal Anthropological Institute*, 2(2): 235 − 252.

————, 2007, *Performing Islam: gender and ritual in Iran*, Leiden and Boston: Brill,

Voll, John Obert, 1982, *Islam: Continuity and Change in the Modern World*, Boulder: Westview.

Waardenburg, Jacques, 1978, "Official and Popular Religion as a Problem in Islamic Studies," Pieter Hendrik Vrijhof and Jacques Waardenburg eds., *Official and Popular Religion: Analysis of a Theme for Religious Studies*, The Hague: Mouton Publishers.

Walbridge, Linda S, 1996, *Without Forgetting the Imam: Lebanese Shi'ism in American Community*, Detroit: Wayne State University Press.

————, ed., 2001, *The Most learned of Shi'a: The institution of the Marja' Taqlid*, Oxford: Oxford University Press.

————, 2001a, "Introduction: Shi'ism and Authority," L. S. Walbridge., *The Most learned of Shi'a: The institution of the Marja' Taqlid*, Oxford: Oxford University Press, 3 − 13.

————, 2001b, "Counterreformation: Becoming a Marja' in the Modern World," L. S. Walbridge, *The Most learned of Shi'a: The institution of the Marja' Taqlid*, Oxford: Oxford University Press, 230 − 246.

Wells, Matthew. C, 1999, "Thermidor in the Islamic Republic of Iran: The Rise of Muhammad Khatami," *British Journal of Middle Eastern Studies*, 26(1): 27 − 39.

Zahedi, Farzaneh, Shahraz Emami Razavi and Bagher Larijani, 2009, "A two-decade Review of Medical Ethics in Iran," *Iranian Journal of Public Health*, 38 (Suppl. 1): 40 − 46.

Zahedi, Farzaneh and Baqher Larijani, 2008, "National Bioethical Legislation and Guidelines for Biomedical Research in the Islamic Republic of Iran," *Bulliten of the World Health Organization*, 86(8): 630 − 634.

Zahedi, Farzaneh et al., 2008, "The National Ethical Guideline of Transplantation Research in Iran," *Iranian Journal of Public Health*, 37(1): 18 − 21.

el-Zein, Abdul Hamid, 1977, "Beyond Ideology and Theology: The Search for the Anthropology of Islam," *Annual Review of Anthropology*, 6: 227 − 254.

Zigon, Jarrett, 2008, *Morality: An Anthropological Perspective*, New York: Berg.

ペルシア語文献

Aḥmadī, Moḥammad Ibrahīm, 1386 (2007), "Āyat Allāh Loṭf Allāh Ṣāfī Golpāygānī," Pazhūheshkade-ye 'Elmī ed., *Golshan-e Abrār: Kholāṣeh-ye az Zendegī Asveh-hā-ye 'Elm va 'Aml*, 6: 392 − 405, Qom: Entheshārāt Nūr al-Sajjād.

Amānī, Moḥammad Reẕā Samāk, 1382 (2003), s. v. "Mar'shī Najafī." Pazhūheshgarān-e Ḥowze-ye 'Elmīye-ye Qom, ed., *Golshan-e Abrār: Kholāṣeh-ye az Zendegī Asveh-hā-ye 'Elm va 'Aml*, 2: 938 − 945, Qom: Nashr-e Ma'rūf.

Bānk-e Markazī-e Jomhūrī-ye Eslāmī-ye Īrān, 2009, *Natāyej-e Bar-resī-ye Būdje-ye Khānevār dar Monāṭeq-e Shahrī-ye Īrān Sāl-e 1386* (http://www.cbi.ir/simplelist/1600.aspx 2009年11月30日閲覧)

Dūzdūzānī, Yād Allāh, 1385 (2006), *Resāle-ye Towẕīḥ al-Masā'el Moṭābeq bā Fatāvā-ye Ḥaẕrat-e Āya Allāh al-'Oẕmā Ḥāj Mīrzā Yad Allāh Dūzdūzānī (Tabrīzī)*, Tehrān: Enteshārāt-e Tābān bā Hamkārī-ye Nashar-e Shahrīvar.

Edāre-ye Koll-e Omūr-e Farhangī wa Ravābeṭ-e 'Omūmī Majles-e Shūrā-ye Majles, 1381 (2002), *Ṣūrat-e Mashrūḥ-e Modhākerāt-e Shūrā-ye Bāznegārī-ye Qānūn-e Asāsī-ye Jomhūrī-ye Eslāmī-ye Īrān*, 3vols Tehrān: Edāre-ye Koll-e Omūr-e Farhangī wa Ravābeṭ-e 'Omūmī, Edāre-ye Tablīghāt va Enteshārāt-e Edāre-ye Qavānīn, Edāre-ye Tond Nevīsī.

Edāre-ye Koll-e Qāvānīn, 1375 (1996), *Majmū'e Qavānīn Chahāromīn Dūre-ye Majles-e Shūrā-ye Eslāmī: 7 Khordād 1371 tā Khordād 1375*, 2 vols, Tehrān: Chāpkhāne Majles-e Shūrā-ye Eslāmī.

Eslāmī, Ḥasan, 1384 (2005), "Shabīh Sāzī-ye Ensānī az Dīdgāh-e Feqh-e Ahl-e Sonnat," *Feqh*, 45: 71 − 148.

Ḥoseynī-Sīstnī, Seyyed 'Alī, 1387 (2008), *Towẕīḥ al-Masā'el Āya Allāh al-'Oẕmā Seyyed 'Alī Ḥoseynī Sīstānī*, Mashhad: Enteshārāt-e Barakāt-e Ahl-e Beyt.

Javāherī, Moḥammad Reẕā, 1381 (2002), *Ejtehād: Dar 'Aṣr-e A'emme-ye Ma'ṣūmīn − 'Alay-hum al-Salām*, Qom: Būstān-e Ketāb Qom.

Javādzāde, 'Alī Reẕā, 1385 (2006), *Jāme'-e Mudarresīn-e Ḥowze-ye 'Elmīye-ye Qom: Az Āghāz tā Aknūn*, vol.1, Tehrān: Enteshārāt-i Markaz-e Esnād-e Enqelāb-e Eslāmī.

Ja'fariyān, Rasūl, 1368 (1989), *Ta'rīkh-e Tashayyo' dar Īrān*, Tehrān: Sāzmān-e Tablīghāt-e Eslāmī.

Karbāschī, Gholāmreẕā, 1380 (2001), *Ta'rīkh-e Shafāhī-ye Enqelāb-e Eslāmī*, Tehrān: Makaz-e Esnād-e Enqelāb-e Eslāmī.

Kāẓemeynī, Moḥammad and 'Alī-Reẕā Ḥeydarī, 1383 (2004), *Shabke Farāham Āvarī-ye A'ẕā-ye Peybandī-ye Īrān: Be Enẕemām-e Sīmā-ye Peyband-e Kollīye dar Īrān*, Tehrān: Enteshārāt-e Āftāb Golāfīk.

Khāmeyār, Rasūl, 1384 (2005), *Qom Dīrūz va Emrūz: Rāhnamā-ye Jāme'-e Ostān-e Qom*, Qom: Rahpūyān.

Mīr-'Aẓīmī, Ja'far, 1386 (2007), *Masjed-e Moqaddas-e Jamkarān-e Tajlīgāh-e Ṣāḥeb al-Zamān ('Aley-he al-Salām)*, Qom: Enteshārāt-e Masjed-e Moqaddas-e Jamkarān.

Maẓāherī, Ḥoseyn, 1379 (2000), *Resāle-ye Towẕīḥ al-Masā'el: Aḥkām, Aḥlāq,E'teqād*, Qom: Mo'assese-ye Farhangī-ye Motāle'ātī al-Zahrā'.

Moḥammadī, Esmā'īl, 1378 (1999), *Karāmāt-e Emām Khomeynī*, Qom: Enteshārāt-e Nobūgh.

Moqaddam, Kāẓem, 1386 (2007), *Āshenā-ye bā hame Marāja'-e Taqlīd*, Qom: Markaz-e Farhangehonarsabā.

Moslemīzāde, Ṭāhere, ed., 1384 (2005), *Resāle-ye Towẕīḥ al-Masā'el Dah Marja'*, 2vols, Tehrān and Mashhad: Enteshārāt-e Hātef.

Nīkbakht, Raḥīm, 1382 (2003), *Khāṭerāt va Mobārezāt-i Ḥojjat al-Eslām Ḥoseynī Hamadānī*, Tehrān: Makaz-e Esnād-e Enqelāb-e Eslāmī.

Pasandīde, Maḥmūd, 1385 (2008), *Ḥowze-ye 'Elmīye-ye Khorāsān: Madāres-e 'Elmīye Mashhad*, vol.1, Mashhad: Enteshārāt-e Āstān-e Qods Raẕavī.

Qānūn-e Asāsī-ye Jomhūrī-ye Eslāmī-ye Īrān, n. d.

Rafī'ī, Alī, 1380 (2001), *Bar Setīgh-e Nūr: Gūshehā-ī az Zendegī va Vaṣītnāme-ye Ilāhī (Aḥlāqī-ye Ḥaẓrat-e Āya Allāh al-'Oẓmā Mar'ashī Najafī)*, Qom: Ketābkhāne-ye Bozorg Ḥaẓrat-e Āya Allāh al-'Oẓmā Mar'ashī Najafī.

Rostamī-Chāfī, 'Alī, 1380 (2001), *Karāmāt-e Mar'ashīye*, Qom: Enteshārāt-e Mashhūr.

Ṣāleḥ, Seyyed Moḥsen, 1385 (2006), *Jāme'-e Mudarresīn-e Ḥowze-ye 'Elmīye-ye Qom: Az Āghāz tā Aknūn*, vol.2, Tehrān: Enteshārāt-i Markaz-e Esnād-e Enqelāb-e Eslāmī.

Ṣāleḥ, Seyyed Moḥsen, ed., 1385 (2006), *Jāme'-e Mudarresīn-e Ḥowze-ye 'Elmīye-ye Qom: Az Āghāz tā Aknūn*, vol.3－8, Tehrān: Enteshārāt-i Markaz-e Esnād-e Enqelāb-e Eslāmī.

Shahrvande Emrūz, 12 Oct. 2008.

Shīrkhānī, Alī and Zāre', 'Abbās, 1384 (2005), *Taḥavvolāt-e Howze-ye 'Elmīye-ye Qum pas*

az Pīrūzī-ye Enqelāb-e Eslāmī, Tehrān: Enteshārāt-e Markaz-e Esnād-e Enqelāb-e Eslāmī.
Ṭāleqānī, Hedāyat Allāh, 1374（1995）, *Marja'iyyat*, Tehrān: Ā'īn-e Chāp.

アラビア語文献

al-Ṭabāṭabā'ī al-Yazdī, Muḥammad Kāẓem, 1378（1999）: *al-'Urwa al-Wuthqā*, Vol.1, Qom: Manshūrt Dār al-Tafsīr.
al-Ṭihrānī, Aqā Buzrk, 1983, *al-Dharī'ah ilā Taṣānīf al-Shī'a*, 25vols, Bayrūt: Dār al-Aḍwā'.
————, 1404（1983/4）, *Ṭabaqāt A'lām al-Shī'a wa-Huwa Nuqabā' al-Bashar fī al-Qarn al-Rābi' 'Ashar*, Mashhad: Maṭba'at Sa'īd.

ニュース・ソース

ABNA（AhlulBayt News Agency）
Aftab
Aṣr Īrān
BBC Persian
Fars News Agency（Khabargozār Fārs）
Fox News
IRNA（Islamic Republic News Agency）
ISNA（Khabargozār-ye Dāneshjūyān-e Īrān）
Rasa News Agency（Khabargozār Rasā）
Rīsk Niyūz

イスラーム法学者の来歴

（名前は太字の部分が本書内での表記である。また†は
2014年5月末時点で，すでに亡くなっている人物を示す）

（1）ハーメネイー指導体制下のイスラーム法学者

マフムード・**アブドッラーヒー**（1947/8－）
「講師協会」会員。エスファハーン出身。小学校卒業後，コムのマドラサに入学。シャリーアトマダーリー師やモンタゼリー師らの薫陶を受ける。反王政運動期には，大衆扇動の演説を行ない，逮捕され，テヘランとアフヴァーズの刑務所に収監。マドラサでの教授活動の他，ベヘシュティー大学などでも教鞭を執った。

アフマド・ハータミー（1960－）
「講師協会」会員。イラン北部セムナーンの出身。セムナーンのマドラサに入学したが，数年後にはコムで学ぶようになった。長らく専門家会議議長などを務めたメシュキーニー師，ヌーリー・ハマダーニー師らの薫陶を受けた。革命後ケルマーン選出の専門家会議議員などの政治キャリアを経てきた。

アボルカーセム・**ヴァーフィー・ヤズディー**（1935－）
「講師協会」員。ヤズド近郊のホセイナーバード出身。中学校卒業後，ヤズドのマドラサに入学し，1957年にコムに移住。ハーエリー・ヤズディー師の子息モルテザー・ハーエリー師の薫陶を受ける。革命後はヤズド選出の専門家会議議員などを務めながら，コム市で教授活動を続けた。

レザー・**オスターディー**（1937－）
「講師協会」会員。コムでモハンマド・レザー・ゴルパーイガーニー師，シャリーアトマダーリー師，アラーキー師らに学ぶ。ナジャフで，国外追放中のホメイニー師，フーイー師，ムハンマド・バーキル・サドル師らに師事した。革命後，専門家会議議員や監督者評議会議員（1997－2005）などを務める。

モハンマド・**ガラヴィー**（1950/1－）
「講師協会」会員。父親もイスラーム法学者で，テヘランでホメイニー師を含む複数の法学権威の代理人であった。モハンマド・レザー・ゴルパーイェガーニー師らに師事した。マドラサでの講義を行なう他，テヘラン大学などでも教

鞭を執る。

モハンマド・タキー・メフディー・**シャブゼンデダール**（1953/4－）

「講師協会」会員。地方のイスラーム法学者家庭に生まれ，コムで育つ。小学校卒業後，1年間中学で学んだ後，コムのマドラサで学ぶ。ヴァヒード・ホラーサーニー師らの薫陶を受け，講師として中級課程で教え，法学や法源学に関する書籍を記した。「講師協会」会員であるものの，政治キャリアは希薄である。

ハサン・**ターヘリー・ホッラマーバーディー**（1938.5.22－）

「講師協会」会員。ホメイニー師追放後，モハンマド・レザー・ゴルパーイガーニー師ら同時代の高名な法学者に学ぶ。革命後には，憲法制定のための専門家会議議員，憲法改正会議議員，革命防衛隊におけるホメイニー師の代理人，パキスタンにおけるホメイニー師の代理人などを務める。

ハサン・ロウハーニー（1948－）

イラン北中部のセムナーン出身。1960年頃，セムナーンのマドラサに入学し，翌年からコムで学ぶ。また1969年からテヘラン大学で学ぶ。伝統的なイスラーム法学教育を受けたイスラーム法学者であるものの，ムジュタヒドの段階には到達していない。革命以前には，説教師としてイラン全土でホメイニー師への支持を呼びかけ，投獄された。革命直前には，政府当局からの弾圧が強まったこともあり，パリに逃れた。革命後，2000年まで5期にわたり国会議員を務めた。また1989年から2005年まで国家最高安全保障評議会の評議員を務め，核問題の交渉役を担った。第11期イラン大統領選挙に出馬し，第1回投票で過半数を超える得票により，第7代大統領に就任した。就任時の年齢が64歳と歴代の大統領としては最高齢にあたる。なお元々の家名はフェリードゥーンであるものの，フェリードゥーン・ロウハーニーとした後，フェリードゥーンを家名から削除し，家名をロウハーニーとした。

マフムード・**ハーシェミー・シャーフルーディー**（1948－）

「講師協会」会員。イラクのナジャフ出身。高名なイスラーム法学者家系であり，父もナジャフの高名な講師の一人であった。小学校卒業後，マドラサ入学し，特にムハンマド・バーキル・サドル師の薫陶を受ける。同師の処刑後，イランに身を寄せ，コムで教育活動に従事した。司法権長（1999－2009）を務めた他，監督者評議会（1994－1999，2009－2013年時点現職）を務める。

アリー・**ハーメネイー**（1939－）

イラン北東部マシュハド出身。イスラーム法学者家系に生まれ，マシュハドでイスラーム教育を受け始め，イラクのナジャフで学んだ後に，コムで学ぶ。コムでは，ホセイン・ボルージェルディー師やホメイニー師に学んだ。1963 年のコム暴動に参加し逮捕されたものの，しばらくして釈放される。ホラーサーンのホウゼで講師を務めながら，ホメイニーの反王政運動に参加した。革命後は，ホメイニー師から重要な政治職となったテヘランの金曜礼拝説教師を任された他，発足直後の革命防衛隊参謀を務めた。1981 年 7 月に爆殺未遂にあい，右手に後遺症を残す。1981 年 10 月から 1989 年 8 月まで 2 期にわたって，大統領を務める。ホメイニーが没した翌日にあたる 1989 年 6 月 4 日に，専門家会議によって第 2 代最高指導者に選出された。なお弟のハーディー・ハーメネイー（1947－）もイスラーム法学者兼政治家であるものの，「改革派」の立場にあり，イスラーム法学者組織「闘うウラマー集団」に属する。

ハーシェム・**ホセイニー・ブーシェフリー**（1956/7－）

「講師協会」員。コムのホウゼでマカーレム・シーラーズィー師，ヴァヒード・ホラーサーニー師らに学ぶ。第 4 期「最高評議会」会期中には，ホウゼの運営局長を務め，第 5 期には評議会議員を務めた。また「講師協会」の事務局長も務めた。

モハンマド・ハータミー（1943－）

エスファハーン大学，テヘラン大学大学院で学び，哲学の修士号を取得した後，コムで「伝統」的なイスラーム法学者教育を受ける。反王政運動期にはホセイン・ボルージェルディー師がドイツのハンブルクに設立したイスラミック・センターに籍を置き，イラン革命後に帰国した。主な政治キャリアとしては，1980 年から 1982 年にかけて第 1 期議会議員を務め，1982 年からイスラーム文化指導相を務めた。1992 年にイスラーム文化指導相退任後は，イランで最も権威の高い「国立図書館」の館長を務めた。1997 年の第 7 期イラン大統領選挙に，立候補を辞退したミールホセイン・ムーサヴィーに代わる「改革派」の候補として出馬し，当選を果たした。2001 年の第 8 期イラン大統領選挙にも現職として出馬し，再選を果たした。大統領退任後は，NGO 組織「イランの自由，成長，開発のための基金（通称，バーラーン基金）」を設立するなど，政治的自由の発展に努めている。

モハンマド・モウメン・コンミー（1938.1.13－）

「講師協会」員。革命運動にも直接参加し，イラン南東部のケルマーンに国内追放された。革命後，専門家会議議員，公益判別評議会議員，監督者評議会議員（1986－2013年現職）など政治的重要職を多数経験している。また1989年の憲法改正会議には，最高指導者要件に関わる委員会にも参加した。

モルテザー・**モクタダイー**（1935/6－）

「講師協会」員。コムではホメイニー師，ホセイン・ボルージェルディー師らに学んだ。エスファハーン，テヘランのマドラサで教鞭をとったのち，コムで教鞭を執る。

モハンマド・ヤズディー（1931－）

「講師協会」員。ムーサヴィー・アルダビーリー師の実質的な後任として，組織の再編成が行なわれた司法府において司法権長を務めた。また監督者評議会議員（1988－1992，1999－2013年現職），さらには憲法改正会議の書記など政治要職も務めた。

マフムード・**ラジャビー**（1951－）

「講師協会」員。農家に生まれ，小学校終了後にコムで学び始める。中級課程で教鞭を執っている。

ホセイン・**ラースティー・カーシャーニー**（1927/8－）

「講師協会」員。ヒジュラ太陽暦1306（1927/8）年生まれ。講師協会員で，革命後，ホメイニーの代理人など政治要職を務めた。

アリー・アクバル・ハーシェミー・**ラフサンジャーニー**（1934－）

初期の政治的キャリアとして，ホメイニー師の側近として反王政運動において，イラン国内で指導的な役割を果たした。イラン革命後，革命評議会委員を経て，国民評議会議長を務め，ハーメネイー師の最高指導者就任後に大統領となった。大統領任期満了後は，公益判別評議会議長に就任。テヘラン選出の専門家会議議員も務め，2007年に長らく専門家会議議長を務めてきたアリー・メシュキーニー師が没すると，同議長にも就任した。しかし2005年の第9期大統領選挙で，決選投票の末アフマディーネジャードに敗れる。また2013年の第11期大統領選挙に立候補を表明するも，年齢などの観点から監督者評議会の資格審査によって立候補不許可となった。

（2）ハーメネイー指導体制下の法学権威

モハンマド・アリー・**アラーキー**†（1894.12.23－1994.11.24）

アラーク出身で，同地でハーエリー・ヤズディー師やホーンサーリー師に師事した。ハーエリー・ヤズディー師のコムへの移動後，コムで学習を継続した。

革命以降はコムの金曜礼拝導師に任命され，1989年のホメイニー師の死後，体制指導部から推奨する法学権威に指名された。

モハンマド・アリー・**アラヴィー・ゴルガーニー**（1939－）

イラクのナジャフ出身。出生当時，ナジャフに父サッジャード・アラヴィー・ゴルガーニー師が遊学中であった。7歳の時に，父が遊学を終えともにイランに帰国。コムで学び，革命後には，国会議員を務めた。

モハンマド・ジャヴァード・**アラヴィー・**タバータバーイー・**ボルージェルディー**（1951－）

テヘラン生まれ。父モハンマド・ホセイン・アラヴィー師は，ホセイン・ボルージェルディー師の高弟の一人であり，娘婿。テヘラン，コムで学び，ジャヴァード・タブリーズィー師，ヴァヒード・ホラーサーニー師らに師事した。コム市内にある祖父にあたる旧ホセイン・ボルージェルディー師の自宅を法学権威事務所として使用している。

ホセイン・**ヴァヒード・ホラーサーニー**（1921－）

イラン北東部マシュハド出身。当初はイラン国内で学び，高名なイスラーム法学者からイジャーザを与えられた。27歳の時にナジャフに遊学し，ムフスィン・ハキーム師やフーイー師らに師事した。その後，ナジャフで教鞭をとり，1958年頃には自身の修了課程を開講するようになった。1970年頃に帰国し，マシュハドを拠点としたが，後にコムへ移住した。1994年末に「講師協会」から推奨する法学権威の一人として紹介された。

モハンマド・**エッゾッディーン・**ホセイニー・**ザンジャーニー**（1921－2013.5.14）

イラン北西部のザンジャーン出身。コムでホセイン・ボルージェルディー師らに学んだ後，ナジャフに遊学し，ムフスィン・ハキーム師らに学んだ。帰国後，マシュハドを活動拠点に定め，教授・執筆活動を行なってきた。

カーゼム・ハーエリー（1938/7－）

イラクのカルバラー出身。ナジャフでムハンマド・バーキル・サドル師らに師事し，イラクのイスラーム政党「ダアワ党」の初期メンバーであった。1974年頃にイラクを逃れ，コムに移住し，同地を活動拠点とした。

ミールザー・ジャヴァード・**ガラヴィー・アーリヤーリー**（1935－）

タブリーズ出身。イラクのナジャフ，イランのマシュハド，コムで学び，特にマルアシー・ナジャフィー師らコムの講師陣に学んだ。

モハンマド・アリー・**ゲラーミー・コンミー**（1938－）
コムでモンタゼリー師，アリー・メシュキーニー師らに学んだ。
ムハンマド・**サイード**・タバータバーイー・**ハキーム**（1936－）
イラクのナジャフ出身。ナジャフの名家ハキーム家に生まれ，父のムハンマド・アリー・タバータバーイー・ハキーム師，母方の祖父のムフスィン・ハキーム師らに学んだ。他にもナジャフで，フーイー師に学んだ。
モハンマド・**サーデク**・ホセイニー・**シーラーズィー**（1942－）
イラクのカルバラー出身。父のマフディー・フサイニー・シーラーズィー師，兄ムハンマド・フサイニー・シーラーズィー師，ホセイニー・シャーフルーディー師らに学ぶ。兄モハンマド・ホセイニー・シーラーズィー師が2001年に没すると，組織基盤を継ぐかたちで法学権威となった。
ユーソフ・**サーネイー**（1937－）
元「講師協会」員。エスファハーン近郊の出身。エスファハーンのマドラサで学び始め，のちにコムに移住し，ホメイニー師らに学ぶ。ホメイニー師追放後は，アラーキー師らに学んだ。1978年，テヘランの金曜モスクの説教を務め，反王政，革命的な内容から逮捕された。革命後，検事総長，監督者評議会委員，コムの金曜礼拝導師，テヘラン選出の第1,2回後継者選出のための専門家会議議員など政治的要職も務めた。1989年以降，ハーメネイー新指導体制と対峙し，コムに活動拠点を移す。ハーメネイー師の最高指導者としての指導力を疑問視された「急進派」によって，ハーメネイー師に代わる最高指導者として推された。またモンタゼリー師没後には，「改革派」の精神的指導者の代表格となり，2009年の「緑の運動」においてもミールホセイン・ムーサヴィーを支持した。
アブドッラー・**ジャヴァーディー・アーモリー**（1933－）
「講師協会」員。1933年にイラン北中部のアーモルの法学者家系に生まれる。アーモル，マシュハドで学んだ後，コムでホメイニー師に学んだ。革命後には革命裁判所長官を務め，最高司法評議会の一員であった。また憲法制定のための専門家会議，後継者選出のための専門家会議のメンバーに選出された。さらに1988年には，ホメイニー師のソ連のゴルバチョフ大統領への特使として派遣された。
ミールザー・**ジャヴァード・タブリーズィー**†（1926－2006）
イラン北西部のタブリーズの有名な商家に生まれる。同地でイスラーム学の初等教育を学び，1948 年に学問修得と目的にコムへ移住する。コムではホセイン・ボルージェルディー師らに師事した。イラクに遊学を行ない，1976 年にコムに戻る。以後，同地で教鞭をとった。1994 年末に「講師協会」から推奨する法学権威の一人として紹介される。

モハンマド・エブラーヒーム・**ジャンナーティー**（1933－）
イラン北東部のシャーフルードに生まれる。コムやナジャフで学び，ホセイン・ボルージェルディー師やホメイニー師らに学んだ。

ムーサー・**ショベイリー・ザンジャーニー**（1928－）
コムのイスラーム法学者家系に生まれる。コムでホセイン・ボルージェルディー師らに学んだのち，ナジャフに遊学し，フーイー師らに学ぶ。コムで教鞭を執り，1994 年には「講師協会」から推奨する法学権威の一人として紹介される。

アリー・**スィースターニー**（1930－）
イラン北東部マシュハドに生まれる。サファヴィー朝期に祖先がスィースターンの大法官に任命され，同地で活動したことに家名が由来する。代々イスラーム法学者の家系であり，幼少期からイスラーム教育を施され，コムで学んだ後，イラクのナジャフでフーイー師に師事する。フーイー師の没後，法学権威の事実上の後継者となり，ナジャフのハウザの管理を任される。政治的静謐主義の立場をとってきた。しかし 2003 年のイラク戦争時には連合軍に対する住民による抵抗を牽制するとともに，2005 年の議会選挙に際しては選挙への参加をよびかけ，イラク政治に対して一定の関与も行なってきた。

ジャアファル・**ソブハーニー**（1930－）
「講師協会」員。タブリーズ出身。コムで，モハンマド・レザー・ゴルパーイェガーニー師らに学んだ。反王政運動期に，モタッハリー師やベヘシュティー師を中心に刊行していた『マクタベ・エスラーム（*Maktab-e Eslām*）』誌の創刊に携わった。革命後は，憲法制定のための専門家会議議員などの政治職を経験した。

ハサン・**タバータバーイー・コンミー**†（1923－2007）
マシュハド出身。ナジャフなどイラクの廟都市で学び，フーイー師の弟子の一人であった。1971/2 年にイランに帰国した，当初はコムを拠点に活動していたが，後にマシュハドを拠点に活動した。イスラーム体制を批判し，ホメイニー師，ハーメネイー師と対峙した。

モジュタバー・**テフラーニー**† （1933－2013.1.1）
テヘラン出身。コムで学び，主にホメイニーに師事した。テヘランを活動拠点に，教授活動を行なってきた。なお，彼の死後に行なわれた，慰霊の行進にはハーメネイー最高指導者も参加した。

ヤードッラー・**ドゥーズドゥーザーニー**（1935/6－）
イラン北西部のタブリーズ出身。コムでホセイン・ボルージェルディー師，シャリーアトマダーリー師，モハンマド・レザー・ゴルパーイェガーニー師らに学んだ。

ホセイン・**ヌーリー・ハマダーニー**（1926－）
イラン西部ハマダーン出身。当初ハマダーンのマドラサで学んでいたが，17歳の時にコムへ移住し，ホセイン・ボルージェルディー師らに学ぶ。反王制運動に参加し，投獄される。

モハンマド・タキー・**バフジャト**† （1915－2009）
イラン北西部，カスピ海沿岸の都市フーマン出身。フーマンで初歩的なイスラーム教育を受けたのち，1929年で一時的に学び，イラクのカルバラー，ナジャフへ移住した。フーイー師らに師事した。1944年にコムへ移住し，ホセイン・ボルージェルディー師らに師事した後，教鞭を執った。1994年末に「講師協会」から推奨する法学権威の一人として紹介された。

アサドゥッラー・**バヤート・ザンジャーニー**（1942－）
イラン革命後，イスラーム共和党設立期のメンバーで，元国会議員。1980年代半ばのイスラーム共和党分裂期には，後の「改革派」に部分的につながる統制経済派に属す。モンタリー師，サーネイー師に次ぐ次世代の「改革派」の法学権威として支持される。

ムハンマド・フサイン・**ファドゥルッラー**† （1935－2010.7.4.）
イラクのナジャフ出身。南レバノンで育つが，1950年代後半からナジャフでイスラーム法学を学び，ムハンマド・バーキル・サドル師らとともに改革派シーア派法学者として活動した。1966年にレバノンに戻り，ベイルート郊外で独自の宗教・福祉活動を展開している。1996年からはファドゥルッラー自身が法学権威となった。

モハンマド・**ホセイニー・シャーフルーディー**（1925－）
イラクのナジャフの著名なイスラーム法学者家系に生まれる。1955/6年にムジュタヒドの段階に達してからは，ナジャフで教鞭を執った。しかしサッダーム・フセイン政権によるペルシア系住民の追放によって，1979年頃にコム市へ移住した。

ナーセル・**マカーレム・シーラーズィー**（1926－）

「講師協会」員。イラン中南部シーラーズ出身。小学校卒業後に，シーラーズでイスラーム教育を受け始め，後にコムに移る。コムではシャリーアトマダーリー師に師事し，ナジャフにも遊学を果たす。「信徒たちの長学院」の長となり，革命以前からホウゼの運営に携わる。革命後もホウゼの運営に携わり，1992年には「最高評議会」評議委員に任命された。さらに1994年末に，「講師協会」から推奨する法学権威の一人として紹介される。ランキャラーニー師の没後，ハーメネイー指導体制を支えるもっとも有力な法学権威となる。

ホセイン・**マザーヘリー**（1934－）

「講師協会」員。エスファハーンのイスラーム法学者の家庭に生まれた。1947/8年頃からエスファハーンでイスラーム教育を受け始めた。1951年頃にコムに移り，中級課程を修了した。修了課程では，ホセイン・ボルージェルディー師，ホメイニー師らに薫陶を受けた。その後もコムで教育活動を行なっていたものの，1995年に，拠点をエスファハーンに移す。エスファハーン移住後は，ホウゼの中心的人物となった。

ユーソフ・**マダニー・タブリーズィー**†（1928－2013.6.16）

コムでホセイン・ボルージェルディー師やアッラーメ・タバータバーイー師らに師事した。

アッバース・**マフフーズィー**（1928/9－）

「講師協会」員。2010年2月3日より，故バフジャト師のファトワー用務のための事務所――バフジャトの死後，サーフィー・ゴルパーイェガーニー師の兄アリー・サーフィー・ゴルパーイェガーニー師（ʻAlī Ṣāfī Golpāyegānī 2010没）の法学権威事務所でもあった――をスタッフごと引き継ぎ，自身の法学権威事務所に定めた。

モスレム・**マラクーティー・サーラービー**†（1923－2014.4.24）

イラン北西部の都市タブリーズの近郊サーラーブのフーメ村出身。農家に生まれ，サーラーブ，タブリーズ，コム，マシュハド，ナジャフで学び，ホメイニー師に師事した。ナジャフへの遊学後，コムを拠点に活動し，「講師協会」のメンバーであった。

ファーゼル・**マーレキー**（1953－）

イラク出身。イラクのナジャフで，フーイー師やムハンマド・バーキル・サドル師らに学んだ。

アリー・**ミーラーニー**（1948－）

イラクのナジャフ出身。祖父は，マシュハドを拠点に活動した法学権威であり，ハーメネイー最高指導者の師の一人であったハーディー・ミーラーニー師。カルバラー，ナジャフ，マシュハド，コムで学び，祖父やヴァヒード・ホラーサーニー師らに師事した。

アブドルキャリーム・**ムーサヴィー・アルダビーリー**（1926－）

イラン北西部，カスピ海沿岸の都市アルダビール出身。アルダビールで初歩的なイスラーム教育を受けた後，1943年からコムで学ぶ。コムでモハンマド・レザー・ゴルパーイェガーニー師らに学んだ後，ナジャフへ遊学した。革命後，1980年2月に検事総長に就任，さらに1981年6月に最高裁判所長官となり，1989年の憲法改正にともなう司法機構改革まで同職を務めた。また第1回専門家会議の委員を務めた。しかしハーメネイー指導体制発足後，活動拠点をコムに移し，指導体制部への批判を強める。近年では改革志向の法学権威の一人として活動する。

ムハンマド・シーラーズィー†（1928－2001）

イラクのナジャフ出身。9歳の頃に，イラクのカルバラーに移住し，同地で父のマフディー・フサイニー・シーラーズィー師らに学んだ。1961年から，法学権威としての活動を開始するとともに，独自のイスラーム政治論を展開した。イラクのバアス党との関係悪化から，1971年にレバノンへ亡命し，クウェイトとを経て，1979年にイランのコムに活動拠点を移した。2001年に死亡した。

アッバース・**モダッレスィー・ヤズディー**（1943－）

イラクのナジャフで法学者家系に生まれた。ムフスィン・ハキーム師，フーイー師らに師事した。1973/4年にコムへ移住し，以降コムを拠点に活動した。

コルベアリー・キャーボリー（1928－）（通称**モハッケク・キャーボリー**）

アフガニスタンのカーブル近郊の出身。ナジャフでフーイーらに学び，アフガニスタンに帰郷した。しかし1978年に発生したアフガニスタン人民民主党によるクーデタ以降，イランに身を寄せ，コムを活動拠点としてきた。

モハンマド・バーケル・シーラーズィー†（1931－2014.5.13）

イラクに遊学し，フーイー師や当時ナジャフに居住していたホセイニー・シーラーズィー師らに学んだ。イランに帰国後，マシュハドを中心としたホラーサーンのホウゼで活動してきた。

ホセインアリー・**モンタゼリー**† (1922－2009.12.19)

元「講師協会」員。ホメイニー師から最高指導者の後継者として指名され，政治的背景により法学権威として推奨された。しかし，1980年代半ばのイラン・コントラ事件以降，ホメイニー師も含めた体制首脳陣との確執を強めた。結果1989年3月にホメイニー師によって後継者指名を撤回され，政府役職からも罷免された。ハーメネイー指導体制に対して批判を行ない，長らく自宅軟禁状態にあったが，2002年末になり自宅軟禁が解除された。

ムハンマド・**ヤアクービー** (1960－)

ナジャフでフーイー師に学んだ他，サッダーム・フセイン政権と緊密な関係にあり，法学権威でもあったサーディク・サドル師(Muḥammad Muḥammad Ṣādiq al-Ṣadr 1999没）にも学んだ。

モハンマド・ファーゼル・**ランキャラーニー**† (1931－2007)

「講師協会」員。コムでホセイン・ボルージェルディー師，ホメイニー師に師事した。革命時には直接は反王政運動に参加しなかったものの，コムで教鞭をとりながら「講師協会」員として支持した。革命後，特にハーメネイー指導体制期の国家を支える代表的なイスラーム法学者の一人であった。没後は，息子ジャヴァード・ランキャラー師が彼の「跡目」となった。

モハンマド・レザー・ゴルパーイェガーニー† (1899.3.20－1993.12.9)

出生地ゴルパーイェガーンで初等教育を受けた後，アラークのハーエリー・ヤズディー師のもとで学んだ。ハーエリー・ヤズディー師のコム移動にともない，コムへと学業の拠点を移す。ホセイン・ボルージェルディー師の死後，同時代の法学権威と認められ，シャリーアトマダーリー師ーやマルアシー・ナジャフィー師らとともにコムのハウザの運営に携わった。

(3) 革命以前の主要なイスラーム法学者の来歴

アボルカーセム・カーシャーニー† (1882－1962.3.14)

テヘラン出身。イラクのナジャフで学び，1920年の反英闘争に参加。翌年イランに逃れたものの，第2次世界大戦中，反英の立場からドイツに協力し，占領英軍当局により逮捕。シャー暗殺未遂事件後，危険分子としてレバノンに国外追放。1949年2月に帰国し，テヘランのバーザール富裕層の支援を受けながら，宗教的議員集団「モジャーヘディーネ・エスラーム」を率いた。モサッデクの国民戦線にも合流したが，後にシャーに協力し，モサッデク政権崩壊を招いた。

モハンマド・ホッジャト・クーフキャマリー† (1893－1953.1.19)（通称：**アーヤトッラー・ホッジャト**）

イラン北西部アゼルバイジャン地方の出身。父親の元で初等教育を受けたのち，ナジャフで学ぶ。1930年にコムに移住し，ハーエリー・ヤズディー師に学んだ。彼の没後は，サドルッディーン・サドル師，ホーンサーリー師らとともにコムのホウゼの指導部となり，ホセイン・ボルージェルディー師を指導者として招き入れた。

モジュタバー・ミール・ルーヒー† (1923－1955)（通称**ナッヴァーブ・サファヴィー**）

テヘラン出身。近代的初頭教育を受けた後に，イラクのナジャフでイスラーム法学生となった。モジュタバー・ミール・ルーヒーからナッヴァーブ・サファヴィーに改名し，1945年にイスラーム過激派組織「ファダーイヤーネ・エスラーム」を結成した。アボル・カーセム・カーシャーニー師の政治運動に合流したが，1951年に逮捕され1953年まで拘留される。1955年，モサッデク政権崩壊後に過激な活動が露見し，絞首刑となった。

アブドルキャリーム・**ハーエリー・ヤズディー**† (1850/1－1937.1.29)

イラン中南部ヤズド近郊のメフルジェルド出身。ヤズドで学んだ後，ムハンマド・ハサン・シーラーズィー師指導下のイラクのサーマッラーで学んだ。1900/1年にナジャフからコム市近郊のアラークに移住し，同地で教育基礎を築く。1906年からナジャフ，カルバラーに遊学したが，1913/4年に再度アラークで教育活動を始める。バーフェキー師の招聘によりコムへ移住し，同地の学問都市としての再興に大きく貢献した。

モハンマド・タキー・**バーフェキー**・ヤズディー† (1875/6－1946.4.14)

ヤズド行政区のバーフェク出身。1902/3年にナジャフに遊学し，ムハンマド・カーズィム・ヤズディー師らに師事した。コムに居住後に同地で教鞭をとり，ハーエリー・ヤズディー師を招聘し，同地の学問都市としての復興を図った。しかし1928年に起こった「ゴム事件」の結果，テヘランのシャー・アブドゥル・アズィーム廟に立てこもり，一説に毒殺と言われる不可解な死を遂げた。

モハンマド・**フェイズ・コンミー**† (1876/7－1950)

コム出身。同地で初歩的教育を受けた後，テヘラン，ナジャフ，サーマッラーなどに遊学し，ムハンマド・カーズィム・ヤズディー師らに師事する。1912年頃にコムに帰着。以後同地の教学研究の復興に努め，ハーエリー・ヤズディー師の招聘に成功する。

ホセイン・タバータバーイー・**ボルージェルディー**†（1875.4－1961.3.31）
イスラーム法学者家系に生まれる。1947年ホセイン・コンミーの死後，同時代で最有力の無二の法学権威となった。周縁的な扱いを受けていたイスラーム哲学に対しては消極的な姿勢を示し，アッラーメ・タバータバーイー師による私的講義も差し控えさせた。一方で伝統的なイスラーム法学中心の教育を推奨したほか，ヨーロッパなどにモスクを建造するなど，国外に積極的な布教活動を行ない，シーア派信徒の世界的な拡大に合わせた活動を展開した。1961年3月31日に死去し，マアスーメ廟に隣接する「荘厳モスク」に埋葬される。

モハンマド・タキー・**ホーンサーリー**†（1851－1952）
イラン中西部のホーンサール出身。イラクのナジャフでアーフンド・フラーサーニー師やムハンマド・カーズィム・ヤズディー師に学ぶ。イラクでの1920年の反英闘争の結果，他のペルシア系イスラーム法学者と同様に，イラクを追われる。ハーエリー・ヤズディー師の招きでアラークに身を寄せ，ハーエリー・ヤズディー師とともにコムへ移住する。ハーエリー・ヤズディー師の死後もコムで教鞭を執り，コム復興に貢献した。

ムフスィン・タバータバーイー・**ハキーム・ナジャフィー**†（1889－1970）
イラクのナジャフ出身。アーフンド・フラーサーニー師やムハンマド・カーズィム・ヤズディー師らに学ぶ。ナジャフで教鞭を執り，ホセイン・ボルージェルディー師の死後，シーア派宗教界を先導する法学権威となる。同時代のイラクで普及していた社会主義や共産主義に対して批判的な姿勢をとった。

あとがき

本書は2011年3月に京都大学に提出した学位取得論文『現代イランにおけるイスラーム国家と法学界の研究――イスラーム指導体制下の宗教と国家をめぐって』を基に，その後進めてきた筆者の研究成果と合わせ，加筆修正したものである。

本書の題名は，『イランにおける宗教と国家――現代シーア派の実相』とした。いささか思い切った題をつけすぎたと今さらながら反省している。

本書では，現代イラン，特に1979年の革命以降のイランにおける支配体制をめぐって宗教界，国家，社会との三者関係について検討した。本書で扱った宗教界や実践の事例が，現代イランのシーア派，ひいては現代シーア派にとって非常に重要なテーマであると筆者は考えている。ただ，その一方で筆者が危惧しているのは，本書が示した例をもって，現代イランのシーア派の諸実践をすべて理解したと誤解されてしまわないかということだ。

現代のシーア派世界全体については言うまでもなく，イランにおいても様々なシーア派の実践が存在している。イスラーム法学者を介さず，自身による直接的な聖典へのアクセスに基づいた宗教実践，歴史的に南部のペルシア湾沿いで行なわれてきた精霊憑依信仰（ザール）や女性の願掛けの集会ソフレ，さらには女性の預言者やスーフィズム（神秘主義）など，現代イランにおけるシーア派の実践の形態は非常に多岐にわたっている。それでも現代のシーア派を捉えるうえで本書の重要性を自負する理由がある。前もって断わっておくと，本書で扱った宗教界や実践の事例が現代イランのシーア派の本質を示しているなどと錯覚しているからではない。本書の重要性，そして筆者の今後の展望を述べるための前提として，少し回りくどくなるがイスラームの捉え方をめぐる筆者の考え方について述べさせていただきたい。

第2章でも総体としてのイスラームの捉え方をめぐって議論したように，確固たるイスラームなる存在があるわけではなく，それゆえいかにしてイスラームを捉えるのかという問題が従来の研究においても取り組まれてきた。一連の議論のなかで，筆者もアサドらによって提起されてきた一元論的な捉え方に概ね賛同している。カント的な道徳，つまりは誰もが従わねばならない究極的原理というものは実践を通じて形成されるとアサドらは言う。しかし筆者が疑問視するのは，そのようにして形成される道徳を実践者が本当に身体化しているのだろうかというところである。シルケやジゴンらもこうした点に異を唱え，アサドに対する反証を示している。筆者は彼らの批判を妥当なものとして評価するだけでなく，実践を真剣な「遊び」として捉え，実践のもつ奥深さに目を向ける必要を説いたのである。ところで，筆者が用いる「遊び」という言葉には，第2章に述べたようなホイジンガー的な意味以外にも別の意味がある。それは「言語ゲーム」という「遊び」であり，筆者の総体としてのイスラームに対する捉え方を反映したものである。

「言語ゲーム」は，ルートヴィッヒ・ヴィトゲンシュタインが『哲学探究』で示した考えである。言語活動はルールをもったゲームであると捉え，言葉の意味をゲームにおける機能として捉える考え方である。言葉の意味を本質的な真理として捉えることに対する批判的な捉え方であるとともに，言葉の意味を実践的で動的に捉える方法でもある。やや小難しくなってしまったが，「言語ゲーム」はわれわれが日々行なっている（ジェスチャーも含めた）コミュニケーションそのものであり，生まれてこのかたずっと行なっているものである。そして言語ゲームのルールというものも，自ずと従っているものなのである。つまり，コミュニケーションが可能な状態というのは，相互に了解した言語ゲームのルールに従っている状態である。サッカーをしようとしていたとして，誰か一人がバスケットボールのルールに従えば，サッカーのゲームとしては成り立たないということは想像できよう。つまりそのゲームのルールに従っていることが，ゲームを成り立たせるということなのだ。

もっとも「不都合」を意味した“やばい”という語が，若者言葉として「格好が良い」や「凄い」という意味に変化したように，ゲームを成り立たせる言葉の意味は変化するものである。“やばい”という語が流通するような，ある程度のまとまりをもった言説空間で行なわれる「言語ゲーム」を仮に小さな「言語ゲーム」とすれば，言語活動全般というものは，有限の小さな「言語ゲーム」からなる大きな「言語ゲーム」と言えるだろう。では，大きな「言語ゲーム」のルールとは何かというと，それは小さな「言語ゲーム」のルール同士の家族的類似，つまり全体を通じた共通性ではなく，相互の集合体の共通部分の重なり合いである。

このような「言語ゲーム」という考え方に基づいて，筆者はイスラームをムスリムによって行なわれる大きな「言語ゲーム」として捉えている。シーア派やスンナ派，あるいはイランやイラクというまとまりは，総体の一部を取り出した小さな「言語ゲーム」である。このように言えば本書は，イスラームの総体のなかのごく限られた小さな事柄について論じたにすぎないと言えるだろう。しかし本書の内容というのは，他地域のシーア派にまで影響をおよぼすようなイランのシーア派の「言語ゲーム」の変容について実証的なアプローチを試みたものである。つまりイラン国家が誕生することで生じたシーア派という超域的な「言語ゲーム」の変容を本書は論じているのであり，それゆえ筆者は本書の重要性を自負しているのである。

さて，今後の展望についても少し触れたい。本年度から，空手などを事例に独自の精神文化を伴う身体技法のイランにおける展開について研究を始めた（日本学術振興会科学研究費若手研究B「現代イランにおける東洋的身体技法の実践とイスラーム的転回をめぐる人類学的研究」課題番号26・750266）。どうやら，今までの研究内容とはずいぶん違うことをし始めたと思われているようである。しかし先に述べたように「言語ゲーム」を頭の片隅に置きながらイスラームについて考えている筆者にとってみれば，それほど今までの研究内容と大きく変化したわけではない。この研究は，非イスラームの「言語ゲーム」とイスラームの「言語ゲーム」との関係と同時に，イスラームの「言語ゲーム」に翻訳されていく過程についての一つの検証作業と考えているからである。もっとも空手のような日本の読者にもなじみ深い事柄を通じて，イスラームやイランについて関心を持つきっかけになってくれればよいという願望はある。

*　　　　*　　　　*

本書のもととなった学位論文を執筆していた時には，南アフリカで2010

FIFA（国際サッカー連盟）ワールドカップが開催されていた。イランでは，日本以上にサッカーは人気のあるスポーツであり，ワールドカップは国民の一大行事である。しかし残念なことに，2010FIFA ワールドカップにはイランは最終予選で敗れてしまい，惜しくも出場できなかった。それから 4 年，本書の原稿を仕上げた 2014 年にも，ブラジルで 2014FIFA ワールドカップが開催された。本大会にはイランも無事に最終予選を勝ち上がり，ワールドカップを観戦する楽しみが増えた。だが，近年問題となっていた核（兵器）開発問題は，本大会に無事に参加できたイランのナショナル・チームに影を落としていた。経済制裁の煽りから，FIFA から支給される準備金をイラン側が受け取れず，資金難に陥ったというのだ。そのため試合後のユニフォーム交換もままならず，交換禁止令まで出されたとも報道されていた。もっともユニフォームの一件は，ユニフォームの売買契約を結んでいるドイツ企業の粋な計らいで大会二試合目からは交換が可能になったようなので，筆者も少し安堵した。

なぜイランのことを研究されているのかと尋ねられることがある。そのあとに，危なくないのかとも尋ねられることもしばしばである。隣国イラクとの勘違い，あるいは同一視に端を発するものもあるが，イラクと区別したうえで尋ねられることもある。北東部のアフガニスタンとの国境地帯では麻薬組織の活動が盛んであり，パキスタンの国境付近から南東部のケルマーン州などでは「ジュンドゥッラー（神の軍）」などの武装組織による活動もある。また南西部のアラブ系住民が多数暮らすアバダンなどでも爆破事件がある。確かに危険な地域はイランにもある。だが危険な地域は広大なイランの一部にすぎず，むしろ大半の場所は治安が整っている。

もっとも，筆者が初めてイランの地を踏んだ 2002 年と比べて，近年では治安が少し悪くなったようにも感じられる。恥ずかしい話ではあるが，筆者も 2007 年にコムで調査していた際に知り合った人物に睡眠薬強盗をされてしまったことがあった。その節には，ムーサヴィー・アルダビーリー師をはじめとしたイスラーム法学者の方々や在イランの知人たちに大変お世話になった。なかでも当時テヘランで勤務されていた中村明日香氏には大変なご厚意をいただき，一生頭が上がらない思いである。

筆者は全般的にはそれほど運が良いほうではない。睡眠薬強盗だけでなく，第3章で述べた交通事故の一件からもお分かりであろう。しかし事故や事件に巻き込まれた多くの場合に，誰かしら筆者に助け舟を出してくれる方がいてくれたおかげで，事なきを得ただけでなく，それらの経験が筆者の調査上の糧となってきた。それゆえ不運というわけではないだろう。むしろ助け舟を出してくれる方の存在は，筆者が類まれなる人に関する強運の持ち主であることを物語っていると思っている。それはフィールドでの調査中に限らず，日々の研究生活においても同じである。

北海道大学の文学部に入学したての特に何も考えていなかった学生に，イランを研究するきっかけを作ってくださったのは，森本一夫先生（現東京大学）であった。冬のすすきので，「イランに行けば，人生が変わる」を仰ったことを真に受けてイランへ留学したことは，疑いなく筆者がイランを研究するきっかけとなった。勉強しない学生であったにもかかわらず，その後も何かと目をかけていただいてきた。おそらく森本先生との出会いがなければ，イランについても，イスラームについても学ぼうとは思わなかったであろう。

本書のもととなった学位論文を執筆するに至るまで，京都大学アジア・アフリカ地域研究研究科の諸先生方に厚い指導をいただいた。なかでも研究者を志す学生の三歩後ろにいた筆者を，博士課程修了まで導いてくださったのは小杉泰先生のおかげといっても過言ではないだろう。小杉先生には，昼夜問わず，物分りもよくないナイーブな学生であった筆者に研究とは何たるかを細かく指導していただいた。挫折しそうな時や逃げ出そうとする前に，小杉先生流の方法で鼓舞していただき，何とか研究を続けることができた。こんなに可愛げがない学生にまで目をかけて下さったその忍耐力と寛容さは，今後の筆者にとって是非とも学ばせていただきたいところである。

同研究科では故足立明先生，東長靖先生，田辺明生先生，藤倉達郎先生，また筆者が入学した年から始まった人間文化研究機構プログラム，イスラーム地域研究の京都大学拠点に着任されていた仁子寿晴先生にも手厚いご指導をいただいた。なかでも筆者が学位論文を提出した翌年に亡くなられた足立先生には，元田中の踏切近くにあった「さかなやのあと」という立飲み屋をはじめ，お酒を交えながら幾度となくご指導を賜った。焼酎を片手にした先生に，「黒田君，あほやな」や「それ，おもろない」と何度言われたことであろうか。おかげで，気軽に，吹っ切った思いで研究することができた。来世で飲み会があれば，ぜひとも参加させていただきたいところである。ただ，旅立つ日が何時になるかは筆者のあずかり知らぬところであるので，それまでは旅はこの世だけにしておきたい。

思えば大学院の先輩や同期とも研究上の旅を何度かしてきた。大学院の同期である掘拔浩二氏，平野淳一氏，丸山大介氏，また先輩の山尾大氏には，珍道中にお付き合いいただいた。どの珍道中も思い出深いエピソードが満載である。また長岡慎介氏や飛奈裕美氏をはじめとした小杉研究室の先輩方をはじめ，連環地域論講座の先輩方にも日頃からお世話になった。さらに非常勤講師としてお迎えくださった末近浩太先生（立命館大学），中東人類学をご教授いただいた相島葉月氏，昨年度まで非常勤先の同僚でありわが家の良き調停者である宮本万里氏をはじめとした大先輩方にも不思議なご縁でお世話になった。

イランを研究する先達にも格別のご厚意をいただいてきた。特に，ポスドク研究員としての受け入れを快諾してくださった広島大学の吉村慎太郎先生には，筆者のような不作法ものに対しても，常に申し訳ないほどに丁寧に接していただき，恐縮の限りである。また筆者の研究関心が近く，革命後の宗教界や教育をご専門となされている桜井啓子先生（早稲田大学）には，毎度先生の前で研究報告させていただくたびに，ハッとさせられるような質問とコメントをいただいてきた。国外でも様々な方々にお世話になってきた。ラスール・ジャアファリヤーン先生，アリーレザー・アバーザッリー氏には，文献資料の収集の際に大変お世話になった。両名の存在がなければコムで調査を始めることも続けることもできなかったであろう。またアンドリュー・ニューマン先生（エディンバラ大学）のご紹介のおかげで，スーザン・スリモヴィクス先生（UCLA）には客員研究員として受け入れていただいた。さらにフアン・コール先生（ミシガン大学）にも，京都とスリモヴィクス先生のご自宅でざっくばらんに「アラブの騒乱（アラブの春）」後の現代中東政治についてお話しいただいた。京都にいらっしゃった時に，筆者が案内役であったにもかかわらず，逆に古代ペルシアの神々と古代インドの神々との繋がりから仏教の「神々」についてご説明いただいたことを思い出せば，先生からは学ばせていただくばかりである。

本書の刊行にあたっては，独立行政法人日本学術振興会平成26年度科学研究費補助金（研究成果公開促進費）の支援をいただいた。学術書の出版に対する本会の理解に対し，謝意を表したい。また本書での研究活動を行なううえで，日本学術振興会特別研究員奨励費（研究課題「現代イラン政治の動態的分析――社会と宗教の相互依存と拮抗関係」課題番号20・2960〔DC〕，研究課題「グローバル化時代に対応するイランの国際戦略とシーア派法学ネットワークの動態分析」課題番号24・6871〔PD〕），ならびに，独立行政法人日本学術振興会平成18年度魅力ある大学院教育イニシアティブ「臨地教育研究による実践的研究者の養成」（京都大学アジア・アフリカ地域研究研究科アフリカ地域研究専攻採択）における平成18年および平成19年度の研究助成，また独立行政法人日本学術振興会研究者海外派遣基金「組織的な若手研究者等海外派遣プログラム」（京都大学東南アジア研究所採択）における平成23年度のCenter for Near Eastern Studies, University of Californiaへの派遣などの支援を賜った。ここに記し，改めて謝意を表したい。

また本書の作成の際には，ナカニシヤ出版の石崎雄高氏には格別のご配慮をいただいた。またここで名前をあげることができなかった本書に携ってくださった関係者の方々，筆者の迷惑にもめげずこれまでお付き合いいただいた方々にもお礼を申し上げたい。そしてナカニシヤ出版をご紹介くださった小杉泰先生については，再度ここに御芳名をしるし，御礼申し上げたい。

最後に私事ではあるが，筆者の研究活動を温かく応援してきてくれた家族に，この場を借りて日頃言わずじまいでいる感謝の言葉を述べたい。今まで研究することができたのは，何よりも大きくしてくれた両親のおかげである。定職につかず，よくわからないことをしている弟を温かく見守ってくれてきた姉にも感謝している。分野の違いこそあれども研究者という生き方を選べたこと，そして研究に対する両親の理解を得られたのは，理系の研究者でもある兄の存在のおかげであろう。いつもその後ろを歩くように生きてきた弟を“ウザイ”と思ったことが幾度とあったであろうが，弟としては感謝とともに尊敬もしている。

北米のイラン系移民を研究する妻の敦子とは，時に議論が白熱しすぎて家庭内論争へと発展することもあったが，しばしば的確な研究の助言を得てきた。筆者の調査中には，自身の研究の手をゆるめ，一人で娘の面倒を見てくれたことにも本当に感謝している。そして6歳になった娘の珠希は，忙しさのあまりに食事の献立がやや単調になってしまったこと，休日にかかわらず遊んであげられなかったことに不満を言わず，両親の都合を理解してくれてきた。健やかに成長し，本書を手に取る日があることを父として願っている。

2014年11月27日　自宅にて

黒田賢治

人名索引

ア　行

アサド，タラル（Talal Asad）　48,49,64,66,85,159,170,210,218
アーザリー・コンミー，アフマド（Aḥmad Āẕarī Qommī）　148
アーデルハー，ファリバ（Fariba Adelkhah）　18,218
アハヴィー，シャールフ（Shahrough Akhavi）　17,113
アブドゥッラーヒー，マフムード（Maḥmūd ‘Abd Allāhī）　147,237
アフマディーネジャード，マフムード（Maḥmūd Aḥmadīnejād）　7,8,181,194,206
アフマド・ハータミー（Aḥmad Khātamī）　147,237
アボルカーセム・カーシャーニー（Abū al-Qāsem Kāshānī）　41,247
アーヤトッラー・ホッジャト（モハンマド・ホッジャト・クーフキャマリー）（Āyat Allāh Ḥojjat（Moḥammad Ḥojjat Kūhkamarī））　41,248
アラヴィー・ゴルガーニー，モハンマド・アリー（Moḥammad ‘Alī ‘Alavī Gorgānī）　53,55,138,152,153,241
アラヴィー・ボルージェルディー，モハンマド・ジャヴァード・タバータバーイー（Moḥammad Javād ‘Alavī Ṭabā’ṭabā’ī Borūjerdī）　53,55,138,151,241
アラーキー，モハンマド・アリー（Moḥammad ‘Alī Arākī）　131,139,199,216,237,240
アルジョマンド，サイード・アミール（Said Amir Arjomand）　19,134,140,216,217
ヴァヒード・ホラーサーニー，ホセイン（Ḥoseyn Vaḥīd Khorāsānī）　54,55,133,137－139,152,153,155,217,239,241,247
ヴァーフィー・ヤズディー，アボルカーセム（Abū al-Qāsem Vāfī Yazdī）　147,240
ウォルブリッジ，リンダ・S.（Linda S. Walbridge）　45,134,135,140,142,143,155
エッゾッディーン・ザンジャーニー，モハンマド・ホセイニー（Moḥammad ‘Ezz al-Dīn Ḥoseynī Zanjānī）　54,55,138,241
オスターディー，レザー（Reẕā Ostādī）　147,237

カ　行

カーシフル・ギター，ジャアファル（Ja‘far Kāshif al-Ghiṭā’）　30,32
カーゼム・ハーエリー（Kāẓem Ḥā’erī）　54,55,138,151,241
ガラヴィー・アーリヤーリー，ミールザー・ジャヴァード（Mīrzā Javād Gharavī ‘A’liyārī）　52,54,138
ガラヴィー，モハンマド（Moḥammad Gharavī）　147,237,239
カント，イマニュエル（Immanuel Kant）　218
グリューネバウム，グスタフ・エドムンド（Gustave Edmund von Grunebaum）　46,47,209
ケシャーヴァルズィヤーン，アーラング（Arang Keshavarzian）　13,156
ゲラーミー，モハンマド・アリー・コンミー（Moḥammad ‘Alī Gerāmī Qommī）　53,55,138,151,241
ゲルナー，アーネスト（Ernest Gellner）　48

サ　行

サイード・ハキーム，ムハンマド・タバータバーイー（Muḥammad Sa‘īd al-Ṭabā’ṭabā’ī al-Ḥakīm）　52,53,55,138,151,242
サーデク・シーラーズィー，モハンマド（Moḥammad Sādeq Shīrāzī）　54,55,68,

69,136,138,151,220,242
サドルッディーン・サドル(Ṣadr al-Dīn Ṣadr)　41,248
サーネイー, ユーソフ(Yūsof Ṣāne'ī)　53,55,101,136,138,148,151－153,155,242
サーフィー・ゴルパーイェガーニー, ロトフォッラー(Loṭf Allāh Ṣāfī Golpāyegānī)　54,55,59,95,136,138,152,153,169,202,216
ジャヴァーディー・アーモリー, アブドッラー('Abd Allāh Javādī Āmolī)　54,55,136,138,151,243
ジャヴァード・タブリーズィー, ミールザー(Mīrzā Javād Tabrīzī)　74,95,133,243
シャブゼンデダール, モハンマド・タキー・メフディー(Moḥammad Taqī Mehdī Shabzendedār)　147,237
シャリーアトマダーリー, モハンマド・カーゼム(Moḥammad Kāẓem Sharī'atmadārī)　40,42,112－114,118,119,125,126,130,198,209,214,237,242,244,245
ジャンナーティー, モハンマド・エブラーヒーム(Moḥammad Ebrāhīm Jannātī)　54,55,138,151,243
ショベイリー・ザンジャーニー, ムーサー(Mūsā Shobeyrī Zanjānī)　54,55,95,99,133,138,151,217,242
スィースターニー, アリー('Alī al-Sīstānī)　52,53,55,89,95,133,137－139,144,152,153,155,169,188,243
ソブハーニー, ジャアファル(Ja'far Sobḥānī)　53,55,136,151,243

タ　行

タバータバーイー・コンミー, ハサン(Ḥasan Ṭabātabā'ī Qommī)　132,243
ターヘリー・ホッラマーバーディー, ハサン(Ḥasan Ṭāherī Khorramābādī)　147,238
ターレカーニー, マフムード(Maḥmūd Ṭāleqānī)　74,113,114
テフラーニー, モジュタバー(Mojtabā Tehrānī)　52,54,138,244
ドゥーズドゥーザーニー, ヤードッラー(Yād Allāh Dūzdūzānī)　54,55,95,138,151,244
トーラーブ, アザム(Azam Torab)　50,51,211

ナ　行

ナッヴァーブ・サファヴィー(モジュタバー・ミール・ルーヒー)(Navvāb Ṣafavī(Mojtabā Mīr Rūkhī))　41,248
ヌーリー・ハマダーニー, ホセイン(Ḥoseyn Nūrī Hamadānī)　52,53,55,74,95,135,138,213,237,244

ハ　行

ハーエリー・ヤズディー, アブドルキャリーム('Abd al-Karīm Ḥā'erī Yazdī)　39－41,43,44,73,74,209,240,242,248,249
ハサン・ロウハーニー(Ḥasan Rowḥānī)　8,195,238
ハーシェミー・シャーフルーディー, マフムード(Maḥmūd Hāshemī Shāhrūdī)　147,183,238
バーフェキー, モハンマド・タキー・ヤズディー(Moḥammad Taqī Bāfeqī Yazdī)　40,209,249
バフジャト, モハンマド・タキー(Moḥammad Taqī Bahjat)　53,55,95,133,137－139,152,153,216,217,244
バヤート・ザンジャーニー, アサドゥッラー(Asad Allāh Bayāt Zanjānī)　55,151,210,244
ビフバハーニー, ムハンマド・バーキル(Muḥammad Bāqir al-Bihbahānī)　30,32
ファーティマ・ザフラー(Fāṭima al-Zahrā) →ファーティマ・ビント・ムハンマド
ファーティマ・ビント・ムハンマド(Fāṭima bint Muḥammad)　79,212
ファドゥルッラー, ムハンマド・フサイン(Muḥammad Ḥusayn al-Faḍl Allāh)　52,54,55,138,150,151,244
フーイー, アブルカースィム(Abū al-Qāsim al-Khū'ī)　94,95,113,114,119,130,139,175,216,237,242－244,246,247
フィッシャー, マイケル・M.J. (Michael M.

J.Fischer)　17,18,50,99,100,115,219
フェイズ・コンミー，モハンマド（Moḥammad Feyẕ Qommī）　40,249
フーコー，ミシェル（Michel Foucault）　49,196
フサイン・イブン・アリー（第3代イマーム）（Ḥusayn ibn ʻAlī ibn Abī Ṭālib）　27,58,80－83,183
ブフタ，ウィルフレッド（Willfred Buchta）　19,143,149
べヘシュティー，モハンマド・ホセイニー（Moḥammad Ḥoseyn Beheshtī）　74,113,114,205,243
ホセイニー・シャーフルーディー，モハンマド（Moḥammad Ḥoseynī Shāhrūdī）　54,55,138,150,151,220,245
ホセイニー・ブーシェフリー，ハーシェム（Hāshem Ḥoseynī Būshehrī）　147
ホセイン・ボルージェルディー，タバータバーイー（Ḥoseyn Ṭabāṭabā'ī Borūjerdī）　41,42,44,75,117,118,122,123,175,176,209,216,238,239,241－245,247－249
ホセイン・ムーサヴィー・タブリーズィー（Ḥoseyn Mūsavī Tabrīzī）　146
ホーンサーリー，モハンマド・タキー（Moḥammad Taqī Khownsārī）　39,41,240,248,249

マ　行

マカーレム・シーラーズィー，ナーセル（Nāṣer Makārem Shīrāzī）　52,53,55,95,99,133,138,139,147,152,153,216,239,245
マザーヘリー，ホセイン（Ḥoseyn Maẓāherī）　52,54,70,95－98,136,138,150,152,153,165,245
マダニー・タブリーズィー，ユーソフ（Yūsof Madanī Tabrīzī）　54,55,138,151,245
マフフーズィー，アッバース（ʻAbbās Maḥfūẓī）　55,147,245
マフムード（Saba Mahmood）　49－51
マラクーティー・サーラービー，モスレム（Moslem Marakūtī Sārābī）　52,53,55,136,138,151,245
マーレキー，ファーゼル（Fāẕel Mālekī）　53,55,138,151,246
マルアシー・ナジャフィー，シェハーブッディーン（Shehāb al-Dīn Marʻashī Najafī）　42,71－84,117,211,241
ミーラーニー，アリー（ʻAlī Mīlānī）　54,55,138,151,241
ミールホセイン・ムーサヴィー（Mīr-ḥoseyn Mūsavī）　8,194,195,239,242
ムーサヴィー・アルダビーリー，アブドゥルキャリーム（ʻAbd al-Karīm Mūsavī Ardabīlī）　52,53,55,74,135,136,138,152,153,213,240,246
ムハンマド・カーズィム・ヤズディー（Muḥammad Kāẓim al-Yazdī）　100,105,108,109,128
ムハンマド・シーラーズィー（Muḥammad al-Shīrāzī）　136,220,242,246
ムハンマド・バーキル・サドル（Muḥammad Bāqir al-Ṣadr）　220,237,238,241,244,246
ムフスィン・ハキーム，タバータバーイー・ナジャフィー（Muḥsin al-Ṭabāṭabā'ī al-Ḥakīm al-Najafī）　42,241,242,246,247,249
モクタダイー，モルテザー（Morteẕā Moqtadā'ī）　147,239
モタッハリー，モルテザー（Morteẕā Moṭahharī）　74,113,114,243
モダッレスィー・ヤズディー，アッバース（ʻAbbās Modarresī Yazdī）　54,55,138,151,246
モハッケク・キャーボリー，コルベアリー（Qolbeʻalī Moḥaqqeq Kābolī）　53,55,101－109,138,150,151,213,246
モハンマド・サーデク・ロウハーニー（Moḥammad Ṣādeq Rowḥānī）　54,55,132,136,138,151,176
モハンマド・バーケル・シーラーズィー（Moḥammad Bāqer Shīrāzī）　52,54,55,138,150,151,246
モハンマド・ハータミー（Moḥammad Khātamī）　6,9,215,239
モハンマド・モウメン・コンミー（Moḥammad Mo'men Qommī）　147,239
モハンマド・ヤズディー（Moḥammad

Yazdī) 132,240
モハンマド・レザー・ゴルパーイェガーニー(Moḥammad Reẓā Golpāyegānī) 40,42,113,114,123,126,131,139,145,146,198,209,216,237,238,242－244,246
モハンマド・レザー・シャー(Moḥammad Reẓā Shāh) 35－37,41,42
モンタゼリー, ホセインアリー(Ḥoseyn-'alī Montaẓerī) 54,55,113,130,132,135,137,138,140,141,143,148,151－153,155,164,165,216,237,241,242,247

ヤ・ラ・ワ行

ヤアクービー, ムハンマド(Muḥammad al-Ya'qūbī) 52,54,55,138,151,247
ラケル, エヴァ・パトリシア(Eva Patricia Rakel) 14
ラジャビー, マフムード(Maḥmūd Rajabī) 147,240
ラースティー・カーシャーニー, ホセイン(Ḥoseyn Rāstī Kāshānī) 147,240
ラフサンジャーニー, アリー・アクバル・ハーシェミー('Alī Akbar Hāshemī Rafsanjānī) 5－7,206,207,240
ランキャラーニー, モハンマド・ファーゼル(Moḥammad Fāẓel Lankarānī) 51,95,133,139,152,153,213,247
レザー・シャー(Reẓā Shāh) 33,35,40,41,77,212
レザー・ハーン(Reẓā Khān) →レザー・シャー

事項索引

ア　行

ICRO →イスラーム文化および諸関係機構
アズハル(学院, 機構) 73,88,202,219
アタバート 26－28,30－33,208
アフガニスタン 39,246
アフシャール朝 30
アフバール学派 28－31
アメリカ(合衆国)／米国 35,42,45,58,118,160－162,172,173,175,177,185,192,220
アーヤトッラー 17
アラヴィー財団 177,186
アラーク 39,40,53
アラブの春 14
アワド朝 28
医学研究国家委員会 167
イスラーム学世界センター 177
イスラーム共和制 3
イスラーム諸宗派近接世界協会 181,182
イスラーム文化および諸関係機構 179－183,185,220,221
イラン・イラク戦争 5,23,173,174,191,216
イラン革命 3－5,7,15,17,18,20－22,37
医療倫理学研究所 167,168
インド 28,35,58,135,175,183,187,210,213,222
ウスール学派 28－31,43
運営局 145,146
運営評議会 123,124,126,144,145
エジプト 14,37,73,88,109,110,159,202
エスファハーン 27,30,34,40,43,44,52－54,61,70,119,120,135,150,209,212,237,238,242,245
エマームザーデ 75,76
エマーム・ホメイニー学院 177,202
MJTME →イスラーム諸宗派近接世界協会
お家の人世界総会 182,183,185,221

カ　行

改革派 5－7,9,10,12,13,20,203,239,242,244
革命の輸出 23,173,174,176
カージャール朝 31－33,39
『稼ぎの書(*Kitāb al-Makāsib*)』 101,110,116
『固き絆(*al-'Urūwa al-Wthqā fī-mā ya'ammu*

bi-hi al-Bulwā)』　101,104－110,128,214
ガメ・ザニー　34
カリフォルニア州　176,185,220
カルバラー　27,28,30,38,54,73,80,81,208,213,241,244,246
監督者評議会　10－12,134,136,148,194,195,205,237－240,242
急進派　5－7,12,205,210
クルアーン占い　56－58
権威主義体制(論)　13,14,155
現実派　5－7
原理派　6－8,206
公益判別評議会　11,12,134,239,240
講師協会　122,123,132,145－149,154－156,198,217,237－240
個人主義化　158,201,218
国家最高安全評議会　11,12,238
コム　20,37－44,52－55,61,69－71,73,75－76,89,100,114,115,118－120,123－126,135,142－145,149,151,154,155,174－176,187－189,198,209,210,215,217,237－249
コム事件　40
コム・ホウゼ講師及び研究者の集団　146

サ　行

サイイド　32,67,68,72,152,217
最高評議会　145－148,154－156,218
サファヴィー朝　26,27,29－31,39,43,207,212
サーマッラー　27,73,248,249
サラワート　56,57,101,103,107
私事化　158
司法権長　10,11,132,148,183,206,238,240
ジャラセ　60,210
自由経済派　5,7
『諸問題の解説集(*resāle towẓīḥ al-masā'el*)』　87,93－101,109,110,213,214
シリア　14,73,185
身体化　116
ズィヤーラト・ナーヒーイェ　62
セカト・アル＝エスラーム　16
世俗　159,162
世俗化(論)　158,162,218
世俗主義　159
世俗主義国家　158－160,162,171
『千行詩』　117,189,190
専門家会議　10－12,134,136,147,148,205,220,237－240,242,243,246

タ　行

大アーヤトッラー　17,72,103,107,118,128
第10期イラン大統領選挙　8,194
第11期イラン大統領選挙　8,195
タスビーフ占い　56,57
闘うウラマー協会　132,147
脱宗教化　158,162
タブリーズ　53,54,61,213,243－245
テヘラン会議　42
統制経済派　5,7
ドウレ　60

ナ　行

ナジャフ　27,28,38,41,44,53,54,72－74,80,82,95,113,114,130,133,174,175,188,208,213,237,238,241－249
農地改革　35,36,42

ハ　行

ハウザ(ハウザ・イルミーヤ)　15,72,74,144
白色革命　35,36,42,43
パフラヴィー朝　33－37
ファトワー　88,92－94,165,213
フーイー財団　187
不可視の奇蹟　83,84
布教活動　118,175－178
布教の館　118,122
服喪儀礼　34,58,196
フムス　31,32,75,99,118,149,175,217
ブワイフ朝　15,28,29
ヘイアト　60
ホウゼ(ホゼイェ・エルミーイェ)　15,18－23,41,115－126,143－146,154,155,198,199,203,204,215
ホウゼ布教局　122,178,179
『方法の記述(*Taḥrīr al-Wasīla*)』　101
保守派　5－8,13,147,156,200
ホッジャト・アル＝エスラーム　16

ホッジャト・アル＝エスラーム・ヴァ・アル＝モスレミーン　16,198
ホモ・ルーデンス　50

マ　行

マシュハド　38－40,43,44,52－54,73,114,119,120,124,209,215,220,238,241,243,244,246,247
マッダーヒー　58,59
マルジャエ・タクリード　31（→法学権威）
ミシガン州　45,175,176
緑の運動　8,14,195,242
民主化研究　9,10
ムカッラド　129
ムカッリド　30,129
ムジュタヒド　16,17,30,31,66,72－74,83,93,116,128,129,150,208,214,217
ムスタファー国際大学　177,188,190－192,202
ムンバイ　35,58,175,183,184,186,187,189－191
モフィード大学　121,215
モラル・セルフ　49,64

ラ・ワ行

ラクナウ　175,187
レバノン　26,45,52,74,183,244,246,247
ロサンゼルス　58,185,220
ワクフ　34,35

▩著者略歴

黒田賢治（くろだ・けんじ）

1982年　奈良県に生まれる。

2005年　北海道大学文学部卒業。

2011年　京都大学大学院アジア・アフリカ地域研究研究科博士課程修了。博士（地域研究）。

現　在　日本学術振興会特別研究員（PD）。立命館大学非常勤講師。

著　作　『現代アジアの女性たち――グローバル社会に生きる』〔共著〕（新水社，2014年），「ハーメネイー体制下における法学権威と学知システムの変容――国家による宗教制度への政治的影響力をめぐる考察」（『アジア・アフリカ地域研究』第10巻1号，2010年），「ハーメネイー指導体制下における法学界支配の構造――ホウゼの運営組織改革と奨学金制度を中心に」（『日本中東学会年報』26巻1号，2010年），「近現代12イマーム派法学者の肖像――イラン・イラクにおける法学者の修学過程」（『イスラーム世界研究』第2巻1号，2008年），他。

イランにおける宗教と国家

――現代シーア派の実相――

2015年1月23日　　初版第1刷発行

著　者　黒田賢治

発行者　中西健夫

発行所　株式会社　ナカニシヤ出版

〒606-8161　京都市左京区一乗寺木ノ本町15

TEL　(075)723-0111

FAX　(075)723-0095

http://www.nakanishiya.co.jp/

印刷・製本／亜細亜印刷

＊乱丁本・落丁本はお取り替え致します。

ISBN978-4-7795-0881-3　Printed in Japan

現代アラブ・メディア
—越境するラジオから衛星テレビへ—

千葉悠志

国境を超えるメディアがアラブ世界を揺さぶる。国家主導のラジオ放送に始まり、いま国家の枠を超えた衛星放送激増の時代を迎えたアラブ・メディアの姿を、歴史的・地域的な視点から描き出す。

四二〇〇円＋税

イスラームと開発
—カラーコラムにおけるイスマーイール派の変容—

子島進

開発の波にさらされているイスマーイール派の生活や歴史、社会開発ＮＧＯとしての活動などの調査をふまえ、新たなる「開発と宗教」との問題を考察し、変貌し続けるイスラームの〝現在〟をフィールドワークする。

五八〇〇円＋税

マレー・イスラームの人類学

多和田裕司

世界のイスラーム化の潮流を見据えながら、政治的・経済的対立、文化的変化、あるいは多民族社会の中で揺れる現代マレーシアの「よりイスラーム的」という現象をフィールドワークし、社会の実態を活写する。

三八〇〇円＋税

イスラームと慈善活動
—イランにおける入浴介助ボランティアの語りから—

細谷幸子

介護ボランティアが、なぜシーア派の贖罪と救済の思想と結びつくのか？　綿密なフィールドワークから得られた「語り」から、イランにおける介護活動の現在を明らかにし、慈善活動とイスラームの関係性に迫る。

五三〇〇円＋税

表示は二〇一五年一月現在の価格です。